2023年江苏省高等教育教改研究
重点项目研究成果

项目批准号：2023JSJG070

融媒体导论

陈龙　张梦晗◎主编

上海三联书店

目 录

绪　论

一、从新媒体到融媒体:媒介化社会变革轨迹

美国媒介研究学者保罗·莱文森先生在《数字麦克卢汉》第二版序言里强调指出,21世纪应该善待麦克卢汉和他的媒介思想,他认为数字时代为麦克卢汉曾经隐而不显的媒介预言的正确性,提供了最为恰当的检验和证实。今天处于赛伯空间的人们正通过互联网的社交媒介的文本、图像和声音,交流内容、发表评论、生成信息、制作视频,通过微博或微信、商务网站等社交媒体的互动性,从一个媒介的消费者和被动的信息接受者摇身变成媒介的生产者或移动用户。麦克卢汉在半个世纪前就预言了当今网络Web3.0时代节点传播的特点,也成功预言了媒介化社会的现实。

"媒介化"(mediatization)是欧洲学者用来阐释媒介与社会的关系,探讨与媒介相关的广泛的复杂化变迁过程的一个重要概念。库尔德利(N. Couldry)、克罗兹(F. Krotz)、赫普(A. Hepp)等欧洲媒介社会学学者将关注的焦点从政治媒介化转向公众的日常生活媒介化,探讨媒介、实践和社会秩序的形成之间的关系。在万物皆媒的时代背景下,个体化的媒介实践开始登上历史舞台,它不再是一种简简单单的文化实践,而是由个人或者组织化的"行动者网络"依据一定的规则对内容进行生产、组织和操纵。库尔德利、赫普等欧陆学者认为,媒介技术的变革,带来了媒介社会制度的重新洗牌,从Web1.0到Web2.0的技术变革,标志着人类已进入深度媒介化社会,同时这也是全新的制度实践。诸如App应用、扫码、人脸识别等实践正在建构新的社会行为规范,形塑社会行为。当前,新闻传播生态呈现两种截然相反的景象:一方面,网络直播、MCN机构短视频生产、公众号运营、微博写作等形式不同的媒介实践,开展得有声有色、热火朝天,

抖音、快手、小红书等各种平台的传播活动呈现出全民参与、全民狂欢的文化奇观；另一方面，传统媒体却呈现出受众日渐稀少、影响力下降的局面。

在深度媒介化进程中，政治参与、新闻传媒、电子商务、社会管理等各领域都在发生模式变革。利用网络平台从事各种传播活动已成为大众日常生活的一部分，这种全民媒介实践背后的逻辑是什么？全民媒介实践将会给我们的社会带来什么？给既有的新闻传播知识体系带来哪些变革？这些都需要我们以科学审慎的态度加以研究。媒介融合是传统媒体变革的一种有效策略。融媒体也是我国媒介发展的一项国策。习近平总书记在中央政治局第十二次集体学习会上，就全媒体时代和媒体融合发展发表重要讲话，郑重提出，推动媒体融合发展、建设全媒体成为我们面临的紧迫课题，对新阶段推动媒体融合向纵深发展、建设新型主流媒体作出了新部署，吹响了媒体融合再出发的冲锋号。这是对媒体融合趋势和发展目标的深刻洞察和科学擘画，为正在实施的县级融媒体中心建设提供了科学指引，挂上了加速挡。2020年下半年以来，各地县级媒体积极落实中央部署，不断探索创新，县级融媒体中心建设正渐次推进。县级媒体是党在基层的新闻舆论工作重要阵地，也是地方党委和政府的重要执政资源、是优化基层治理的必然选择。当前全媒体快速发展，出现了全程媒体、全息媒体、全员媒体、全效媒体。由于不适应媒体格局、舆论生态、传播技术和基层经济社会环境的深刻变化，县级媒体出现了前所未有的困难，改革刻不容缓。

我们这里所说的"融媒体"其实不是传统意义上的媒体，它是现有传媒机构顺应技术发展形势而作出的变革之举，作为新生事物它首先传达了一个理念，即传媒市场需要以一种新的模式、新的姿态来应对大众传播受新兴媒体冲击而导致受众流失、效果不佳这一现实。这一理念以提高媒体传播力、引导力、影响力、公信力为前提，吸收各种媒体之长，实现融合创新。对中国媒体而言即是全方位的改革。具体来说，首先，融合过程就是整合传统媒体与新媒体的各种资源，并将其优势发挥到极致，使单一媒体的竞争力变为多媒体共同的竞争力，从而为"我"所用，为"我"服务。就地方媒体而言，"融媒体"对外是一个单位、一个声音、一套系统；对内则是在业务管理、内容生产等方面的多元化分工。融媒体打通了策划、采访、写作、编辑、评论的闭环通路，真正成为内容生产、技术创新的软硬件统一体和利益的"共同体"。

其次，"融媒体"是一个动态过程，是一个将传统报刊、广播电视与互联网的优势互为整合、互为利用,使其功能、手段、价值得以全面提升的一种运作模式,各种新型媒介技术随着时间的推移都将被融合到主流媒体中来。报刊、广播、电视、网络、人工智能同时变为当代传播的手段和方法,新技术的迭代能够及时吸收到传播领域中来,推动媒体的传播力提升。

再次,"融媒体"是充分利用媒介载体,把广播、电视、报纸等既有共同点,又存在互补性的不同媒体,在人力、内容、宣传等方面进行全面整合,实现"资源通融、内容兼融、宣传互融、利益共融"的新型媒体型态。

最后,随着网络平台化竞争日趋激烈,媒体的深度融合,还需要将政府公务、社会服务、社会治理和新闻传播功能融为一体,即将政府信息发布、政府公共服务、基层网格化治理、广播电视等多个平台融合在一起,真正实现多屏合一,使其功能、手段、效率得以全面提升。

总体来看,融媒体主要在"渠道载体、经营管理、思维理念、技术平台"四个方面进行融合。

1. 平台渠道、资源融合。在网络平台瓜分信息传播市场以后,融媒体要与各种网络平台展开竞争,需要进行平台、渠道的整合。政府主渠道在广播、电视讯号播放方面的资源优势,在媒体融合后,可以产生 $1+1>2$ 的效果。融媒体可以实现新老媒体的人力物力资源整合,变各自单一服务为共同服务。例如,如果将广播与网站合并,将双方原采编人员打通,组建成立"融媒体采编中心"。中心记者、编辑对原创内容进行多元化设计,采访、制作一体化,既降低了人力成本,又提升了网站新闻稿件的权威性和原创能力。多元化的传播渠道、整合的人力物力软硬件资源,形成了一种新型和谐互补互信的内部关系,推进融合媒体传播平台建设,实现合力化发展。

2. 经营管理融合。媒体融合后传统媒体的经营理念和经营方式均不适应形势发展需要,必须按照市场要求以新型媒体的企业经营管理模式及思维应对市场竞争,以市场竞争思维为导向,找准自身定位,立足本地实际,创新经营模式,实现可持续发展。如全国首个政企共建融媒体中心——南京建邺区融媒体中心,该中心采用了一种新型的经营模式,摆脱单纯由政府出资的经营管理理念,摆脱等靠要,引入网络平台企业管理,开启多元模式,即体现政府引领、社会参与、政企共建的新型经营合作方式。

3. 传播理念融合。融合新型媒体走向了网络化生存,内容传播在时效性上有得天独厚的优势,也更加适应时代发展。然而,这并不意味着传统媒体的传播理念就一无是处。特别是传统主流媒体在深度报道、内容精细化等方面有着丰富的经验。传统媒体可借鉴与融通新型媒体的传播思维与方式,例如:突出交互性,推进社交型传播。充分利用社交传播特性,把握热度、设置议题、形成爆款,形成覆盖范围更广、发散路径更多、更快速高效的传播能力。

4. 技术平台融合。新型技术体系的融合,为媒体融合发展提供了强大支撑。移动互联技术、大数据算法、人工智能等新技术的融合,可以增强内容传播的精准性、体验性和交互性等,这有利于提升传播效果,确保传播内容抵达更多人群。把握及融合新技术对优质融媒体内容的传播起着关键作用。

二、融媒体发生、发展的背景

融媒体就其内在的理论内涵来看,不可否认与西方国家的媒介融合(media convergence)有着直接的关联。媒介融合这一概念最早由美国麻省理工学院的伊锡尔·德·索拉·普尔(Ithiel de Sola Pool)教授在其著作《自由的技术》(*Technologies of Freedom*)中提出,普尔的本意是指各种媒介呈现出多功能一体化的趋势,主要指的是电视、报刊等传统媒介融合在一起。从狭义上说,是指将不同的媒介形态"融合"在一起,会随之产生"质变",形成一种新的媒介形态,如电子杂志、博客新闻等等;而从广义来说,其内涵更为广阔,包括一切媒介及其有关要素的结合、汇聚甚至融合,不仅包括媒介形态的融合,还包括媒介功能、传播手段、所有权、组织结构等要素的融合。也就是说,媒介融合是信息传输通道多元化下的新作业模式,是把报纸、电视台、电台等传统媒体,与互联网、手机、Pad以及各种穿戴设备智能终端等新兴媒体传播通道有效结合起来资源共享、集中处理,衍生出不同形式的信息产品,然后通过不同的平台传播给受众。2006年,美国南加州大学的教授亨利·詹金斯(Henry Jenkins)在其著作《融合文化》(*The Convergence Culture*)中介绍了不同的媒体和可用设备如何日益影响媒体消费,改变消费者行为,跨媒体、跨平台讲述故事,该书将媒介融合理念作了全面的阐释,在国际学术界较早介绍媒介融合理念。美国新闻学会媒介研究中心主任安德鲁·尼其森(Andrew Nachison)将"融合媒介"定义为"印刷的、音频的、视频的、互动性数字媒体组织之间的战略的、操作的、文化的联盟",他强调的"媒介融合"更多是指各个媒介之间的合作和联盟。①

媒介技术的进步使传统媒介之间的界限日渐模糊,新媒介形式层出不穷,媒介终端可实现的功能逐步强大,这是媒介融合发展的基础。人类交往媒介的使用,激发了技术创新的潜能,推动了技术变革,进而推动了媒体融合。Facebook的出现为新的社交网络与其他媒体的结合创造了机会。这在电视领域尤其如此,电视一直是社会话语的来源。尽管将电视与某种形式的社交网络结合起来的想法并不新鲜,但Facebook、Twitter带来的创建社交群的便利创造了当前的社交网络趋势。在技术领域,融合往往是由一项重大创新推动的,这会造成业务中断,进而产生更多的创新。

2014年中央全面深化改革领导小组审议通过《关于推动传统媒体和新兴媒体融合发展的指导意义》,将融媒体建设上升到国家战略高度。现在融媒体的内涵更加丰富和全面了,已经不仅等同于"新媒体"和"旧媒体"的简单相加,也不再是片面的"全媒体"。融媒体的核心在于"融",即在传播的框架内各种传播形式和传播技术相互渗透和交融贯通,形成新的传播矩阵和传播力量,以达到传播的目的。随着媒体融合发展进入全面发力、深化改革、构建体系的新阶段,推进媒体深度融合处于战略机遇期和关键窗口期。

2018年8月,习近平总书记在全国宣传思想工作会议上发表重要讲话,指出"要扎实抓好县级融媒体中心建设,更好引导群众、服务群众",从国家战略层面提出了县级融媒体建设的发展方向。

县级融媒体中心建设的设想是为了确保中央精神能够深入、全面地传达到基层每一个角落。打通媒体融合的"最后一公里",连接群众的"最后一公里"、基层治理的"最后一公里",更好地满足人民群众的信息需求,扩大主流价值的影响力版图,让党的声音传得更开、传得更广、传得更深入。其核心要素是建设覆盖基层的网络,实现传统媒体为主的传播形态向网络传播为主的传播形态转型的重要举措。建设的目标是将融媒体中心建设成多网合一、多屏合一的基层综合治理的平台。其基本架构是,在县级主流媒体建设采编播一体的"中央厨房",在乡镇村建设网格化管理的信息员和信息终端,"中央厨房"负责生产适应各种媒体的新闻内容。在建设初期,作为地方党委主抓的工作,通常实施几个层面的工

① 刘颖悟、汪丽:《媒介融合的概念界定与内涵解析》,《传媒》2012年第1期,第73—75页。

作：一是硬件基础设施建设，按照 5G 网络、AI 人工智能发展迅猛的形势，建设具有超前意识的平台网络系统；二是对原有媒体人员进行分流、整合，形成一支精干的管理和传播制作人才队伍，加强人员培训，尤其是加强大数据分析、网页设计、视频制作、新媒体采写编评等业务的培训；三是加强内部制度建设，推进以能力为导向的分配制度改革，吸引优秀人才进入融媒体中心，保持融媒体的发展活力；四是与相关研究机构共建研究中心，针对融媒体中心发展过程中的具体情况开展相关研究，确定下一步的发展路径。

从近 20 年国际国内对媒体融合发展的认知和见解来看，有如下一些"共识"：

1. 技术融合：实现传播力提升

新世纪之初，包括麻省理工学院媒体实验室在内的许多以媒体为中心的项目，都是出于对融合必要性的认识而诞生的。融合挑战了从报纸到电视的传媒业的既定商业模式。在互联网领域，媒介融合肇始于新千年初期的无线网络和媒介技术的变革，这是由蜂窝通信、互联网、电视、计算机、固定电话和移动电话等技术的快速融合所推动的。互联网逐渐成为智能传播的融合网络，即在一个共同的平台上提供所有信息服务。第三代合作伙伴项目（3GPP）是无线行业的领先标准化机构，3GPP 标准化了使无线通信能够集成到因特网中的信令和相关协议。欧洲电信标准协会（ETSI）随后将 IP 多媒体系统（IMS）的覆盖范围扩展到下一代网络（NGN）的固定网络，被视为未来基于互联网协议（IP）的通用网络。最终的 NGN 架构于 2008 年发布，其影响十分深远。此外，下一代网络国际电信联盟（ITU）、互联网工程任务组（IETF）和电信行业解决方案联盟（ATIS）已经并仍然在对网络和服务系统进行标准化。

将下一代网络扩展到了电视领域，在标准化小组开展工作的同时，还调查了技术融合的其他方面，特别是其对媒体的影响和媒体的融合提升。2004 年，亚瑟·卢格迈（Arthur Lugmayr）及其合作者在其著作《数字交互式电视和元数据：未来广播多媒体》（ETSI 2007）中研究了交互式电视的兴起及其对广播业的影响。他们的结论是，使用元数据和技术来增强用户和内容之间的互动性，为电视行业的创新创造了新的机会，正确地预测了以用户为中心的电视模式的兴起以及使用社会评论来增强电视体验。帕布罗·塞萨尔（Pablo Cesar）和他的团队在 2008 年的文章中定义了"以人为中心的电视"，将电视和人类体验的概念推向了一个新的高度。此后,沉浸式传播开始走入人们的视野。可以说,互联网的兴起,推动了全息技术逐步走向成熟进而推动了媒体融合。在西方国家,Facebook的出现为新的社交网络与其他媒体的结合创造了机会。这在电视领域尤其如此,电视一直是社会话语的中心。尽管将电视与某种形式的社交网络结合起来的想法并不新鲜,但 Facebook、Twitter 以及微博、微信所带来的交互性便利创造了当前的社交网络趋势。

融媒体是互联网技术发展的直接产物,因此需要应用各种互联网新技术,这些技术应用包括三部分:一是支撑融媒体的技术接入,包括基于云计算的基础平台和连接各种应用平台;二是基于用户需求的内容生产和分布,如数字技术、推荐算法等;三是满足垂直领域和个性化需求的服务提供,如电商、支付等。这里面既要硬件建设,也要软件开发。

在技术领域,融合往往是由一项重大创新推动的,这会造成业务中断,进而产生更多的创新。这是 20 世纪 80 年代个人电脑与文字处理相结合的产物,在一个方便的平台上进行电子统计和计算。后来,在 21 世纪初,人们越来越清楚地认识到,互联网及其一系列创新服务,从万维网(WWW)信息搜索到实时通信,将成为未来的网络,将所有这些与个人电脑连接在一起。传统的语音通信运营商注意到一个快速增长的应用,即基于 IP 的语音传输(VoIP)。它突然被认为是降低运营成本的一种手段。与此同时,在很大程度上由低成本和功能丰富的手机推动的无线需求也在快速增长。新的"三网融合"产品(语音、视频、数据)应运而生,需要将互联网协议(IP)服务连接到无线手机上,以提供数据服务,如远程访问公司电子邮件。VoIP 和无线服务的结合增加了联合管理所有网络的需求。但当时基本上有四个并行网络:支持互联网基础设施的连接设备,支持电话系统的交换机和中央局设备,而电话系统又被分成固定业务和移动服务,电视网络是完全独立的实体,不同的运营商有自己的监管和商业环境。一些电视网,如有线电视运营商管理的电视网提供宽带数据和电话服务,但服务不同。所有这些不相交网络的唯一共同特征是它们都可以支持某种形式的互联网协议或在互联网存在点(POP)互联。互联网技术的广泛使用和迅速采用极大地促进了固定通信与无线通信的融合。

在中国,21 世纪初国家启动了"三网合一"工程,即实现有线电视、电信以及计算机通信三者之间的融合,目的是构建一个健全、高效的通信网络,从而满足社会发展的需求。三网融合对于技术的应用实践有着较高的要求，在实际构建的过程中还需要实现各个网络层的相互连通。经过几年的努力，三网融合成效显著，为融媒体建设打下了较好的物质基础。在以交互式网络电视（IPTV）和手机电视为代表的融合类业务的推动下，我国的三网融合在2006年取得了实质性进展，行业之间建立了适当的合作模式，并得到了市场的认可。

近年来兴起的数字通信技术大大改变了人们与工作、文化和知识的关系。网络平台的"协作"经济已渐成气候，在这种经济模式中，传统的工作模式已不复存在。同时，今天的许多平台鼓励重视个人的"创造力"，这改变了艺术家和创造性作品的定义。

在热心的客户中，平台经济建立在全球市场的基础上，对各种规模的众多玩家开放，通过数字网络连接在一起。新市场的定期出现和用户向经济参与者的转化为该项目提供了实现的吸引力——只要人们忽视了一个事实，即一个强大的平台寡头垄断已经出现，甚至边缘参与者也客观上支配着个人用户。此外，网络平台的创新主要是通过降低成本和允许不同参与者对资本化过程和经济部门内部组织的观念改变，这些公司是基于平台的私人生成的"生态系统"，它们从根本上说没有向客户提供技术，而是使用技术向客户提供劳动力。

2. "移动优先"成为不二法门

国际新闻界最早提出"移动优先"（mobile first）概念是在2010年前后，主要源自西方一些主流媒体，如英国的BBC等，其意是将内容战略与传播战略等的重点转到移动终端上，如智能手机。在智能传播时代，从媒体行业的发展趋势来看，有两个较为突出的变化：一是信息传播的方式发生了变化。众所周知，传统的大众传播模式是典型的点对面传播，早期的广播、电视，都是由一个"中心点"发出，甚至在Web1.0时代互联网传播也往往由"中心点"服务器管理，Web2.0时代信息传播转变为"去中心"的方式，分布式的存储与服务使得信息传播更丰富、更稳定、更有效。在数字节点传播时代，中心化的传播模式逐步消解，取而代之的是多元传播格局。高效、系统、专业化协作，围绕移动优先，信息传播的方式进而演变成"融中心化"。二是信息化的建设模式发生了重大转变。传统方式的信息化建设模式，每个业务系统，从前端web、中间的逻辑到后端数据库，再到底层操作系统、网络及硬件，都是采用相对独立的、隔离的纵切建设模式。我们会发现，在传统的纵切模式中，需要各种类型的技术人才，需要考虑非常多的技术点;业务系统的建设、扩容、改造、迁移都特别复杂;资源的利用率也成为问题。而数字经济时代,更好的信息化建设模式已形成。

媒体生产现在不仅有文字,还有语音、视频以及交互传播,如何最快速地生产出包括文本、图片、语音、视频等多种形态的内容?无论是专业的编辑、记者,还是用户报料、网络收集,这些渠道是否可以协同展开?报纸、电视、手机、Pad等渠道都可以承载内容,生产好的内容如何协同渠道快速分发?用户通过不同的媒介渠道是否可以得到体验一致的内容?融合媒体运营中,传播已不再是单向,是否可以马上得到用户或客户的反馈?是否可以评估传播的效果?是否可以针对不同人群提供适合他们的内容?如何确保信息的安全?显然,媒体融合发展是一项复杂的系统工程,也是一场划时代的变革与创新。在媒体融合的过程中,用户会更强调个性化,媒体如何让用户产生黏性,从而提供精准服务;产品更多样,形态更丰富,如何更快进行迭代;对于媒体员工来说,如何让他们更加专业、协同和高效,并赋予他们成就感;媒体效益如何提高,除了影响力,还有盈利能力,是否被资本认可。这些都给媒体融合提出了要求。

融媒体发展说到根本就是传统媒体转战移动互联网,因此,要坚持移动优先,跟踪前沿技术,布局未来移动终端。当前,网络传播已进入移动互联时代,移动互联网和智能终端的技术进步,成为媒体融合发展的助推器。移动互联网改变了信息生产、分发、盈利方式的原有结构,塑造了大规模草根化的内容生产上浮路径,谁离开它就可能成为信息孤岛。

为什么融媒体建设要坚持移动优先原则?

坚持移动优先策略,首先是争取舆论引导权的需要。让主流媒体借助移动传播,牢牢占据舆论引导、思想引领、文化传承、服务人民的传播制高点。其次是社交媒体时代,受众的接收终端已转向智能手机,因此,内容生产的移动界面意识是融媒体建设必须要有的基本意识。再次,强调移动优先就是突出融媒体平台的社交化。互联网的精髓之一就是社交化。互联、互动、互通才是移动优先的真正意义。未来传播形态中,融媒体平台很大一个功能就是实现交互性,这就要求作为地方媒体的融媒体平台除了发挥舆论引导功能,也不能忘记其与用户勾连的空间,面对社交媒体平台已经抢夺了相当大量用户的现实,融媒体建设过程中要突出本身的竞争力,就必然重视用户使用和满足的特点,通过自主平台上丰富的内容、服务和互动,留存用户,形成强黏性的用户社群,即圈层,然后深耕细作用户价值。这样才可能翻身并且可持续发展。传统媒体点对面传播，只有单向传播功能，不具有交互功能，未来传播缺少交互性设计，基本上难以留住用户，更不可能具有用户黏性，也就没有了"月活""日活"用户数量的提升。

3. 融媒体发展走向是智能化

融媒体是智媒，智媒的"智"主要体现在人工智能。人工智能对于融媒体，不只是解决效率问题，还要解决效益问题，比如说通过大数据了解用户喜好、满足用户需求，进而取得融媒体商业利益。对于媒体来说，不仅要解决效率和效益问题，还要解决价值问题，如智能把关和优化算法体现文化价值，实现融媒体社会效益最大化。融媒体作为智媒，最核心的部分是算法技术。像 Netflix 那样通过大数据分析，把握受众兴趣点，从而以此为依据设计内容生产；通过算法技术精准推送给用户，从而提升传播效果。

4. 融媒体建设过程中始终伴随着创新

融媒体建设的初衷就是"融合创新"。"融合"需要将不同所有制、不同媒介形式、不同的内容生产方式和不同的社会资源通过整合、转换配置在一起，这就需要接受挑战，通常需要有体制、机制的创新，传播形式的创新，这是当下创新的难点，需要兼顾公众、政府和市场各方的利益。个性化的内容生产和平台运用往往是竞争力之源。在市场化磨合过程中既有竞争与合作的博弈关系，也有开放与控制的平衡要求，因此在推进中需要过人的胆识和足够的智慧。

三、市场竞争:融媒体建设的推力

传媒经济学认为，传媒是一种特殊的文化产业，自然也要参与市场竞争，媒介市场竞争压力直接推动了传统媒体向融媒体的转型，传统媒体在媒介市场的竞争中渐渐处于弱势地位，媒介市场的竞争、博弈需要两种形态的媒介的融合，节点传播的迅猛发展，表现为网络平台如雨后春笋般地成长。在这一过程中，网络平台媒体的服务性功能定位，决定了其具有与受众之间的贴近性，这也让人们看到，如何与受众、用户形成互动，提升服务效果，对传统媒体来说，极具启发性。

1. 最大化发挥传统媒体、新媒体的优势需要不同形态媒介的融合。媒介融合是拥有技术优势的网络媒体与拥有内容优势的传统媒介在竞争的基础上实现共同发展的需要。传统媒介虽然具有信息内容的资源优势,但由于其信息形式单一、信息传播范围狭小以及信息传播方式的单向性,已经越来越无法满足受众的需求,新兴媒介的技术优势带来的即时效应、交互性和便携性的特点正好弥补了此缺陷。而新兴媒介的内容则缺乏信息来源权威性,或者说信息源真实性的不可靠,因而新兴媒介要建立良好的公信力和品牌度,必然要借助具有内容优势的传统媒介。当两种性质的媒体形成优势互补之后,才能实现 1+1>2 的局面。

2. 不同媒介机构之间的市场竞争是媒体间融合的动力。市场经济环境下,任何企业活动的终极目标都是追求效益最大化,传媒企业也是如此。与传统企业通过降低生产成本和交易成本来实现参与者的效益增值的作法不同,传媒机构更重视创意、创新能力,更需要有吸引受众的技术和内容。随着新媒体的崛起,传统的媒介市场的竞争方式发生了变化,原来参与竞争的单一方式、路径都不适应形势的需要。只有通过融合方式形成资源共享,整合形成竞争合力,才能在竞争日益激烈的媒介市场中站稳脚跟。

3. 政策作为一种外在推力直接推动媒介融合的发展。传统媒体的发展离不开顶层设计,政府部门通过顶层设计,精密谋划,引导媒介向着具有传播力、引导力、影响力、公信力方向发展。同时,政府通过政策宣传,在较长一段时间里营造了媒体融合的社会氛围,使媒体从业人员进一步认识到媒体融合的必要性和迫切性。政府在对媒介产业的规制上开始放松。政府积极鼓励内容创新,传媒内容产品也走向多样化、个性化。随着三网融合布局到位,融媒体建设水到渠成。

四、用户服务需求是融媒体建设的内在驱力

随着媒介技术的发展,媒介形态发生了巨大的变化,而媒介市场竞争的焦点集中在对受众注意力的争夺上,受众是传媒市场活动的核心。而伴随着网络社会的崛起,社交媒体时代精准传播,受众从模糊状态变成了具体化的个体状态,也就是说,受众变成了有名有姓的用户,用户需求成为一切平台服务的起点和出发点。对于融媒体而言,需要对受众角色的认知发生一次革命性的转型,此受众非彼受众,传统媒体意义上的受众已经消亡,受众概念已被用户概念取代,用户需求才是一切传媒经济活动的归宿。

1. 用户便捷性需求要求传统媒体的传播方式向融媒体转型。由于市场竞争的加剧和社会生活节奏的加快,用户信息消费的速度在加快,信息需求的多样性也在增加。与此同时,随着智能手机的普及,在社交媒体时代用户更看重信息获取的便捷性。用户对于便捷性的需求是移动终端的具身性带来的,实际上就是要求能随时随地地获取信息,需要融媒体信息传播能够打破时间和空间的限制,随时随地传播信息,要实现这一目标,必然地要求媒体在信息便捷性上下功夫,满足用户自由、方便的信息接收,这正是融媒体需要努力的方向。

2. 用户多样性需求要求融媒体生产全息化的内容。社会物质财富极大丰富后,恩格尔系数下降,人们开始追求更高层次的精神和文化享受。用户不仅要求信息消费省时、省力,更要求品质、享受,希望达到文字、声音、图像等多种信息形式带来的全方位感官调动,促使媒介进一步调动各种传播手段和途径,从而进一步促进媒介融合,实现信息传播的全息化。这就要求原先各自独立的媒介内容实现媒体传播的多元化,使用户能够依据自己最容易接近的媒体获取信息。比如,老年人爱看电视,那么电视上要有适应老年人需求的内容;青少年群体喜欢看手机,那么很多内容就要有适应移动终端的信息内容,从而方便他们随手获取信息。手机报纸、短视频、音频产品等满足了民众适应快速变化的社会生活及对各类信息的需求。

3. 用户个性化需求要求媒介产品细分。传统大众化的生产和消费形态渐渐淡化,市场步入一个分众化时代,即传播"碎片化"的语境,传统"我播你听"的模式已经一去不复返了。用户圈层的多元化趣味决定了传播模式的变革,当前算法技术作为新媒体传播技术已广泛应用,这就要求融媒体传播也要吸收新媒体平台的作法,充分重视每一个细分的个性化族群的特征,以及每一位单一消费者的个性和心理需求。这就要求不同媒介形式和传播平台的产品在融媒体上的组合,从而避免因过于"碎片化"而导致的注意力资源分散。

五、融媒体发展存在的问题

经过近几年的建设,媒体融合发展有了方向性的转变,融媒体建设不再局限于与传媒领域的媒体业务的"小融合",而是将建设自有品牌、推动资源协同、提高政务商务服务、深化基层治理等作为提升融合发展的主要方向,拓展领域间的大融合。尽管如此,融媒体建设在各个层级还存在这样那样的不足,具体表现为以下几个方面:

1. 缺少顶层设计,平台规划不完善。在许多县级融媒体建设中很多单位对融媒体未来走向并不清晰,因而对融媒体新闻应当怎样做缺乏完整的认识和清晰的发展思路。出现的种种问题都来自平台管理系统在规划上的不完善。最重要的一点是对融媒体建设的意义缺乏深入的理解,导致在关键时刻不断出现问题,不仅不能从根本上解决问题,而且还形成了一种反操作,让媒体经营退回到原来的形态。

2. 融合思维不足,内容存在同质化现象。当下媒体融合虽然走出了早期内容、业务范围简单相加的格局,但整合后的多平台、多部门的协同作战并未形成,内容产品同质化现象依然严峻。例如,一些县级融媒体中心为了构建全媒体矩阵,同时运营多个微信公众号和微博账号,内容涉及新闻、政府发布、生活服务、文化娱乐、交通等各方面,在运营人员有限、信息来源不足的情况下,极容易出现不能及时更新,无法和用户形成有规律的互动,微信公众号的活跃度持续低迷;各应用端发布的内容高度雷同,不能结合自身传播渠道、场景等的特点进行内容生产,用户难以产生黏性等问题。

3. 创新性的管理机制难以推行,复杂的人事现状,人员消化将是一个长期过程,人浮于事将在相当长一段时间存在。我国县域媒体建设容易陷入"一管就死、一放就乱"的情况。早些年县级报纸和广播电视台就遇到类似的遍地开花和集中整治清理的过程。不少地方受到国家层面政策的驱动和指挥,缺乏对自身实际情况的考量,呈现出很严重的跟风现象。随着互联网信息和社会舆论格局的变化,县域媒体发展的政策从严管转为支持鼓励创新发展。然而,由于在人才、软硬件设施等方面的欠缺,特别是观念方面的落后,造成基层融媒体建设中的创新力不足,在内容生产创新、人才激励等方面都很难走出传统的窠臼,难以实现管理制度的创新。

4. 缺乏适应新媒体传播的年轻专业人才。据北京大学新媒体研究院的研究报告《跨界融合,协同共治,多维联动:我国县级融媒体中心建设进展、问题及建议》,我国61%县级融媒体平台运营人员为在编兼职或者无编制人员,部分县甚至整个新媒体运营团队人员均为兼职。运营岗普遍缺乏编制,73.9%的县均没有制定相关的人才引进机制。63％的平台运营人员分布在 30—49 岁,"90后"年轻人较少。专业性低、精力分散、缺乏青年力量是当下县级融媒体建设的常见现象。①这一现状决定了融媒体队伍的稳定性没有保障。很多基层融媒体工作人员的知识结构都是传统媒体时代形成的,往往并不适应"全媒体"报道的工作频率和强度,也难以适应新媒体的文体风格。融媒体建设要求全媒体编辑记者适应新媒体时代受众的接收习惯,能够自如地写作网文、制作短视频,成为"全能型人才",但在一些地方基层融媒体实践中,编辑、记者难以胜任这种要求。不少工作人员在工作技能、岗位意识、职业操守、角色定位等方面,都存在诸多困惑,甚至对未来感到迷茫。

5. 经营内卷化,缺少市场竞争力。从当下融媒体建设的案例来看,部分媒体仍然对政策过度依赖,依靠财政拨款维系企业运营,缺乏自我造血能力。研究数据显示,各县融媒体中心的主要经费来源为政府拨款,比例高达 82.50％。在实际工作中,这种一次性的财政支持也很难维持县级融媒体中心长期的资金投入需求,融媒体中心面临长期盈利能力的不足。经营理念落后,方法简单。在媒体融合过程中,原有的人员叠加之后,并没有产生经济叠加效应,媒体内部人员创作的积极性、主动性不高。大量来自传统媒体的工作人员,人浮于事,彼此相互推诿,很少钻研业务。靠人脉关系、靠组织订阅等传统媒体的旧方法,形成了融媒体平台的内卷化,造成运营日益艰难。尤其在新媒体竞争日益激烈的当下,不去探索用户引流途径,难以实现长足发展。

六、融媒体发展的方向与趋势

融媒体建设的初衷是努力使中央的声音能贯彻到基层,是争夺舆论主阵地的有效之举。按照时间来分,融媒体融合发展分为三个阶段,即 2013—2015 年的中央媒体融合阶段;2016—2018 年的省级媒体融合阶段;2018 年至今的县级媒体融合阶段。目前,融媒体正借助各地区、各行业融媒体中心实现其作用与价值。融媒体未来发展存在很多困难和挑战,但同时也存在很多机遇。融媒体建

---

① 刘鹏飞、周文慧:《跨界融合,协同共治,多维联动:我国县级融媒体中心建设进展、问题及建议》,人民网—舆情频道,http://yuqing.people.com.cn/n1/2020/0325/c209043-31647740.html,2020 年 3 月 25 日。

设的重心在基层,因此,县级融媒体建设成为重点,县级融媒体建设方兴未艾。传统媒体在5G加持下,依托内容资源优势,纷纷进军视频领域,特别是短视频,通过短视频的创作与传播,激发了传统媒体的内容生产能力,提升了在媒体融合时期的影响力,可以预见到短视频、视频直播将成为新闻资讯和数据信息获取的主流方式,是未来媒体融合的重要抓手和重点布局领域。

美国有线电视新闻网(CNN)依托内容制作优势,率先开拓了网络视频、手机移动视频等传播新形态,还与社交网站、视频网站等新媒体开展合作,抢占移动视频传播阵地。《华尔街日报》则成立了专门的视觉团队,制作专业视频新闻,同时,该报还提倡全员动手拍摄,参与视频制作。《人民日报》、新华社、中央电视台等国家级媒体纷纷借助市场力量布局短视频、直播领域,推动传统媒体和新兴媒体从相"加"迈向相"融"。未来融媒体发展将沿着以下方向发展:

1. 融媒体突破现有困境,注重多维度优化融媒体平台。在县级融媒体建设过程中,要勇于突破融媒体现有困境,结合社交媒体时代县级融媒体中心未来发展方向进行分析,制定完善的融媒体建设方案,进而优化现阶段县级融媒体发展体系。县级媒体通过运用扁平化、开放化的管理模式,不断增强县级媒体建设机构的整体协调性与灵活性,打破县级媒体与管理工作之间存在的界限,通过不同的方式与县级管理部门进行沟通和互动,从而制定更加全面的融媒体发展体系,为与县级管理部门的管理人员有效沟通创造条件,在提升县级融媒体中心建设效率的同时,为今后提升我国整体媒体传播质量奠定基础。要不断优化媒体采编流程,要注重解决传统媒体新闻采编在信息时效性、新闻动机、新闻信息互动性等方面的问题,要积极运用网络信息技术,提升新闻采编的时效性与传播效率,从而激发用户与其互动的积极性,为今后用户与媒体互动提供新型渠道。

2. 融媒体更具平台意识,更注重创新融媒体中心的经营方式。社交媒体时代,媒体融合发展的核心内容就是充分利用互联网思维,尤其是树立网络平台意识,建立MCN机构(多渠道内容供应网络),顺应社会整体发展趋势,不断拓宽媒体发展渠道。2020年以来,我国一批省级媒体纷纷打造优质主播与账号,成为账号与平台间的中介与桥梁。据不完全统计,全国已有近30家广电媒体成立了MCN机构。①在当前的县级融媒体建设过程中涌现了许多优秀的典型。如,

---

① 唐绪军、黄处新:《中国新媒体发展报告2021》,北京:社科文献出版社2021年版,第11页。

浙江长兴县、安吉县等地的融媒体中心,突出创新意识,增强自造血功能,将其建设成为融政务发布、新闻传播、社区服务、网格治理等于一体的综合平台。在社区服务平台上植入了网红直播带货功能,大大提高了媒体平台的创收能力,得到了地方用户的欢迎,经济效益、社会效益均取得了良好的效果。在创新改革背景下,县级融媒体中心建设人员要转变观念,强化服务意识,始终坚持"用户第一"的服务原则,拉近与用户之间的距离,进而为用户提供个性化的服务。

3. 融媒体更重视品牌建设。随着融媒体建设走向深入,"两微一端"成为媒体融合的主战场,融媒体根据不同渠道的内容形式、传播特点与受众需求,在微博、微信及抖音号、快手号、微信视频号等组成的融媒体矩阵中进行内容投放和运营,久而久之就需要有自己的品牌。丰富运营与盈利模式,逐步提升市场竞争力。带有地方特色的融媒体内容,往往能够吸引其他地区的受众,特色化、品牌化是融媒体内容建设的一个重要方向。在此背景下,相关单位及人员应深度挖掘、建立和发扬自身的特点优势,做到"人无我有""人有我优",从而在市场中立于不败之地,实现对现有用户的稳定维持与对潜在用户的不断吸引。一方面,相关单位、人员可建立长效、高端的技术融合与人才吸引机制,将虚拟现实、全息投影、动态交互等技术领域的优质资源纳入节目产品生产体系,从而以"硬技术实力"夯实竞争基础。另一方面,相关单位、人员也可发展好自身角色定位、节目受众等方面的独特性,也能达到化解市场竞争风险的效果。

4. 走向数字化的四全媒体。全媒体,即全程媒体、全息媒体、全员媒体和全效媒体,这"四全"分别是对全媒体在四个维度上的阐释。全程媒体,指的是媒体在播报一个事件消息的过程当中,从事件的开端到最终的结果,媒体都对其进行跟进,使得事件的每一步进展消息都能即时对公众进行发布;全息媒体,指信息传播的形式不再拘泥于简单的图文,AR/VR、短视频等新鲜形式更能为用户带来全新的体验,能够对新闻信息进行立体的展现,并且在当今人工智能技术、云技术等新型技术手段的支持下,"万物皆可为媒介"的发展趋势随之愈加明显;全员媒体即在信息传播渠道十分便捷的环境下,人人都可以成为信息的传播者和接收者。受益于5G时代高速度、低延时的通信特点,数据对观众日常生活习惯、信息接收特点的反应能力更强。此外,在5G时代实现既有技术结构、节目形式的迭代升级,也是满足当代受众需求的有效策略。例如,由于5G技术下信息通道的速度更快、容量更高,所以相关单位及人员有必要对电视节目的清晰度进行调整提升,将高分辨率、高声画质量作为改革落脚点。

　　5G 时代是一个系统革新的时代,其影响下的融媒体发展也会具备多源性、多向性特点。在互联网、物联网的促进作用下,社会各个行业领域正处于日益紧密的融合状态中。因此,融媒体行业在未来发展的过程中,也会更加密切与政务发布、新闻播报、体育娱乐、社区服务、直播电商等行业相混合,创设出用户互动类、VR 演艺类、短视频娱乐类、直播电商类等多种节目类型和产品生态,以达到跨界供应、综合服务的效果。再如,随着 5G 技术在投影、音响、灯光等设备研发中的不断融合,融媒体节目将实现由单一屏幕呈现向场景模块呈现的发展转变,从而在多设备支持下为观众营造出沉浸式的新闻信息传播氛围,形成以空间为载体对象的新业态,从而建立起与市场、用户的双向反馈与趋优机制,实现自身整体实力的稳定、快速发展。

第一章　数字传播背景下的融媒体

第一节　融媒体与媒介融合

互联网络整合，衔接起了所有的媒介，并通过重塑媒介在新媒体语境下的可能性而再度媒介化（remediate）媒介。由此，互联网整合了印刷媒介（书籍、报刊、杂志以及新的书写形式，如博客）、视听媒介（广播、电视、电影和视频网站等），开启媒介融合数字传播跨越性的阶段。

习近平总书记在 2014 年 8 月 18 日"共同为改革想招，一起为改革发力"会议中强调，推动传统媒体和新兴媒体融合发展，要遵循新闻传播规律和新兴媒体发展规律，强化互联网思维，坚持传统媒体和新兴媒体优势互补、一体发展，坚持以先进技术为支撑、以内容建设为根本，推动传统媒体和新兴媒体在内容、渠道、平台、经营、管理等方面的深度融合，着力打造一批形态多样、手段先进、具有竞争力的新型主流媒体，建成几家拥有强大实力和传播力、公信力、影响力的新型媒体集团，形成立体多样、融合发展的现代传播体系。要一手抓融合，一手抓管理，确保融合发展沿着正确方向推进。

一、媒介融合"是什么"

"融合"一词是媒介融合这一概念的核心。据有关学者考究，"融合"一词来源于拉丁语 convergere，原意是"走到一起"（coming together）。该词最早于 1713 年出现在英国著名的自然哲学家威廉·德汉（William Derham）的《物理神学》（*Physico-Theology*）一书中，意指"光线的聚合和发散"（convergence and divergence of the rays）。进入 19 世纪后期以来，convergence 开始大量出现于科普小说以及生物学、气象学、地质学、数学、人类学、心理学、政治学、经济学等学科和领域。而且，在不同领域中，convergence 渐渐形成了一个大致相同的定义——用于描述事物日益汇集且不断趋于相似的过程。

马歇尔·麦克卢汉也曾指出，每一种旧媒介都是另一种新媒介的内容——"言语是文字的内容，正如文字是印刷的内容，印刷又是电报的内容一样"（McLuhan，1964），他暗示了在媒介交替的历史进程中，旧媒介的特征将几乎完全融入之后的新媒介的形态之中。相比之下，数字媒介尤其受到其间的组成部分以及它们对于旧媒介的选择性重构的影响。数字媒介的讯息不仅囊括了先前所有的媒介形态，而且还远远不止于此。

美国未来学家尼古拉斯·尼葛洛庞帝（Nicolas Negroponte）1978 年在麻省理工学院媒介实验室（Media Lab）的筹建演讲上，率先提出了"'广播电视业'、'计算机业'和'印刷出版业'将在数字化浪潮下呈现交叠重合的发展趋势"的观点，并用"三个重叠的圆圈"来描述计算机、印刷和广播三者的技术边界，认为三个圆圈的交叉处将成为成长最快、创新最多的领域，并提出"传播与资讯通讯科技终将汇聚合一"的远见卓识。

1983 年，美国马萨诸塞州理工大学教授伊锡尔·德·索拉·普尔（Ithiel de Sola Pool）在《自由的技术》一书中首次提出"传播形态聚合"（the convergence of modes）的观点，其意是指在媒介技术发展的驱动下，原本传播形态各异的媒体呈现出聚合的趋势。之后，媒介融合随"新媒体"的兴盛而出现，是世界上多个国家所共有的现象。美国新闻学会媒介研究中心主任安德鲁·尼其森，将媒介融合界定为"印刷的、音频的、视频的、互动性数字媒体组织之间的战略的、操作的、文化的联盟"。美国南加州大学安利伯格传播学院教授 Larry Pryor 认为，"融合新闻发生在新闻编辑部中，新闻从业人员一起工作，为多种媒体的平台生产多样化的新闻产品，并以互动性的内容服务大众，通常是一周七日、每日 24 小时的周期运行"。媒介融合呈现概念模糊、定义多样、理解混乱的局面。

英国的西蒙·穆雷（Simone Murray）博士也指出，20 世纪 90 年代，媒介融合经历了三次浪潮。第一次浪潮是通过对主流媒体的直接收购与大规模兼并实现的跨媒体所有权的集团化。这一浪潮并没有对政治经济方面造成根本性挑战。第二波浪潮是关于媒介的数字化改造，这从根本上挑战了传媒业，受到传统政治经济学的青睐，同时也对文化研究产生了影响。第三波浪潮是"内容流"

(content streaming)。作者指出,"在传媒业中用'内容流'来描述一个平台向另一个平台的内容迁移,即通过互联网实现音频或视频内容的传递"。

到 2003 年美国西北大学李奇·高登教授对"媒介融合"的类型进行了探讨、划分,提出"五种融合"说:(1)所有权融合(ownership convergence)。大型传媒集团拥有不同类型的媒介,实现不同类型媒介之间新闻资源与内容共享。(2)策略性融合(tactical convergence)。指所有权不同的媒介之间合作共享。(3)结构性融合(structural convergence)。这种融合同新闻采集与分配方式有关,如如火如荼的"中央厨房"就属于新闻采集分配方式的融合,能够在不同类型媒介平台上进行传播。(4)信息采集融合(Information-gathering convergence)。当今的信息采集技术与传播技术完全能够保证新闻从业者以多媒体融合的新闻技能完成新闻信息采集。(5)新闻表达融合(storytelling or presentation convergence)。主要指记者和编辑综合运用多媒体的、与公众互动的工具与技能完成对新闻事实的表达。[①]正如蔡雯教授所说,这种划分的标准并不一致,前三种是"媒介组织行为"的划分,后两种则是从从业人员的角度进行划分。

同一年,戴默(Lori Demo)等几位学者向美国新闻与大众传播学教育学会提交了一篇论文,题为"融合连续统一体:媒介新闻编辑部合作研究的一种模式",提出了"融合连续统一体"这个新概念,比之前的融合概念更接近媒介产业的市场应用范畴,广受关注和引用:

一是交互推广(Cross-promotion),指作为合作伙伴的媒介相互利用对方推广自己的内容,如电视介绍报纸的内容。二是克隆(Cloning),指作为合作伙伴的媒介不加改动地刊播对方的内容。三是合竞(Coopetition),指作为合作伙伴的媒介之间既有合作也有竞争。四是内容分享(Contentsharing),指作为合作伙伴的媒介定期相互交换线索和新闻信息,并在一些报道领域中进行合作。五是融合(Convergence),指作为合作伙伴的媒介在新闻采集与新闻播发两个方面进行全方位的合作,它们的共同目标是利用不同媒介的优势最有效地报道新闻。

国内学者一般认为,"媒介融合"作为一种正式的学理性概念最早是由蔡雯于 2004 年在美国进行富布莱特项目研究时引入国内的。蔡雯明确提出:"媒介

---

① 蔡雯:《媒介融合前景下的新闻传播变革——试论"融合新闻"及其挑战》,《国际新闻界》2006 年第 5 期,第 31-35 页。

融合是指在以数字技术、网络技术和电子通讯技术为核心的科学技术的推动下，组成大媒体业的各产业组织在经济利益和社会需求的驱动下通过合作、并购和整合等手段，实现不同媒介形态的内容融合、传播渠道融合和媒介终端融合的过程。"媒介融合不仅仅是技术和业务，还包含形态和理念（意识层面）的融合。熊澄宇（2006）认为媒介融合是在数字技术和网络技术的推动下所有的媒介都向电子化和数字化靠拢的一种形式。

有关媒介融合的定义层出不穷，媒介融合"是什么"。这一命题包括涵义、边界、类别、实质等内容。对媒介融合不宜作过于狭隘的理解，如不能只是将它理解成媒介形态之间的融合和媒体业务之间的融合；也不宜作过于绝对的理解，如不能因太过强调媒介融合而排斥媒介的细化和细分。挪威奥斯陆大学的媒介研究学者埃斯彭·伊特瑞伯格（Espen Ytreberg）也指出："媒介融合是迄今为止最难把握的概念之一。"甚至早在 1995 年就有学者指出"媒介融合是一个危险的词语"，因为它有太多不同层面的意义。这么多的定义是否都有意义呢？笔者曾经与瑞士卢加诺大学传播科学学院媒介与新闻所副主任 Gabriele Balbi（著有 *Media Convergence and Deconvergence*）讨论，在 Balbi 看来，所有的概念都是有意义的，"媒介融合"与很多其他概念不同的是，其是一个历时性的概念。

我们可以从媒介融合概念的变迁中，寻找出媒介技术发展的痕迹，把握媒介发展和实践过程。媒介融合从一个局限于电信领域的现象，发展成一个电信业与计算机工业并轨的过程，继而发展成产业的结构性整合。也从跨媒体所有权的集团化，向媒体数字化改造发展，媒介融合的先知伊锡尔·德·索拉·普尔认为：

> 一种可以称为"形态融合"的过程正在模糊媒体之间，甚至是点对点传播与大众传播之间的界限，前者如邮政、电话和电报，后者如报纸、广播和电视。一种单一的物理手段——无论它是电线、同轴电缆或广播电视的无线电波——就可以承担过去需要几种方式才能分别提供的服务内容。相反，过去由于任何一种媒介——不管这种媒介是广播电视、报纸或是电话——提供的服务，现在可以通过几种不同的物理手段来提供。过去存在于一种媒介及其用途之间的一对一的关系正在消逝。——《自由的科技》

而普尔也承认，"融合并不意味着最终的稳定和统一。它作为一种持续性的统一力量发挥作用，但却总是保持动态的变化张力……关于日益显著的融合并不存在永恒不变的法则；变化的过程远比这些复杂"。

二、作为媒介融合结果的融媒体

亨利·詹金斯认为,媒体融合并不只是技术方面的变迁那么简单。融合改变了技术、产业、市场、内容风格以及受众这些因素之间的关系。融合改变了媒体业运营以及媒体消费者对待新闻和娱乐的逻辑,记住这一点:融合指的是一个过程,而不是终点。[①]因此媒介融合是过程、手段和方法,而融媒体(Melted Media)是媒介融合的结果。

2009 年,庄勇在《从"融媒体"中寻求生机的思考与探索》一文中指出,融媒体是充分利用互联网这个载体,把广播、电视、报纸这些既有共同点又存在互补性的不同媒体在人力、内容、宣传等方面进行全面整合,实现"资源通融、内容兼融、宣传互融、利益共融"的新型媒体。[②]2010 年,周珏提出数字时代的特征就是各种沟通模式融合进一个互动式的网络中,在一个整合系统中将人连接起来。而诞生于数字时代背景下的融媒体则与传统媒体在生产方式、规则标准、运行逻辑等方面存在着颠覆性的差异,这就是融媒体的第一个概念。

(一) 融媒体与全媒体

我国媒介融合大致经历了四个阶段:报纸(广电)上网阶段、网络报纸(广电)阶段、全媒体阶段(后期全媒体与融媒体概念并行使用)、融媒体阶段。目前正处于融媒体阶段。[③]这四个阶段的划分,将全媒体和融媒体的区别划分开来。

作为媒体融合进阶的"全媒体"概念,是伴随着北大方正电子有限公司"报业全媒体"战略的提出(2006)、烟台日报报业集团"全媒体新闻中心"的组建(2008)而出现在大众视野的。"全媒体"概念的提出,用以探讨传统媒体的数字化转型与升级、新闻生产的采编与传播流程再造、媒体从业人员的角色重塑与素养提升、大学新闻教育与人才培养等现实问题,并相继产生了"报业全媒体""广播全

---

① [美]亨利·詹金斯:《融合文化:新媒体和旧媒体的冲突地带》,杜永明译,北京:商务印书馆 2012 年版,第 47 页。

② 庄勇:《从"融媒体"中寻求生机的思考与探索》,《当代电视》2009 年第 4 期,第 18 - 19 页。

③ 栾轶玫、杨宏生:《从全媒体到融媒体:媒介融合理念嬗变研究》,《新闻爱好者》2017 年第 9 期,第 28 - 31 页。

媒体""电视全媒体""全媒体报道""全媒体运营""全媒体出版""全媒体记者"等衍生概念。

从字面意思上来看,全媒体是以"三网融合"为发展重点的国家信息化工程建设,以媒体适应未来传播形态着眼,构建起广播电视等传统媒体与新技术媒体高度融合的全媒体发展方式,并在中观和微观层面上,将不同媒体形态和各种媒介内容进行融合的一种模式。因此需要综合运用各种表现形式,如文、图、声、光、电,来全方位、立体地展示传播内容,同时通过文字、声像、网络、通信等传播手段来传输。此外,媒介运营也需要"全媒体"思维,彭兰认为全媒体思维是一种业务运作的整体模式与策略,即运用所有媒体手段和平台来构建大的报道体系。单一报道仍然可以是单媒体、单平台、单落点的,但是它们共同组成一个大的报道系统。从总体上来看,报道便不再是单落点、单形态、单平台的,而是在多平台上进行多落点、多形态的传播。追求全媒体平台、全媒体中心、全能型的全媒体记者,追求覆盖面最全、技术手段最全、媒介载体最全、受众传播面最全。

然而,全媒体遇到的问题也逐渐凸显。首先是全项的思维行不通。什么都做,什么都要有,这种全面铺开的做法,必然带来经营的失败。[1]有学者提出,全媒体新闻中心的本质只是将一次采集的内容加工为不同表达方式的产品,如果各种手段只是同一角度的重复或者只是不同媒体的简单堆积,那么,就很难产生增值的效果。[2]彭兰也指出,全媒体所要求的全能记者,从实践上来说,是不可能的,是以牺牲技能的精通程度和降低报道的专业水准为代价的。[3]

(二) 融媒体之思

2008 年,刘平在研究广播媒体基础之上提出,随着信息来源和传播方式的愈加多元化,广播已经进入了一个崭新的发展阶段——融媒体时代。[4]"融媒体"概念被首次提出。庄勇指出,融媒体是充分利用互联网这个载体,把广播、电视、报纸这些既有共同点又存在互补性的不同媒体在人力、内容、宣传等方面进行全

---

① 雷蔚真:《转机:从全媒体到跨媒体》,《中国广播电视学刊》2012 年第 11 期,第 3 页。
② 罗鑫:《什么是"全媒体"》,《中国记者》2010 年第 3 期,第 82 - 83 页。
③ 彭兰:《媒介融合方向下的四个关键变革》,《青年记者》2009 年第 6 期,第 22 - 24 页。
④ 刘平:《融媒体时代——广播发展新阶段》,《新闻爱好者(理论版)》2008 年第 9 期,第 34 页。

面整合,实现"资源通融、内容兼融、宣传互融、利益共融"的新型媒体。①如果将来只有一种媒体存在,那将是什么媒体? 必然是融媒体了。

2014 年被称为我国媒介融合元年。这一时期,政策推动传统媒体和新兴媒体融合发展,中央主流媒体和各地党报、广播电视台等新闻机构走在了媒介融合的前列。2014 年《光明日报》上发表《建议用"融媒体"代替"全媒体"》一文,强调除了各种媒体的"全",我们更应关注的是打通介质、平台,再造新闻生产和消费各环节流程,熟稔各类采编技能的"融",也是融媒体在全媒体基础上的更高要求。②2014 年《光明日报》成立融媒体中心、开辟融媒体版面。10 月 25 日《光明日报》"新传媒"版改为"融媒体"版。11 月 3 日推出总编辑何东平的署名文章《融媒体:缔造新型主流媒体》,阐述了《光明日报》对媒体融合发展的思考:③

> 光明日报编委会明确提出,要在媒体融合发展上有所作为,使光明日报成为媒体融合度很高的新闻媒体机构。今年 4 月以来,光明日报社加快媒体融合发展进程,成立了以总编辑为第一负责人的领导小组,下设专门负责融合发展的工作小组,形成了"核心价值观百场讲坛"等融媒体产品,光明云媒客户端先声夺人,户外媒体光明校园传媒获教育部立项,准备在全国知名高校铺开。媒体融合给光明日报社的发展带来了勃勃生机……

> 我们正在改进采编流程,打造全媒体联动的内容生产模式……接下来,我们将结合"融媒体中心"采编发平台建设,推广完善这套流程。除了采编流程纵向无缝衔接外,我们还要求各个报道要素横向借力。在重大宣传报道中,光明日报报业集团下属的光明日报、出版社、各子报子刊、光明网要互相策应、互相借力,最终形成合力,实现传播效果的最大化。

> 我们正在形成图、文、音、视等多层次的报道模式。在历次重大报道任务中,我们采取网站滚动播报、社交媒体同步直播、视频节目跟踪解读、纸质媒体纵深报道的立体化报道方式。今年上半年,光明日报教育部与光明网教育频道合作,同步推出了教育沙龙及多期"高校院系主任谈专业"内容……

---

① 庄勇:《从"融媒体"中寻求生机的思考与探索》,《当代电视》2009 年第 4 期,第 18 - 19 页。

② 栾轶玫:《建议用"融媒体"代替"全媒体"》,《光明日报》,http://epaper.gmw.cn/gmrb/html/2014-12/27/nw.D110000gmrb_20141227_2-10.htm,2014 年 12 月 27 日。

③ 何东平:《融媒体:缔造新型主流媒体》,《光明日报》,https://share.gmw.cn/about/2014-11/03/content_13740461_2.htm,2014 年 11 月 3 日。

　　下半年,光明日报湖南记者站与光明网紧密合作,在光明日报专栏"唐湘岳走基层"刊发报道时,光明网同步推出全媒体专题报道。专题在见报稿件的基础上丰富图文信息,对每个人物报道配发一段 8 分钟左右的视频,同时开设网友讨论专区,增强互动性。此外,专题还链接了作者以前采写的多篇人物典型报道。读者可通过扫描光明日报上的二维码,进入网络专题,浏览更多丰富内容。目前,这些经验已在全社众多报道策划中得到推广。

　　我们正在利用先进技术,实现报纸与新媒体产品无缝连接。6 月 6 日,我们推出了带有二维码的光明日报新报头。读者用手机等移动设备扫描报头的二维码标识,便可访问"光明日报移动客户端"……

　　在打造新型主流媒体的进程中,我们建立了包含报纸(光明日报及其子报子刊)、网站(光明网)、移动互联网产品(手机光明网、光明日报手机报、光明日报手机新闻客户端、光明云媒、云端读报、Skype"时光谱"新闻服务)、社交媒体平台(光明日报官方微博、公众号)、楼宇信息屏(光明都市传媒、光明校园传媒)等在内的多载体、多层次的传播报道平台体系,并通过举办"核心价值观百场讲坛""诗词中国""寻找最美乡村教师"等大型活动,进一步促进全媒体联动报道。

　　如果说全媒体的核心在于多种媒体,甚至所有媒体的一种网络化纳入,那么融媒体的核心是各媒体形态间的互联、互通与互动,特别是在如人力资源、新闻资源、设备资源等的共享和体制机制的创新融合上。融媒体是媒体内容与形式的融合,是媒体资源的深度融合,是媒体转型融合的体制机制的优化。①

　　大数据时代,融媒体则应以"数据库"为中心,以"用户"与"服务"为基本点,通过数据融合实现媒体赋能,提高内容生产力和新闻传播力,革新传统的内容生产方式,在统一指挥调度平台实现内容的传播。从媒体实务上来说,融媒体理应成为整个媒介机构内容生产和媒介运作的平台和中心,通过打造融媒体中心,整合数据融合资源,面向当地党政和企事业单位,打破政务、行业、媒体之间的信息壁垒,向下提供宣传服务,向上反馈民情民意,以数据实现信息互通,构架党政机关、企事业单位与用户之间的沟通桥梁,发展成为"资源通融、内容兼融、宣传互

① 周珏:《从全媒体到融媒体的转变与提升——关于城市广电媒体转型升级策略的思考》,《当代电视》2010 年第 12 期,第 78 - 79 页。

融、利益共融"的新型媒体。

三、融媒体特征与发展

彼得·海尔曾说,历史是一出没有结局的戏,每一个结局都是这出戏的新情节的开始。对于传统主流媒体来说,新一章的幕布正在缓缓拉开。传统媒体的天然基因是内容,在互联网时代的传媒变局中,传统媒体打造新产品、建立新渠道,应充分发挥自身内容原创生产的优势,在品质上追求专业权威、传播上追求精简便捷、服务上追求分众化互动化、展示上追求多媒体化,以用户为中心进行信息服务,用优质内容吸引用户、激发流量。媒介融合背景下的传统媒体呈现出内容的供大于求向供不应求的转变、单向传播向双向传播的转变、生产中心向用户中心的转变。

(一)内容融合,内容向供不应求转变

美国传播学者施拉姆在 20 世纪 50 年代提出"选择的或然率"计算公式,究竟影响受众对大众传播节目选择的决定性因素有哪些? 该公式为:选择的或然率＝报偿的保证/费力的程度。公式中分子为"报偿的保证",是指传播内容满足选择者的需要的程度。而分母"费力的程度"则指得到这则内容和使用传播途径的难易状况。由公式可见,受众在选择的时候决定因素最大的还是媒体内容,只有当其他条件完全相同的情况下,他们则选择能够最方便且迅速满足其需要的途径。全球电视业的实践也表明,融媒体时代传媒核心竞争力仍然在内容。施拉姆的公式至今仍有较强的应用性,如电视节目内容的编排和广告的投放等方面,都可参考受众可以得到的"报偿的保证"(即满足程度),以及"费力的程度"(即内容的易得性)。满足程度越高,而费力程度越低,则或然率就越大,受众就越容易选择这种媒介或信息。

传统媒体的最大优势则在内容生产上,体现在传统媒体公信力和内容生产的精品化思维。传统媒体时代,耗费大量资源生产的节目内容只播出一两次,生命周期非常短暂,边际效应和长尾效应长期被有意无意忽视以至于漠视。之后传统媒体内容走过"照搬上网"的粗放式的点播服务,并没有进行后续深加工以满足不同传播渠道的需求。媒介融合下,内容的接收终端可以非常多元,电视机、手机、电脑、平板和各种移动终端等,对节目内容需求暴涨,不同的播出渠道对于节目的时长、

风格和表达都有不同的要求，形成全新的"大平台、多渠道"的传播模式，继而带来"内容为王"的时代。2017年第33届秋季戛纳电视剧节内容交易市场（MIPCOM）以"欢迎来到内容的王国"为主题的论坛上，法国维旺迪传媒集团负责人观点成为论坛金句之一："内容为王，渠道为后，我们处在王与后平起平坐的时代"。

（二）渠道融合，单向传播向双向传播转变

媒体深度融合的大背景下媒体与受众的关系更为互动，融媒体正在模糊"一对一""一对多""多对多"等传播形式之间的界限，带来不同传播、互动模式的融合。大众传播的渠道是需要特许经营的，即需要获得许可证（牌照）方可经营，如报纸刊号、电视频道、广播频率、网站的视听许可证等。因此，在我国，随着"三网融合"的推进，广电媒体相继获得各种新媒体运营的牌照。"以受众为中心"取代"以传播者为中心"成为各大媒体需要调整的思路。

互动在传播学上是指"传者通过媒介内容影响受者，而受者通过反馈意见积极参与对传者的内容趋向产生影响，传—受之间相互促进、相互推动"。这个概念也是相对过去"传者本位"功能定位而提出来的。传统媒体时代，媒体主导内容生产，从把关人、议程设置等理论研究媒体生产内容的强弱效果。传媒积极建设Web、微博、微信公众号、App等新渠道，并做好渠道关联，使得内容生产与传播在各渠道的关联中得以激发和创造。新媒体背景下的媒介融合，一部分将内容生产权利让渡给受众，受众可以使用电话热线、网络BBS、内容点赞、发布地理信息的方式参与到媒介内容生产中，如江苏卫视《零距离》，观众可以通过拨打新闻热线、在网络社区留言、用"拍拍新闻"互动等方式参与到节目中来，观众成了节目内容的生产者。武汉电视台的直播类互动节目《电视问政》，在直播过程中观众通过App、官网等进行爆料投诉、观众微博微信互动、官员满意度调查测评等。芒果TV加大内容自制并向全社会开放内容生产，2016年设立内容孵化基金，扶植内容生产企业或个人，从过去的内容制作者向内容制作平台转变。

媒体之间也形成横向融合的关系，超越了原本对于内容的单向型的收集、分析、归类，达到平台和内容的双向融合。芒果TV互联网电视与凤凰卫视、华娱卫视、韩国KBS、MBC、香港TVB、美国及俄国等影视制作机构都有着非常密集的内容合作，其拥有百万小时的优质正版视频内容，如电影、电视剧、综艺节目、体育赛事等，以满足不同用户的长尾需求。

（三）用户融合，生产中心向用户中心转变

在移动互联网发展过程中，人们的各种需求，包括信息需求由一种融合到一个平台的趋势。以前大家去电影院、图书馆、网吧来解决看电影、读书报、玩游戏的需求，现在，越来越多的人希望能在一个平台上同时实现这种需求。适应这种趋势，很多媒体开始以新闻资讯为核心，为用户提供多样化的信息服务。

2012年，英国传媒学者格雷厄姆·米克尔（Graham Meikle）和舍曼·杨（Sherman Young）在其出版的 *Media Convergence：Networked Digital Media in Everyday Life* 一书中，进一步加入了社会化媒体这一元素，并详细阐述了从"创造式受众"（Creative Audiences）这一维度该如何重新诠释媒体融合。米克尔和杨认为，如果从社会化媒体这一维度进行观察，用户成为数据的生产主体，他们的行为、喜好、品位、特征、态度与意见等，都可通过大数据和云计算技术作出精准性分析与预测。换言之，社会化媒体平台成为"用户数据库"并能为用户的自主选择提供更为准确的"推荐服务"。

融媒体环境意味着新型传播形态中传—受的主体正在逐渐消亡，沉浸传播的兴起，生成了用户主体，这个主体已不能简单地等同于传统媒体时代的"召唤主体"。在消费主义大行其道的情形下，国家文化传播主体被迫参与新媒体环境下的博弈。主体间性理论表明，在交往互动中双方是平等的关系而非主从关系，更非单纯中性的中介性关系。[1]

脸书（Facebook）已不仅仅是社交网络平台，而成为营销服务的提供者，因为它拥有一个庞大的用户数据库，记录着20多亿月活跃用户的个人信息，用户每一次的交互行为，包括转发、点赞、搜索和发送信息等都会为用户数据库增添价值，这也成为脸书商业运作模式的根基。新华社客户端在新闻资讯中嵌入了"周边·服务"板块，用户可以通过这里了解电影、美食、KTV等周边服务信息，并享受买票、订餐等快捷服务。浙江日报报业集团积极探索"新闻＋服务"的商业模式，勾画了一个"传媒文化金字塔"模型，底层是最能吸引用户的大众娱乐和游戏，中层是包括教育、健康、体育、旅游等专业资讯服务，顶层则是新闻价值传播，上下贯通，融为一体。以浙江新闻客户端为基础平台，浙报集团通过"传媒文化

---

① 陈龙：《媒体融合背景下媒介文化发展的国家意志和逻辑》，《传媒观察》2019年第5期，第5－14＋2页。

金字塔"为用户提供了以新闻资讯为核心的综合文化服务。

第二节　媒介融合背景下的传统媒体机遇和挑战

20 世纪电子媒介的出现，是人类文化传播史上的一次空前革命。电子媒介不仅极大地改变了信息的制作、传播的方式，也改变了文化形态，进而改变了人类生活。迄今为止，没有一种媒介如电子媒介一样带给人类历史如此深刻的影响。1990 年尼古拉斯·尼葛洛庞帝（Nicolas Negroponte）在其代表著作《数字化生存》中将旧媒体定义为"被动的"，而新媒体则是"互动性的"，语言广播模式的电视网络的衰落，以让位于窄播和基于点播的细分媒体时代。

在此背景下，传统媒体正面临什么？新媒体，特别是以手机为终端的媒介方式消除了时空界限，渗透进用户的碎片化时间，造成了传统媒体用户的流失，进一步带来了广告的流失。新的传播模式下，广告作品的展现形式多样而丰富，大量广告商转移到新媒体平台，这也使得新媒体容纳了更多人才。新媒体传播方式的去中心化和新媒体赋权也进一步削弱了传统媒体的影响力，迫使传统媒体不得不改革和转型。媒体融合这一趋势下，文化生产不再是集团式、统领式的生产，而是散点式自媒体生产、集市式交易，传统主流媒体的传播格局不复存在，而是转为"主导媒体"，但不改革不转型，其影响力将日渐式微。

媒介的变革总是因此而变成充满戏剧性的社会事件。西方纸张的发明最早源自古埃及的莎草纸。莎草是尼罗河中的一种草，其茎有手臂般粗细，高 3—6 米，它的纤维可以用来做绳子、席子和鞋。如果把莎草的茎切成 30—40 厘米长的薄片，纵横交错铺在木板上，敲打脱水，再用石头或贝壳把表面磨光，就可以得到一张莎草纸。数张这样的莎草纸粘在一起，就可以形成一幅长 3—4 米的长卷，卷起来构成一卷，和中国竹简非常相似。埃及的莎草纸很珍贵，是当时埃及对希腊与罗马重要的出口物资，几乎具有垄断性。公元前 2 世纪初，埃及的托勒密五世为了维护亚历山大图书馆的荣耀，想要破坏欧迈尼斯二世建设在位于今天土耳其的帕加玛城的图书馆计划，就切断了莎草纸的供应。帕加玛城的工匠们没办法，只能被迫改良书写材料，结果还开发出新的书写工具——羊皮纸。[1]

---

[1]　刘海龙：《生活在媒介中：传播学 100 讲》，https://shop.vistopia.com.cn。

谷腾堡时代的印刷所投资人约翰·塞斯特,曾携带着十来本印刷本《圣经》,到当时欧洲最大的巴黎大学城去寻找运气,期望能挣上一笔,未料找到的却是杀身之祸。当地从事手抄书的行会见一背着大批书的人到来,惊慌不已,立即报警,理由很充足,如此之多的珍贵书籍居然在一人之手,肯定是有魔鬼相助。好在塞斯特机灵,赶忙拔脚开溜,否则就可能命丧巴黎。①几个世纪过去了,媒介转型变革之路依然个中曲折,艰难前进。传统大众媒介机构对于融媒体的尝试,是在"转型"的理念和愿望推动下开始自己的征程的。②

一、融媒体与电视

尼尔森在美国进行的一项家庭研究发现,超过 23％的家庭在电视上安装了数字流视频设备,被安装最多的是 Roku、Google Chromecast、Apple、Amazon Fire TV。对于视频游戏,其对电视机的渗透率近年来则一直持平,42％的家庭拥有 Microsoft Xbox、Nintendo Wii、Sony PlayStation 等游戏终端设备,新一代的智能电视和流媒体播放器等,将重塑未来的家庭娱乐形式。

2013 年 3 月 14 日,全国人大十二届一次会议批准国务院组建"国家新闻出版广电总局"。3 月 22 日总局正式挂牌成立。2014 年 8 月,党中央通过的《关于推动传统媒体和新兴媒体融合发展的指导意见》全面展开了媒介融合发展的战略布局。传统媒体的数字化改革中电视行业不断推进融合创新,并通过数字化、社交化、多平台、多渠道方式积极介入数字终端,赋予电视更广泛的内涵。

2015 年全国两会报道中,央视网大规模运用"两微一端"展开报道,新媒体多终端累计用户规模达 4.58 亿人。着力打造适于"两微一端"传播的《漫话两会》可视化报道创新产品,运用手绘漫画、动画视频等互联网特色表达,精选政府工作报告、提案议案、立法法等重点内容,对两会核心信息进行故事加工、漫画演绎、数据提炼。该产品应用 HTML5 技术进行制作,适应移动互联网传播快、互动强等特点,同时在网页端和移动终端上线。《一份提案议案是怎么形成的》《听总理的政府工作报告》《李克强总理是怎么开会

---

① ［美］伊丽莎白·爱森斯坦:《作为变革动因的印刷机:早期近代欧洲的传播与文化变革》,何道宽译,北京:北京大学出版社 2010 年版,第 29 - 30 页。
② 黄旦:《试说"融媒体":历史的视角》,《新闻记者》2019 年第 3 期,第 20 - 26 页。

的《立法法,这部法律管任性》《总理报告 20 个新词词典》等 9 期内容被中央重点新闻网站、地方重点新闻网站、各大商业网站在网页端、客户端或微信端广泛转发。

2015 年的网络春晚以"万福送万家、共享中国年"为主题,由钢琴家郎朗演奏、音乐爱好者合唱的网络虚拟创意歌曲《茉莉花》成为一大亮点。这一节目充分运用虚拟技术,以"众筹"概念为核心,通过网络发起活动,并整合处理网友上传内容(UGC),最终打造出独具网络特色的原创节目。《中国青年报》刊文《2015CCTV 网络春晚打造"全球网民盛大狂欢"》称,这些线下活动与晚会现场隔空互动,不同的时间与空间的穿插互动,传统与现代气息的水乳交融,拉近了网络与现实的距离,使得多维度、全方位互动的网络春晚成为一场真正的"全球网民盛大狂欢"。

在纪念中国人民抗日战争暨世界反法西斯战争胜利 70 周年报道中,中央电视台借鉴《茉莉花》的成功经验,以虚拟演唱会的形式,以"众筹"的理念和模式,创作推出全球华人网络大合唱《黄河大合唱》,邀请郎朗、吕思清、戴玉强、魏松、莫华伦、秦立巍、雷佳、宋飞、冯满天等国内外著名演奏家、歌唱家担任领奏、领唱工作,同时以线上众筹的方式,征集来自全球华人上传的演唱、演奏作品,并通过 3D 虚拟等技术全新演绎,以唤起民族情感,唱响中国力量。

连续两年热播的《中国谜语大会》,在节目直播过程中,电视观众通过下载"央视悦动"手机客户端、用手机扫描二维码等方式,与场上选手同步竞猜谜语,竞猜结果在电视屏幕上及时呈现,手机小屏和电视大屏互动互通。《中国谜语大会》第二季互动参与更为便捷,央视网运用先进的 Html5 技术搭建同步猜谜平台,直播期间,观众可以通过节目官网、"央视悦动"客户端、电视二维码、微信、微博等多个渠道,进入同步猜谜的 Html5 页面,参与实时同步答题,还可分享到社交平台。直播中猜谜互动参与人数、地区分布、答题正确率、谜语难易度等大数据,以图表、主持人口播等形式实时直观地呈现。2015 年《中国谜语大会》第二季创造直播节目台网互动新纪录,参与直播互动总人次达 7889 万。

2022 年 6 月 CCTV-4 中文国际频道(亚洲版)通过动直播＋慢直播的方式,全方位呈现大湾区城市蓬勃发展的风貌,同时还通过访谈、短片、连线等方式,多角度讲述发生在大湾区的人物故事。大型融媒体报道《直播大湾区》海内外反响热烈。

6月30日,华语中心联合港澳台中心推出的大型融媒体报道《直播大湾区》收官。节目连续11天以"1小时电视+12小时新媒体"的报道规模,全景、多元展示粤港澳大湾区建设成就,传播效果突出。截至6月30日,大小屏直播累计触达受众超2.5亿人次,跨平台触达受众超10亿人次。"直播看粤港澳大湾区"和"直播大湾区"两个话题词微博阅读量累计近2.2亿次。海外侨胞热议不断,来自美国、新西兰、马来西亚、荷兰等多个国家的众多广东籍海外华侨华人表示,身在海外,通过总台节目看到家乡的巨大变化,倍感亲切,由衷赞叹粤港澳大湾区建设的辉煌成就和光明未来,将继续发扬爱国爱乡爱家的优良传统,为家乡建设、祖国发展作出应有贡献。

英国广播公司新媒体和技术总监阿什利·海菲尔德如此评价传统电视,"到了这一步(流媒体内容将把广播公司的节目内容以及受众所贡献的作品结合在一起),传统的'自说自话的广播公司'(monologue broadcaster)面对'感激的受众'(grateful viewer)这种关系将会瓦解"。对于未来电视的设想,海菲尔德说,宽带和数字技术的广泛应用将影响新闻网服务公众的方式,"未来的电视可能与今天大不相同,它不只是定义为线性播出的电视频道,由电视运营人员打包和编排,而是更如万花筒一般千变万化,拥有数以千计的流媒体内容渠道,有些作为今天的频道来讲缺乏明显特征……一方面受众将按照他们想要的方式来组织和重新组织内容,另一方面……受众想要从头开始创作这些流媒体视频内容"。

二、融媒体与广播

媒介融合背景下,全球广播电视业正经历着一场深刻转型与重大变革,传统广播电视开始步入深度调整期,开始探索走融合发展之路。

在这场技术推动的大潮中,欧洲各国民众依然保持收听广播的传统和习惯。2012年9月有一项关于全球成人收听广播(每周至少一次)的调查结果显示,相比日本和中国民众来说,欧洲各国民众更习惯于收听广播。德国、法国、意大利和西班牙有近80%的成人每周至少收听一次广播,英国为69%。此外,欧洲各国民众还可通过便携式媒体和高保真(Hi-Fi)收听音频广播,其中意大利、西班牙有70％以上的成人每周至少一次收听音频广播。欧洲已经形成了公共广播、商业广播和社区广播等多元化的广播市场竞争格局,在运营上始终坚持市场化和专业化运作,同时积极地推动本国广播产业特别是数字广播的快速发展,广播的数字化是欧洲广播发展的主要方向。欧洲广播联盟(EBU)实施的"欧洲数字化进程"等多个数字化技术项目,直接把欧洲广播推向了媒介融合的统一的技术平台上,打造数字音频广播、网络广播、手机广播等"广播升级版"。其中由 EBU 发起的欧洲通用芯片(Euro-Chip)项目,将让所有新的广播接收终端和移动终端兼容模拟数字信号,这将给数字广播在欧洲的发展提供重要的条件。

欧洲广播顺应现代信息传播技术带来的媒介融合发展趋势,除了大力发展数字广播和卫星广播外,欧洲各国还注重发展网络广播、手机广播等技术平台。如互联网与广播有机结合的网络电台发展迅速。以德国为例,2012 年德国有3000 多个网络电台,各电台均不同程度地重视开发新媒体化的广播电台,让受众充分地参与到节目中来。德国公共广播协会(ARD)门户网站将 ARD 所有成员的青年节目资源重新整合编排,开设了通过互联网和数字技术广播的类型化音乐电台,吸引了一批年轻网民。欧洲广播与社交媒体的结合也如火如荼。英国 BBC 环球公司(BBC Worldwide)的大部分节目均可通过互联网收听、下载播客,同时可通过 RSS 订阅,电台的每个节目在 BBC 的网站页面上都有社交网站脸谱网(Facebook)和推特网(Twitter)的链接,不同语种的新闻及服务也都在这两个全球用户最大的社交媒体上开设了公共账号,受众可以直接在 Facebook 和Twitter 上参与节目讨论。

欧洲各国在技术推进、广播形态等方面都主动作出了积极应对和调整,广播与数字、互联网等新技术的融合日渐深入,数字广播全面推广,广播的品牌意识和专业品质明显增强。

在媒介融合的大背景下,中国广播尚未出现衰落迹象,广播市场总收入及增长率均呈持续的正增长。2011 年,全球广播业全年总收入为 295 亿英镑,同比增长 1.7％,中国广播收入增长幅度超过 10％,并且保持多年的持续高增长态势。中国广播的媒介融合之路也是顺畅的。特别通过互联网、手机、微博、微信等现代技术或工具,深度优化传统平台的交流模式,让听众广泛参与广播传播。

这些模式包括播客、网络音频广播、手机广播和移动广播客户端节目等。

融媒体时代中央广播电视总台大阪 G20 峰会报道①

G20 机制覆盖了全球主要国家，从 1999 年成立以来，已发展成为全球经济治理的首要平台，也是中国参与全球治理，发挥大国引领作用的重要平台。2019 年大阪峰会前，贸易单边主义、保护主义和民粹主义甚嚣尘上，国际贸易秩序和规则受到严重挑战，全球经济预期不确定性加剧。大阪 G20 峰会因而成为考验全球治理何去何从的重要节点，吸引了全球的关注。

在预热报道阶段，中央广播电视总台国际评论栏目"国际锐评"，面向全球用 40 多种语言推送评论员文章《面对反全球化逆风，G20 峰会应坚守初心》，并通过外媒和外国网友的转发评论，引发了国际舆论对 G20 峰会中国方案的期待与讨论。日本发行量最大的中日双语周报《东方新报》与中央广播电视总台日语部合作，在 G20 峰会特刊电子版中重点刊载了该文，在日本引发广泛关注。多语种全媒体平台发挥"借嘴说话"的优势，邀请在对象国拥有广泛影响力的官员、专家、企业家畅谈对大阪峰会中国方案的期待，推送《G20 大阪峰会召开在即，多国专家热议共建开放型世界经济》《俄专家：中国经验值得借鉴，"美国优先"政策注定失败》《德国企业家展望 G20 峰会：各国应摒弃贸易保护主义，实现全球经济共同增长》等系列稿件，有效引导国际舆情聚焦中国方案。

国家主席习近平赴日参加 G20 峰会期间的报道，中央广播电视总台始终聚焦主席行程，焦点不变，镜头不换，以"中国方案贡献全球治理"为主线，将主席参与的双边会见和在 G20 峰会上的发言等串成了系列报道，奏出了中国方案的最强音。品牌栏目《春风习习》面向外语媒资平台推出了"中日领导人会晤""G20 主旨讲话""中美领导人会晤"等音视频、图文等多个系列微报道。"国际锐评"持续跟进，发表《中国宣布升级开放举措　引领打造高质量世界经济》《G20 大阪峰会发出支持多边主义的强音》等系列评论在中央广播电视总台多语种平台编译发布，众多境外媒体规模推送，实现海外传播效果的最大化。

---

① 邓德花：《融媒体时代国际传播策略研究——以中央广播电视总台大阪 G20 峰会报道为例》，《传媒》2019 年第 20 期，第 83－86 页。

在大阪 G20 峰会的内容产出中，中央广播电视总台贯彻"台网并重、先网后台、移动优先"的原则，前方团队始终聚焦适合融媒体播发的"临场"内容，发回大量图片、音视频内容；后方团队则为了体现报道的时效要求，发力移动客户端，紧跟领袖行程，第一时间推出了多组"微系列""微视频"报道。各语言部门则根据对象国传播需求，及时在新闻客户端编发、推送相关内容产品。俄语部记者在"中俄头条"客户端推出新媒体长图《G20 历程与中国主张》，日语部记者推出微视频报道"大阪市民期待 G20 峰会成为一次'以和为贵'的国际会议"，新媒体图文报道"大阪街头的 G20 元素"等，通过"中日通"客户端多平台发布，生动展现了大阪市民对 G20 峰会的期待。

中央广播电视总台适应媒体融合深度发展的需要，改革机制体制，在内容、渠道、平台、经营、管理等方面加快深度融合，建成具有国际舆论引导力的新型媒体集团。

三、融媒体与报纸

步入移动互联网时代，在新媒体冲击下，纸媒"死伤无数"。自 2008 年以来，纸媒的丧钟就开始敲响。2017 年 1 月 1 日，北京《京华时报》宣布停刊。2017 年 1 月 1 日起，上海《东方早报》停刊，上海《东方早报》因 2008 年首报"三鹿奶粉"事件，而"影响力至上"。2017 年年底，又有几十家报纸停刊。2019 年 1 月 1 日起，《北京晨报》《法制晚报》《赣州晚报》《新商报》《华商晨报》等停刊。《成都晚报》2019 年 3 月 30 日起休刊。2020 年 1 月 1 日起，《天府早报》《自贡晚报》《北方时报》《拉萨晚报》《生活日报》《武汉晨报》《上海金融报》《天津广播电视报》等正式休刊。2021 年更有《贵阳晚报》《宜宾晚报》《巴中晚报》《河北科技报》《南方法治报》《洛阳商报》《合肥广播电视报》《温州广播电视新壹周》等报纸休刊、停刊。2023 年元旦前后，《牡丹江晨报》《海曙新闻》《绵阳晚报》《崇明报》《温州商报》等报纸休刊、停刊。2023 年 5 月 8 日，《东南快报》宣布正式休刊。

《东方早报》从创刊至休刊近 13 年，作为传统媒体率先走出这一步，2016 年 12 月 31 日发表休刊词《青出于蓝而胜于蓝》。

青出于蓝而胜于蓝

今天是 2016 年的最后一天。东方早报决定从明天，也就是 2017 年 1

月1日起，不再出版纸质版。

但是，今天我们不说再见。

东方早报虽然休刊了，但东方早报原有的新闻报道、舆论引导功能，将全部转移到澎湃新闻网。

2014年7月22日，上海报业集团所属东方早报团队打造的时政类新媒体——澎湃新闻网上线。两年多来，澎湃新闻网已成为全国范围内有着广泛影响力的新闻品牌。东方早报向澎湃新闻网彻底转型，水到渠成，势所必然。

澎湃新闻网是东方早报文脉的相继、薪火的相传、理念的破茧化蝶。时代在变，我们也将与时俱进，以最有力的传播方式服务于寄予我们莫大信任的受众。

2003年7月7日，东方早报正式出版发行。13年里，东方早报与上海这座城市相行相伴，忠实记录着这座城市的变化和进步。

这13年里，东方早报始终保持对严肃、专业议题的关注，《上海书评》《艺术评论》《身体》《上海经济评论》专刊在小众和大众之间搭建起桥梁，撑起了一片小小的文化天空。目前，《上海书评》《艺术评论》《身体》，已经在澎湃新闻网上线。

今后，澎湃新闻网也将延续东方早报的新闻理念：对光明的赞美，对美好的感动，对新闻事件的专业调查，对真相的追问。有思想，有锐气，有温度，一切曾经打动我们读者的地方，也将全部呈现在澎湃新闻网上。我们一定能够做得更好。

今天，我们不说再见，因为我们只是换了一种形式服务于我们的受众，从油墨飘香的报纸，全面转型为网络传播。

感谢13年来读者对我们的信任和支持，也希望你们继续关注澎湃新闻网，因为那就是"我们"，而我们将一直与你们同在。

有学者认为报纸的关停并不代表着媒体消亡，而是一种正向的发展，是顺应媒介技术的发展带来的必然变革，未来传媒业的发展是一种向着互联网集中的融合性发展趋势，它只是换了一种内容承载方式，严肃类的高质量新闻永远是有市场的。《东方早报》的澎湃新闻网，《京华时报》的京华网、京华圈、京华微博、微信以及系列公众号组成的《京华时报》新媒体矩阵，继续即时推送新闻、资讯。如

南京"紫金山新闻客户端"的融媒体之路：[①]

从南京紫金山新闻看中国媒介融合之路

融合发展，媒体先行。南京都市圈移动新媒体联盟 2018 年 5 月 8 日正式成立。原则上，一座城市选择一家有影响力、代表性的移动新媒体客户端为联盟成员。首批联盟成员为紫金山新闻、今日镇江、扬州发布、掌上淮安、今日芜湖、马鞍山 ok 论坛、掌上滁州、宣城日报社，紫金山新闻为联盟发起成员。未来，联盟还将推进成员扩容工作，最终实现南京都市圈城市群全面覆盖。

紫金山视频源自紫金山新闻客户端的视频团队，这个年轻的部门脱胎于金陵晚报，是在南京市委市政府的要求下，南京报业传媒集团打造的移动端新闻媒体，于 2017 年 7 月成立。经历了最初的野蛮生长之后，从 2017 年 12 月开始进入爆发期，新闻客户端主内容立足南京，放眼扬子江城市群，下设新闻、政务号、社群三大板块，以"内容＋服务"的运行模式，是南京政务公开的移动窗口。生产爆款短视频已成家常便饭，迅速成长为南京地区第一短视频新闻团队。短视频团队的核心理念是：做 37℃ 的新闻。37 度的温度超越 0 度资讯，给受众以温度和拥抱。37 度的温度也区别于透支用户情感的煽情新闻。2018 年第一季度，紫金山视频推出的原创短视频全网阅读量突破 10 亿，其中 1000 万阅读量以上的新闻短视频达到 30 多条，最高的一条流量破亿。今年 2 月，微博官方公布全国十大媒体视频排行榜，紫金山视频入围，是前十名中唯一的市级媒体。

"紫金山"在江苏率先推出"移动化的中央厨房"，系统将包含信息采集中心、内容创意中心、技术中心和实验室、孵化区、交互区等功能板块，把信息的采集与编辑、内容的创意与孵化、产品的研发与推广、新闻的分发与互动、数据的生成与激活有机地整合在一个平台之中，推动内容、经营、渠道的深度融合。紫金山新闻客户端是南京的"党端"，南京主要的政务号微信均已入驻，重大事件发生后可以第一时间同步发声，立足于以政务新闻和政务服务为核心的内容定位。另紫金山新闻客户端与新华社、人民网、央视网等央媒和平台级媒体建立了战略合作关系，视频产品将同

---

① 江飞、俞凡：《37℃：紫金山视频的用户思维》，《新闻战线》2018 年第 5 期，第 26-28 页。

步呈现在央媒的直播平台上，可以把南京故事、南京声音传递得更远、更有效果。

传统媒体人从传统的铅字和印刷，跃入了移动直播，要改变的，绝不仅仅是一个新闻载体。新的理念，新的机制，新的运营，新的产品，都是横亘在传统媒体人面前的一道道山梁。

南京报业传媒集团紫金山新闻频道总监李沅介绍说，近几年，城市新闻客户端纷纷上马，紫金山新闻起步较晚，但也由此有了更多冷静观察、扬长避短的机会。紫金山新闻刚开始也出现新闻内容同质化现象突出，融合深度不足，互联网思维不够等问题，在"不要把传统媒体的稿件照搬到手机端、不要灌输式的报道要互动、要从用户需求考虑提供新闻产品、要用有效手段和新闻产品引导用户、要相融而不是相加"的理念指导下，紫金山新闻技术团队、采编团队在党的十九大新闻报道中接受洗礼，大开脑洞，运用多种新媒体技术生产多元原创产品，为用户呈现既导向正确，又活力接气的多样化新闻产品。

党的十九大期间，特别报道产品，包括：视频《最美南京！最新城市宣传片！喜迎十九大！》上集聚焦南京发展，下集聚焦富民主题，通过街访市民呈现，权威、可视、鲜活的内容，总播放量达到 153 万。

VR《全景看南京》，细致到南京 11＋1 区的 720 全景，更有互动性很强的政治、经济、文化、社会各方面发展成就展示及资料，更细节更有料，后台参与人数 4.7 万人。

MV《哎朋友，到南京来玩啊》则结合当下综艺节目热点，用南京话 RAP 的形式，以南京人一天的视角，体现南京各方面的发展成就。小编作词，专业制作团队作曲编曲，是紫金山新闻客户端的 90 后小编们的第一次大胆尝试，迅速引起年轻人的共鸣，一手音频播放量达到 6 万＋。

H5 互动游戏，结合十九大报告关键词，糅入书法的互动，用户亲手书写"南京"字样及签名，最终画面既有用户亲手写的期待与祝福，又有党的十九大报告的精华内容，有 8.6 万人用游戏互动形式表达祝愿，可以说是同题材 H5 互动游戏中的佼佼者。党的十九大期间，紫金山新闻用报、网、博、信、端等渠道全方位、多视角地为用户呈现盛会。

四、融媒体与新媒介技术

2017 年《政府工作报告》中，李克强总理明确提出："要加快培育新材料、人工智能、集成电路、生物制药、第五代移动通信等新兴产业，另一方面要应用大数据、云计算、物联网等技术加快改造提升传统产业，把发展智能制造作为主攻方向。"技术话语变革，体现在新生概念的层出不穷，二维码、数字传播、云计算、3D打印、大数据算法、自媒体生产、区块链模式、人工智能、知识付费……

芝加哥学派的查尔斯·库利对媒介技术下过这样的定义：手势、讲话、写作、印刷、信件、电话、电报、摄像术以及艺术与科学的手段——即所有能把思想和情感由这个人传给那个人的方式。人类关系赖以存在和发展的手段——即头脑中的所有信号，以及穿越空间传送它们和在时间中保存它们的手段。施拉姆认为"媒介是插入传播过程的中介，是用以扩大并延伸信息传送的工具"。媒介技术知识作为中性工具而存在，并没有过多地侧重和强调。批判学派的媒介技术研究继承了近代人本主义的哲学传统，人本主义践行着康德"人要始终作为目的，而不是手段"。批判学派的媒介技术本质则主要研究大众媒介的所有权，尤其是政治和经济组织对媒介的控制及其在媒介内容的生产、销售和获取上发挥的重要作用。

而真正对媒介技术作出过哲学定义的当属媒介环境学派。在媒介环境学派代表人物伊尼斯看来，媒介技术研究中有石头、莎草、泥板、羊皮等，有的已经明显不属于通常意义上的媒介技术。而另一位媒介环境学派代表麦克卢汉在"泛媒介论"中走得更远，麦克卢汉把口语、字母、道路、服装、住宅、货币、时钟、轮子、游戏都纳入媒介技术。并进一步认为人的一切人工制品，包括语言、法律、思想、假设、工具、衣服、电脑等，都是人体的延伸。在麦克卢汉这里，媒介技术不只超出了与技术的界限，甚至超出了与物质的界限。也就是说所有人为的——不论是否属于技术、是否属于物质——都是媒介技术。

媒介技术在互联网的应用，使得媒介融合成为可能。而大数据技术的应用，进一步增强了媒介融合的进度和效果。如新闻客户端与微软等人工智能企业合作，利用人工智能、大数据、语义识别等技术，突出人机交互的功能，打造智慧型、智能型新闻客户端。

2017 年 3 月 7 日，美国有线电视新闻网（CNN）宣布正式成立名为"CNNVR"的虚拟现实（VR）新闻部门，专注于浸入式的 VR 新闻与现场直播，并每周推出 360 度全景视频。CNN 在 VR 领域的尝试早已开始，光是去年就推出了多个 VR 报道，其中包括叙利亚北部的交通要道和军事重镇阿勒颇遭受的破坏、美国总统就职等，这些视频在脸谱上有超过 3000 万的点击量。而在前年，CNN 还对美国民主党总统大选辩论进行了全景视频直播。①

2017 年两会期间，中国军事网推出"军视侠 001"机器人，为用户解答国防、军队改革等问题；同月，智能机器人"小胖"进驻人民日报"中央厨房"大厅配合两会报道，其具有"最受关注的话题"热点舆情语音播报、语音交互聊天、通信查询、会议提醒等功能。随着技术应用的深化，地方媒体也开始尝试智能传播。钱江晚报客户端"浙江 24 小时"是全国首个引入人工智能机器人的客户端，其通过算法推荐、人机交互等实现技术推动融合发展。"浙江 24 小时"人工智能记者"小冰"已在钱江晚报版面和客户端累计发稿 300 多篇，服务用户总数高达 122 万人次。②

百度升级建设的软硬一体 AI 新型基础设施"百度大脑 6.0"、小米构建的人工智能开放平台、以 AI 为核心的华为智能体，都在 5G 技术的助力下为用户提供了全场景智慧体验。③

当前，我国 5G 融媒应用已覆盖汽车、电子、航空、钢铁等 14 个重点行业领域，实现了"从 0 到 1"的突破，正在加速进入规模化应用阶段。就当前的发展趋势来看，从 4G 到 5G 通信技术的应用将在"十四五"期间更加促进信息产品和服务的创新，提升智能终端设备性能并促进互联网—物联网线上线下融合，人们的生产生活方式将在 5G 融媒应用的助力下产生极大变革。目前，我国 5G 融媒应用飞跃式地提升了媒介内容传输速率，增强了用户与媒体的互动性，强化了媒体场景化使用功能，主要包括虚拟现实（VR）、增强现实（AR）、无人机、机器人写

---

① 《全球媒体积极布局 VR 产品"下注"VR 能否寻到宝？》，人民网，http://media.people.com.cn/n1/2017/0315/c40606-29147167.html，2017 年 3 月 15 日。
② 《新闻客户端：开启人工智能时代》，中国出版传媒网，http://www.cbbr.com.cn/article/116117.html，2017 年 11 月 1 日。
③ 段鹏：《5G 技术语境下媒介环境融合性转向探析——兼论我国媒体行业的未来发展路径》，《现代出版》2022 年第 3 期，第 5-10 页。

作、大数据等。此外，物与物之间的连接增强，设备之间的技术壁垒被打破的同时媒体硬件也在走入深度融合阶段。5G 融媒应用建设将向着智能化、具身化、融合化、全链接转变。

五、融媒体相关关键词

（一）互联网＋

2015 年 3 月 5 日，李克强总理在十二届全国人大三次会议上所作的《政府工作报告》中提出制定"互联网＋"计划，强调"推动移动互联网、云计算、大数据、物联网等与现代制造业结合，促进电子商务、工业互联网和互联网金融健康发展，引导互联网企业拓展国际市场"。自此，"互联网＋"作为一项国家战略，为国家未来各领域的发展指明了方向。

"互联网＋"代表着一种新的经济形态，它指的是依托互联网信息技术实现互联网与传统产业的联合，以优化生产要素、更新业务体系、重构商业模式等途径来完成经济转型和升级。"事实上，'升级'（upgrade）这个词本身就带有数字化味道。""互联网＋"计划的目的在于充分发挥互联网的优势，将互联网与传统产业深入融合，以产业升级提升经济生产力，最后实现社会财富的增加。

"互联网＋"是互联网与传统产业的结合，其最大的特征是依托互联网把原本孤立的各传统产业相连，通过大数据完成行业间的信息交换。以云计算、物联网、移动通信网络为代表的新信息技术为改变信息的闭塞与孤立提供可能。"互联网＋"，这个"＋"号代表着各个传统行业。"互联网＋传媒业"将会带来什么？2015 年 6 月 4 日，上海文广集团（SMG）与阿里巴巴集团联合在沪宣布，阿里巴巴将投资 12 亿元人民币参股 SMG 旗下的第一财经传媒有限公司（下称"第一财经"），双方将充分发挥各自在传媒与大数据领域的资源优势，共同将第一财经打造成具有全球影响力的新型数字化财经媒体与信息服务集团。

（二）中央厨房

2015 年两会，人民日报"中央厨房"正式亮相，"中央厨房"下设统筹推广组、内容定制组、可视化组。三个组密切协作，根据微博、微信、客户端、网站、报纸等不同媒介的传播特性,分三波进行报道,第一波求快,第二波求全,第三波求深。

"中央厨房"的运作,改变了人民日报原来以版面为主导的采编管理方式,将其变成了全媒体形态、24小时全天候生产的全过程采编管理,再造了采编流程,实现了"记者一次采集信息、厨房多种生成产品、渠道多元传播给用户",显著提高了新闻生产力。作为推动媒体融合发展的拳头产品和重要切入点,《人民日报》通过客户端建设打通《人民日报》核心采编资源,融通社属各报刊和社外各级党报党刊的优质内容资源。客户端建设和发展,逐渐改变了《人民日报》的传统采编流程,促进了《人民日报》与用户多元、直接、紧密、实时的连接,使《人民日报》的运营模式从单纯提供内容向既提供优质内容,又提供特色服务的方向转变。

《广州日报》通过中央编辑部整合集团资源,促进了新旧媒体的深度融合。中央编辑部由广州日报社夜编新闻中心、大洋网、全媒体新闻中心、音视频部、数字新闻实验室等部门组成。在此之前,《广州日报》不同新闻端口的发布权分属不同部门,中央编辑部把报纸端的出版发布和各个新媒体端口的发布统合在一起,为"统一指挥,统一把关"创造了时空条件。通过建立采编中央厨房,各媒体有效地整合了资源,打通了渠道,优化了流程,推动了媒体深度融合发展。

(三)县级融媒体

在2018年8月21日至22日的全国宣传思想工作会议上,习近平总书记指出:"扎实抓好县级融媒体中心建设,更好引导群众、服务群众。"县级融媒中心的主要范围是县级区域的融媒中心,每个县级区域都要建一个统一的融媒中心。这些地市级区域包括直辖市、副省级城市下面的区,一些人口较少、经济不太发达的地级地区建一个融媒中心即可,目前北京市的延庆区、海淀区等都建立了融媒中心。

截至2018年9月初,北京市在两个月内先后有15家区级融媒体中心陆续挂牌,平均4天就有一家,加上2017年已经挂牌的昌平融媒体中心,已经领先于全国全面完成了区级融媒体中心的布局;8月31日,郑州市16个区县同时挂牌成立区县融媒体中心;而早在2018年的3月,江西组建融媒体中心的县市区已经达到了30多家,占到了全省的1/3;湖南、四川、河南、江苏等地县级融媒中心也已经紧锣密鼓地筹建起来。

从全国范围来看,在县级融媒体中心的建设过程中,县级广播电视台应该是主体。因此,依托广电平台为主体的融合路径应该是县级融媒体中心建设的主要方向。①未来广电系统主导的融合发展需要强化区域整合力度,避免县级融媒体中心的建设陷入碎片化的尴尬境地。

目前很多县级电视台相对于融媒中心的需求来说人员太多、成本太高,而要真正转型就要卸下包袱、轻装上阵,而这就需要由财政兜底来解决相应的人员问题。当然,要真正让融媒中心发挥作用,核心是用好互联网新技术来起到四两拨千斤的作用。

第三节 融媒体思维与反思

2017 年庆祝中国人民解放军建军 90 周年前夕,人民日报客户端推出H5 产品《穿越时光,这是我保家卫国的样子》"燃爆"移动互联网,用户选择不同年份,上传照片即生成不同时期的军装照。产品引发朋友圈疯传,上线不到 10 天,浏览次数突破 10 亿,超过 1.7 亿网友参与,一分钟访问人数峰值高达 41 万,"军装照"的走红,迎合当下朋友圈"炫耀"式心理,"我想让大家知道我穿军装很美,我想让大家知道我很爱国爱军",成为媒介融合案例中的现象级事件。

虽然有人民日报客户端的"我的军装照"的现象级传播,但从实际操作成果来看,公认成功媒体融合者寥寥可数。媒介融合是一个动态的演变过程,更是一种思维方法,它充分发挥各种媒体的优势和潜力以抵达尽可能多的多样化、碎片化的大众。传统与新媒体融合亟须突破"假融合"怪圈。

随着新技术应用的日渐广泛,相互竞争与参考模仿已经成为传统媒体改变融合落后局面的选择。但在这个过程中,单纯依靠技术创新难以维系媒体的长远发展,并逐渐模糊传统的差异化发展战略,呈现出同质化局面。例如"中央厨房"的一体化与扁平化信息生产中心在诞生之初便引发了各界关注,随后,从中央到地方的多家媒体纷纷建造自己的"中央厨房",但一些媒体在建设过程中并没有充分考虑自身的资源状况,盲目投入运营,投入大量资金或人力资源,单纯

---

① 朱春阳:《县级融媒体中心建设:经验坐标、发展机遇与路径创新》,《新闻界》2018 年第 9 期,第 21－27 页。

将"中央厨房"视为媒体融合的标杆,反而影响了融合进程。

此外,受制于技术、资金、人才等因素限制,目前国内媒体融合仍旧发展不均衡,尤其是在经济发展较为落后的地区以及县级媒体等。在一些地级市,尽管绝大部分报纸目前也开展了一系列融合发展动作,但碍于资金、人才、技术等条件的制约和限制,始终难言有效。VR、AI、云平台、无人机等新技术为报业转型设置了较高的技术门槛,由于技术障碍与资金限制,一些高新技术如"无人机新闻直播"仍旧局限在资金链雄厚的报业,如深圳报业集团、人民日报等。当前,国内并没有出现统一的融合评估体系,新媒体平台发稿量、阅读量、点赞量等评估体系过于片面,而用户体验感受、内容社会影响、体制融合效果等难以用数字呈现的因素都尚未被纳入评估体系中。

2006年4月18日,盛大公司明确宣布放弃了"盛大盒子"计划,作为一种集成众多厂商技术、具有自主产权的新型电脑终端,"盛大盒子"具有播放影碟、浏览互联网、参与网络游戏、编辑电视等多种功能,可以说是"媒介融合"的典型产品,但为什么会夭折?技术固然可以解决能否实现的问题,体制和经济利益纠葛下出现的内容渠道问题便必然会显现出来。过往的研究和案例证明,70%的媒体大型并购案是失败的,如2006年CBS与维亚康姆的并购案,2008年美国在线与时代华纳的并购案,2013年美国新闻集团的拆分和2015年英国《金融时报》被并购的案例。

跨媒介集团产生方式主要有两种:内生型与组合型。内生型即从单体媒介脱胎而来,以主媒介为主,自身规模和实力不断壮大后,创办子报刊或者专业频道,随着传播科技的发展,各媒介又创办自己的新闻网站。我国目前的跨媒介经营主要是这一种。

一些学者也注意到了媒介融合实践过程中的负效应。南太平洋大学新闻系主任马可·艾智(Marc Edge)在《瓦解之后融合:加拿大的"灾难性"案例》中指出,"媒介融合作为一种商业战略于20世纪90年代受到欢迎。计算机工业革命使得报刊业于20世纪70年代发生转变。媒介主发现通过跨媒体的信息内容共享可以获利颇丰。然而由于信息技术产业的股市泡沫,2000年1月美国在线公司与时代华纳的合并却造就了商业史上最具灾难性的合并案例,媒介融合的提法随之一下子跌落谷底。"有人开始怀疑"媒介融合不过是个宣传出来的错觉而已"。陈国权认为,"媒介融合易导致内容同质化"。

有的学者怀疑媒介融合是不是一种可行的商业模式。从商业模式角度去看，"媒介融合有赖于一些理念，如协同效应的创造、产业边界的消解、市场的叠加与整合"。多伊尔（Doyle G.）早在 1999 年就通过对英国报刊和电视经营者的访谈发现他们对于媒介融合是否真的能发挥节省成本的协同效应表示强烈质疑。她指出，不少媒体高管认为媒介融合并不能带来太多经济效益，其唯一的益处不过是带来跨媒体内容的增加和企业规模的扩大。加拿大学者也通过相同的方法得出类似的结论，并表示对于过度增长的传媒集团的担忧。媒介融合所带来的股市负债，使得一些新的媒介集团不堪重压。一些所谓"媒介融合之王"，只能通过政府力量来还清因媒介融合而欠下的债务。而对于出版企业而言，媒介融合也带来了某些弊端。"免费在线出版物为媒介主制造了麻烦，因为免费在线出版物对其原有的媒介产品的销售产生了负面影响。"

这些代表性论述虽然不能证明媒介融合是个伪命题，李良荣提出这样的反问：在没有跨媒体组合，也没有跨行业组合的前提下，我们国家媒体融合的前景何在？另外，融合之后出现的高度垄断将会对民主社会产生什么影响，这也是令人十分担忧的。

在融媒体发展现实背景下，数据库思维、平台思维、正确的跨界思维和积极的人才思维成为媒介融合时代亟须的融媒体思维。

一、数据库思维

与传统媒体相比，新兴媒体的用户行为发生了巨大变化，一个明显特征在于用户的主动性、活跃度、参与度大大提升。传统媒体时代以"接受"为主要行为特征的读者、听众、观众，已经转变为关注、点赞、评论等反馈信息的活跃提供者，同时更成为媒体内容的重要生产者。用户行为的记录、用户反馈的聚集以及用户生产的内容，构成了庞大的数据库，形成了可供多维开发的大数据，成为衡量用户需求的基础。因此，要了解用户需求、更好服务用户，必然要求以"数据库思维"为基础，更新用户观念。

二、平台思维

在乔纳森·格里克（Jonathan Glick）将 platform（平台）和 publisher（出版

商)两个词汇合成"Platisher"的新词之后,平台型媒体的概念讨论热度一路居高不下,成为学术界讨论的热点。由网络通信技术基础设施工程硬件,与分布式计算、大数据技术等数字技术软件共同达成了连接性平台的产生。

"平台型媒体"显然具有某些传媒特征,这表现为内容制作、内容编辑、定期发布等传媒的特征。平台型媒体诞生于"互联网下半场",带来网络传播的去中心化和网络用户的节点化生存。了解融媒体建设的现状与发展,则需要了解平台的运作逻辑,具有平台思维。

尼克·斯尔尼塞克将平台类型划分为:广告平台、云平台、工业平台、产品平台和精益平台。平台型媒体最接近精益平台的模式:即无资产的虚拟平台,其最重要的资产就是软件和数据分析能力,以超外包的模式运作,整合社会资源,匹配服务与需求。流量是其商业价值的核心资源,算法是其基本工具。平台资本主义是资本逻辑"裹挟"信息技术社会的结果。但平台思维的同时,我们也要警惕平台带来的垄断问题,传播霸权问题和数字劳工问题等。

融媒体的平台化转型是国家基于基层社会治理的需要,进行整合社会资源,着力于发展数字城市基础设施建设的长远布局。融媒体建设需要规避平台资本的逐利模式,在承载传递主流价值观、引领舆论潮流的宣传职责之外,还必须在大变革之时,承担起社会结构转型中引领、调节和再建构的职责作用。在融媒体的平台化实践中,政府力量的介入能够制约单向度的资本逐利,坚守媒体的公共性;同时又可以发挥平台联结和适配的效力,整合地方资源,完善地区服务,增强传播力,以高质量的内容和完善的地方服务收获地方群众的支持,增强传播力和舆论引导力。

平台作为互联网时代的基础设施提供给我们数字生活的更多可能性,但平台的资本逻辑和技术话语也为数据资本主义、监控资本主义、平台资本主义的合法化铺平道路。融媒体的价值性和意识形态属性为平台资本逻辑和媒体公共性的调和提供了抓手,传统媒体、新兴媒体乃至商业平台等多元主体需要理顺各自的时空、功能和生态位优势,扩展生态位宽度的多级式融合发展。[1]

三、正确跨界思维

除了内容渠道层面上的资源互通,完善的产业经营链也将为媒体融合的长

---

[1] 于毓蓝、王宏宇:《平台思维与融媒体建设的逻辑理路》,《传媒》2022 年第 11 期,第 94—96 页。

远发展提供重要资金保障。在传统媒体时代,媒体的主要获利来源是"二级售卖",但在新媒体时代,用户对优质内容的追求使得"二级售卖"的经营链条难以维系,探求并完善媒体自有产业,实现跨领域合作成为多数媒体机构的新出路。

2004 年 12 月,德里、班加罗尔、海得拉巴、孟买以及印度其他地区的电影迷们通过拥有实时视频流功能,支持 EDGE(Enhanced Data Rate for GSM Evolution,增强型数据速率全球通演进技术)的手机完整收看了宝莱坞电影《停下,如果可能的话》(2004),据报道这是人们首次通过手机完整地收看故事影片。业余和专业制作的手机电影开始角逐国际电影奖项,手机用户使用手机收看重要的音乐会,日本小说家通过即时通信软件来连载作品,游戏玩家开始利用手机参与增强现实游戏以及替代现实游戏。

2017 年 5 月,云南日报报业集团与华为技术有限公司签订合作协议,将共同优化实现报业信息化方案设计,并在数据中心、智慧媒体等信息技术领域开展合作,提高报业集团效能。

在未来,媒体将不再局限为单一地承担信息生产与传播的媒体,而将在媒体融合以及社会发展的大背景中逐渐转型为集结信息服务、社区帮扶、电商平台、政务服务等多功能的综合服务体。如今,不少传统媒体已经开展了线上与线下服务,这一趋势将在未来更加凸显。如湖北广播电视台打造的长江云平台为"3＋2＋N"省域生态级融合平台,它将舆论引导与意识形态管理平台、政务信息公开与移动政务平台、社会治理和智慧民生服务平台三者融为一体,打造"新闻＋政务＋服务"的新型媒体平台。

四、积极人才思维

由于移动互联网的带动,媒体成为一个横跨广电、通信、设备制造等诸多传统领域的产业,现在又呈现出从"跨行业"向"全产业"发展的趋势。这种变化对媒体所需人才的结构和种类产生了直接的影响,媒体人才已大大突破传统单一采编人才的范畴,数据处理工程师、产品经理、UI 设计师等新岗位、新工种不断涌现,同时对编辑记者的职业素养也提出了新的更高要求。

融媒体人才培养、培训是各媒体推动融合发展的重要内容。通过进行互联网思维、前沿传媒技术、产品思维等培训,各媒体正在逐步解决现有采编人员在移动互联网时代的认识转换、技能提升和信心重塑问题。在通过机制创新激发媒体队伍，尤其是采编人员的活力方面，多家媒体作了有益的探索。

上海报业集团实施了采编专业职务序列改革，通过建立首席记者、高级记者、资深记者等新闻采编业务序列，改变报社内部职务晋升"写而优则仕"的传统模式，为好记者、好编辑提供了新的职业发展空间。在薪酬制度上，优秀记者和编辑的收入可以高于主任、副总编辑甚至总编辑。浙报集团出台了《互联网技术人员管理办法》，参照互联网企业对技术人员职业发展管理实践，对技术人员晋升设计了技术通道、管理通道双向畅通的职业通道。浙江日报报业集团近年来先后从阿里、华为等互联网公司引进了60名左右掌握数据库技术、微信微博技术、移动互联技术等方面的优秀人才，组建了新媒体中心、数据业务部、数字采编中心等部门。目前，集团互联网专业研发人员近700名，新媒体岗位从业人员1700多名，并计划使集团新媒体专业人才在3年至5年内达到总量的1/3，成为媒体融合发展和流程再造的重要人才支撑。

2016年12月，江苏广电总台正式成立融媒体新闻中心。下一步中心将建立"中央厨房"，梳理采集、生产、编辑流程，整合新闻发布端口，并拟在统筹收视收听率调查、专家评价、新媒体平台传播指数等评价指标的基础上，探索建立适应广播电视媒体融合发展需要的节目综合评价体系。江苏广电总台是全国较早在机制体制上着力改革的电视机构。早在2001年，就以项目制操作模式，在同行中创新推出大型新闻行动《飞跃新江苏》。项目制打破了固有部门限制，鼓励采编人员以节目单元跨部门组成项目组，负责采制一系列节目，逐步形成一个跨部门联合、分工负责、流水线作业、统一核算成本、量化计酬的运行机制，有利于人才的发现、培养和人力资源的立体利用。2016年是中国工农红军长征胜利80周年。江苏广电总台全媒体大型报道《重走长征路》再度发力，利用新手法、新语态、新技术，力争吸引年轻受众，《重走长征路》项目组把内容制作、技术实现、营销推广的人才进行再整合，抽调广电新闻中心新媒体部主力编辑组成"两微一端"报道小组，加入前期采访团队，从前期策划、拍摄制作、节目包装、宣传推广，到新媒体互动设计和推出全程参与。[1]

---

[1] 虞嘉：《项目制下融媒体人才培养模式创新初探——以江苏广电总台融媒体新闻中心为例》，《中国记者》2017年第1期，第11-13页。

第四节　我国融媒体本土发展研究

世界各国和地区从传播技术、平台打造、产业再造、结构重组、法律法规等方面展开对传统媒体转型、新兴媒体加速发展的路径探索。在新媒体技术高速发展的今天，主流媒体在新的传媒生态中主动求变，通过国家、技术、资本等力量探索新形态的发展路径，不断与新兴媒体进行业务、技术、内容、资本、人才等双向互动。全球传媒生态呈现出前所未有的融合态势。

在中外融媒体的发展过程中，我国各级媒体在融合过程中逐步发展出自身的特点。我国中央和地方主要媒体按照中央关于推动媒体融合发展的战略部署，从自身实际出发，以用户为中心，集中优势资源打造新的媒体产品。本土化的探索不能仅是大规模跨媒体业务拓展，不能只是初始"圈地运动"阶段，而应该有"产品革命"阶段和"找到媒介融合时代新的产业杠杆上的支点"的阶段。改变原来单一的媒体产品格局，实现媒介形态和传播途径的多点覆盖和多元发展，逐步构建起适应移动互联网发展的产品形态和传播矩阵。通过以产品为杠杆推动媒体融合发展，中央和地方主要新闻单位将传统媒体的权威性和影响力不断向新媒体领域延伸，有力地巩固和壮大主流思想舆论。

一、"借船"和"造船"双轮驱动融合发展

在媒体融合产品打造过程中，我国中央和地方主要新闻单位大多采用"借船"和"造船"相结合的模式。[1]"借船"是指借助第三方网络技术平台生产、分发和推介自己的内容，形成自己的产品，如在微博、微信上开设法人账号。这种模式所需人力、物力和财力较少，如果运营得当，能利用第三方平台社交特性扩展传统媒体在互联网用户中的渗透率，一定程度上实现信息直达和社交传播，拓展媒体的品牌和影响，因此得到了媒体的普遍重视。

人民日报社把人民日报法人微博建设作为媒体融合发展的第一个重要工

---

① 黄鹏：《从"借船出海"到"造船出海"——中央广播电视总台短视频发展战略》，《新闻战线》2019 年第 11 期，第 36 - 39 页。

程,建立了专门团队对微博进行专业化运营,在话题选择和语言风格上充分考虑互联网用户的需求,得到了网友的青睐,单篇微博转发数量曾超过 250 万,粉丝数量居于媒体微博前列。光明日报微信公众号坚持原创为主的编辑方针,在报社鼓励创新的思路下,"阅读公社""光明天下眼"等公众号致力于对专业领域的拓展,形成了各自的内容特色。中央人民广播电台将自身媒介优势与新兴互联网平台相结合,在第三方音频 App 上进行产品生产。2014 年北京 APEC 会议期间,"中国之声"与蜻蜓 FM 音频客户端联合推出了虚拟电台"中国之声 APEC 新闻台",短短几天之内,点播量突破 158 万次。

"借船"模式中媒体依附于第三方平台,只能做内容提供商,产品影响力难以转化为实际效益,因此各传统媒体在"借船"模式之外,纷纷开始"造船"之路,打造自己掌控的媒体融合产品。《人民日报》建设了人民日报客户端,将其作为人民日报媒体融合发展的重要切入点。新华社举全社之力打造新华社客户端,并于 2015 年 6 月初推出新版,以新华社客户端为龙头,新华社建立了我国最大的党政客户端群。《光明日报》针对楼宇媒体时效差、不联网的"痛点",建设了移动联网、能实现内容精准播控的光明都市传媒。中央电视台建设了以央视新闻、央视影音、央视悦动、央视体育等客户端为核心的媒体融合产品体系。

地方主要媒体也纷纷打造自己的媒体产品,如湖南广电集团推出了"芒果TV"客户端,浙江日报报业集团推出"浙江新闻"客户端,南方报业集团 2015 年 4 月推出了"并读新闻"客户端。《湖南日报》在 2015 年创刊 66 周年时,上线"新湖南"客户端。"新湖南"打造三大平台,移动新闻资讯平台、移动政务平台和移动生活平台,实现报网端一体化、采编队伍融合、统筹渠道分发。现在,"新湖南"累计下载用户超过 6500 万人次,日均点击量突破 800 万。

2015 年 10 月,四川日报集团与阿里巴巴集团正式宣布成立"封面传媒",转型进军移动媒体。封面传媒给自己定义的客户群是关注 85 后、锁定 90 后,探索一条与众不同的"人工智能 + 媒体"道路,包括智能推送、个性阅读,以数据挖掘为支撑,以用户需求为导向,通过专业的兴趣引擎,对用户进行精准画像,为用户从海量内容中选取推送最感兴趣的资讯内容。2017 年 7 月,微软的人工智能机器人小冰全面入驻封面新闻,成为封面新闻的专栏作者,定期撰写新闻稿件。之后,封面新闻再次升级,推出微软小冰语音播报新闻。未来,封面新闻还力求将传统的新闻阅读转化为与用户的交互,从而实现资讯的有效到达。

二、强化主流媒体自身固有的优势并不断增强和放大

建立新媒体客户端是建设具有强大传播力影响力的新型主流媒体集团的有效路径。这是党媒转型的战略途径,党媒可以利用其机制优势,为各级党委政府和部门开辟移动新阵地,建设政民互动、疏通民意的移动通道,建设安全可控的网络管理平台。

强化主流媒体自身固有的优势并不断增强和放大,在"要素投入—内容创新—产品营销—盈利模式"等价值链环节发挥并加固核心优势,体现出独特的差异性,确定了新型主流媒体在市场竞争中的独特地位。如中央广播电视总台确立大文化、大资本、大经营战略,明晰事业产业协同发展路径,加强资源整合配置,充分利用市场化手段,做大做优总台产业,改变单一依靠广告经营创收的局面,推动全媒体广告经营整合,依托总台内容优势,深度挖掘优质内容的产业链开发,打造"内容 +平台 + 渠道 + 服务"的媒体生态体系,提升总台整体竞争能力和融合发展水平。

城市新闻客户端应该把自己理解为以内容为弱关系纽带、以服务为强关系润滑剂的城市公共服务平台,以此为支点来构建全新的泛媒体生态空间。如紫金山新闻客户端是南京市委市政府在移动端上发布声音、凝聚共识的权威渠道,是南京网上舆论的主阵地。紫金山新闻上线后完成了党的十九大、市委全会、"全市两会"、江苏发展大会等重大主题的报道任务,交出了一份不错的答卷。

三、"中央"和"地方"联动差异化发展

作为中央级代表媒体《人民日报》,其客户端把"发挥聚拢信息优势,形成集成信息平台"作为自身发展特色定位,设立了"问""帮"和"政务发布厅"等特色板块,依托《人民日报》与中央部委和地方政府的密切联系,背靠《人民日报》的权威品牌,提供网络问政、社会公益、政务发布等服务。2015 年 4 月以来,针对网络上质疑、诋毁英雄的不良现象,《人民日报》在报纸、网站和客户端等渠道推出《抹黑英雄恶搞历史成网络公害》《忘记英雄的民族没有魂》等报道,分清是非,阐明态度,批驳各种奇谈怪论,起到了重要的舆论引导作用。新华社从国家通讯社的独有优势出发,举全社之力打造新华社客户端,在全国签约建设了 1000 多个党

政企客户端。目前,新华社客户端不仅是一个中央媒体平台,也是各地党政机关在移动互联网发布政务、服务信息的统一平台。

地方媒体也在充分发掘其"深耕地方"优势。上海报业集团推出的以党政干部为主要目标用户的新媒体项目"上海观察",充分利用出品方《解放日报》的资源,初期发挥行政优势依靠县区(包括部分委办)以集订方式发行,为收费运营打下托底基础。浙江新闻客户端利用地方报业集团接地气和本地资源调配能力非常强的优势,做精做深本地化新闻,同时整合浙江各地市本地化服务集群,稳步向浙江本地政经新闻第一平台迈进。媒介融合下的内容生产,在全媒体平台多次汇集、聚散和重组,才能满足大量的信息内容需求,同时还需要保持各个平台的差异性和个性化。

例如我国县级融媒体是继"中央厨房"之后,融媒体建设中的重要一环,是以基层县级城市为中心,综合了新闻媒体、政务信息、生活服务等多种功能所打造的融媒体平台。县级融媒体可分为四种类型:一是省级媒体带动县级媒体进行融合转型,省级帮扶县级。二是县级媒体独立开发建设融媒中心。通过组建县域传媒集团,融合当地的报台网端及新技术,建设多元内容生发渠道与传播渠道,完善人才培养。三是以当地县域最有影响力的广播电视为原点,搭建传播矩阵。典型案例是江苏邳州的"银杏融媒",它以当地广播电台为基础,融合报网台新媒体等传播资源,组建当地"政企云"服务。四是"广电 + 报业"的"中央厨房"模式,代表是北京延庆区。该区对内整合重构,将拥有的播、视、报、网、微、端等资源整合成"中央厨房",打造融媒体平台;对外则对接各种资源,与中央、技术公司等联合,加速建设自己的融媒体中心。

四、加快媒介经营管理转型

媒介融合给传统媒体的生产经营管理带来了严峻的挑战,特别是跨媒体合作成为新闻生产活动的常态时,媒介必须转变阻碍自身发展的传统生产管理理念,推动媒介生产经营管理的创新。

新中国成立 60 多年来,新闻媒体的组织结构经历了 11 次大的调整。我国广电传媒组织的改革主要可以划分为四个阶段:第一阶段是 1989—1999 年,实现了广电传媒节目内容生产的初次制播分离;第二阶段是 1999—2004 年,实现了广电传媒集团化的发展；第三阶段是 1999—2006 年，实现了广电传媒新闻宣传和经营管理两者分开；第四阶段是 2009—2017 年，实现了广电传媒节目内容生产的二次制播分离。

四阶段过程中，我国广电结构组织也在相应发生变化。从最初的职能式的组织结构，后随着"三台合并"的政策出台，广电传媒开始转向"中心制"组织结构，即"总台—中心—部门—栏目"的四级办台模式，分为制作中心、播控中心、技术中心、广告中心、各类型节目内容中心等，频道只是播出平台。21 世纪初，广电传媒纷纷走集团化路线，进行频道制改革，即"总台—频道—栏目"的三级办台模式。随着互联网技术的冲击，广电传媒在与新兴媒体融合发展的过程中，组织结构呈现出不断变化的趋势，三网融合发展的焦点，早期主要在广电网与其他两个网络（电信网及传统互联网）的融合方面，但由于手机终端的迅速发展，已经在不知不觉中将电信网与互联网的融合推向深层。三网融合也从早期的老三网融合时期进入到新三网融合时期。①

媒介经营管理从广义上理解，就是指运用媒介产业的人力、物力、财力等资源，通过领导、计划、组织、控制等行为，使产业资源得到合理配置。从狭义上理解是指出售媒介的广告版面或者是播出时段的有关经济活动和管理运作。跨媒体经营是最常见的表现形态。当单一产品发展到一定规模时，其规模经济效应便趋于下降，投资收益递减规律开始发挥作用，传媒企业便开始横向扩张为传媒集团。传媒集团从单一媒体转向跨媒体，使旗下多种媒体产业互相支撑、资源共享，实现利润最大化，此为横向经营。传媒企业通过收购兼并、重组资产和业务发展横向经营。也有少数传媒集团采用母媒体内生子媒体的横向经营策略，横向模式中业务结构是发展的关键，如新华通讯社在以新闻信息采集为主导的母媒体基础上采取内生方式建立网络平台和电视平台。

媒介融合时代，传统媒体过去所享有的单独的资源和空间将被破除，低成本和高回报成为媒介内容生产的追求目标，跨媒介集团下属的报纸、广播电视和网络媒介的采编运作不再是一报一台一站各行其是，由单一的媒介单独作战进行的"作坊式"生产，而是跨媒介的团队合作，对多种媒介新闻生产流程的重组和整

---

① 彭兰：《从老三网融合到新三网融合：新技术推动下三网融合的重定向》，《国际新闻界》2014 年第 12 期，第 130－148 页。

合,实现真正现代化意义上的跨媒介融合生产。制成的新闻产品可在相互合作的媒体间以不同的形式进行发布。还可以学习国际媒介集团管理经验,建立跨媒介集团的协同治理结构等。这就对媒介的人才队伍提出了更高的要求。因此,媒介组织必须将过去僵化型的管理转变为以人为本的管理,为媒介组织工作者创造更好的工作环境和条件,并加强对媒介从业人员的技能培训,不断提高他们的业务素质及专业素养,从而提高媒介的生产效率及其产品与服务的质量,在激烈的市场上占据一席之地。

五、传播主流声音,提升新兴主流媒体地位和作用

在大力拓展国际传播力、深耕国内市场的过程中,牢牢抓住主流价值的引导力,把握国内舆论引导制高点,坚守国家媒体属性、传播主流声音、弘扬主流价值,这是构建新型主流媒体的基本。在互联网快速发展的形势下,信息高速膨胀,主流媒体权威、安全、健康、可信、正能量等优势全面凸显,媒体价值的回归再次被呼唤,传统媒体独有的优势在融合进程中被赋权。围绕新时期的发展环境,"坚持以习近平新时代中国特色社会主义思想为指导,进一步提高政治站位,增强'四个意识',坚定'四个自信',做到'两个维护',切实把思想和行动统一到党中央决策部署上,把正确政治方向和舆论导向贯穿广告营销、版权开发、资本运营、安全播出等经营工作的各个环节"。推进媒体融合建设、打造新型融媒体,全力将各个平台长期积累的优质资源转化为主流意识形态、主流价值、舆论引导等方面的综合优势,全面落实新形势下,国家对主流媒体在宣传思想工作方面提出的举旗帜、聚民心、育新人、兴文化、展形象的使命任务。并以大数据算法为依托,采用价值观引导和个性化推荐相结合,在精准分发的同时传递价值导向,将打通社交平台、短视频平台、资讯平台、电商平台、知识付费平台,扩大内容发布的覆盖面,提升新兴主流媒体在网络舆论空间的主流地位和引领作用。

第二章　技术变迁与融媒体传播样态

引　言

2019年1月25日,习近平总书记在十九届中央政治局第十二次集体学习时指出,传统媒体和新兴媒体不是取代关系,而是迭代关系;不是谁主谁次,而是此长彼长;不是谁强谁弱,而是优势互补。当下,互联网技术升级,重塑融媒体传播样态,人们通过移动端、App获得更多体验,以新媒体为渠道全面感受数字智慧生活,从一个媒介的消费者和被动的讯息接受者变成了媒介的生产者或移动用户,融合新型媒体也走向了网络化生存。融媒体时代,新闻报道发生了深刻变革,媒体采集新闻与传递资讯的思维与方式不断突破传统壁垒,走向多元与互动;社交媒体改变了人的生活习惯,形成了新的媒介文化;而短视频的迅速发展旨在进一步利用人们生活的碎片化娱乐时间,与之相伴而生的网络直播与我国传统媒体充分融合,创新方法、吸引关注、提升流量,创造了互联网新时代的繁荣景象。

第一节　剖析融媒现状:媒介融合中的新闻报道

一、媒介融合给新闻报道带来的改变

(一) 技术环境带来的改变

媒介即技术,媒介的每一次变革都会给信息生产与传播带来巨大的变化。

社交媒体技术的出现对新闻生产产生了巨大的影响，在此过程中，新闻的制作方式也在改变着。在传统时代，新闻制作和传播主要有电视、广播和报纸三种方式，然而随着网络的迅速普及以及媒体设备的智能化发展，自媒体平台纷纷出现。对于传统媒体而言，新闻制作不仅仅囿于以往的传统编辑室制作方式，而是运用大数据、人工智能以及中央厨房运作模式进行新闻生产。随着新技术的兴起，自媒体新闻打破了原有新闻制作传播的边界。在社交媒体时代，新闻制作方式实现了多元化的发展，社会公众可以利用社交媒体参与公共事务，公民参与社会新闻的制作当中，由此形成了多元化的新闻传播格局。

随着信息技术的快速发展，新闻的呈现方式以及传播方式走向多元化，它们不仅可以满足社会公众的信息需求，而且可以以多样化的形式将新闻展现出来。时代的迅速发展，使得社会公众的生活方式趋于快节奏化。新闻报道的呈现方式不再是简单的文字、图像、声音的单一分离融合，它们更多地体现了全媒体融合的报道形式，新闻内容融文字、图画、音频、视频等超链接内容，而且伴随着VR技术的发展，新闻报道结合 VR 技术进行一种虚拟的现场真实的报道，使公众身临其境，尤其是一些灾难性报道和突发事件带给观看者极大的现场冲击感。在自媒体时代背景下，传统媒体实现与新媒体的融合，利用大数据技术有效整合新闻资源，使新闻信息生产更加人性化、可视化，同时利用网络媒体能够节约成本，提升新闻的生产效率和质量。

融媒体时代的传播主体大多是职业性的传者，他们不仅要懂艺术，而且还要懂技术。新闻传播者要精通计算机技术、熟练掌握各种软件、快捷操作数字媒介技术，综合处理各类文本、照片、视频、动画等材料，并对数字媒体网络传输的流媒体技术、数字计算机动画技术以及虚拟现实技术有所了解。对于受传者而言，他们不仅仅是信息的接受者，而且也是新闻信息的生产者。另外，当前中国社会结构面临巨大转型，总体性社会向分化性社会转化，这样必然导致受传者群体分化趋势明显，不同群体之间，兴趣共同点减小，信息需求分化，主观的需求加之客观的数字技术支撑，使得分众化媒体应运而生。当前的新闻业态不再是广泛撒网，而是有针对性地进行新闻的分众传播，这也将会是一个趋势。

（二）产业环境带来的改变

随着传统的大众传播以及单向传播的模式被逐步打破，在这个阶段，媒介融合的内涵是通过传者与传者的融合,媒介组织进一步走向联合和合作,为提供多元化和多样性的服务提供可能性,媒介能为"碎片化"的用户提供量身定制的差异化服务,满足从大众时代过渡为分众时代的要求,而消费者则可以用多平台、多终端获取各自所需要的服务。[1]社会化媒体是媒介融合的一个积极推动者,它具有很强的连接性,能够通过不同媒体的分享与链接,将不同终端连接在一起,依托社会化媒体的病毒式传播,一些传统媒体机构下的新媒体能够很快进行新闻信息的传播与生产。另外,云计算下的大数据新闻为报道扩宽了传播渠道,使得新闻随时随地实行共享模式。但是,媒介融合也带来了受众市场的迁移,广播电视网的青年受众群体正在不断地流失,这一趋势使得广播电视业会调整市场定位原则,相应的新闻报道模式也会随之变化。

媒介融合下的新闻报道,关键性的因素就是变"生产者导向"为"用户导向"。传统新闻在生产过程中较为重视新闻的重要性以及显著性,然而随着技术的发展,新闻生产模式多样化,旧有的报道理念已经不再适合融媒体环境下的新闻生产,"用户导向"思维占据主导地位,当今的市场环境更多的是以注意力经济为基础,新闻自身的呈现手段越丰富,越能抓住受众的注意力,以交互式的趣味性为指引的报道理念能够让枯燥乏味的时政新闻通过可视化的技巧进行传播,互动性的设计增强了受众参与意识。与此同时,由于媒介市场环境的翻新文化,使得新闻的营养不够,报道内容的同质化现象严重,新闻的公信力和合法性受到质疑。所以技术背景下的新闻报道理念更要根植于新闻价值,延伸新闻报道的广度和拓宽新闻报道的深度。

二、媒介融合背景下新闻报道的现状

(一) 新闻报道的特点

随着数字化和通信技术的发展,我国各类新闻报道的时效性步步提升,新闻报道体系也逐渐走向成熟。这不仅仅是社会公众的需求,也是新闻媒体本身的时代所需。在融媒体蓬勃发展的背景下,新闻报道集合了 24 小时全时段播报和

---

[1]　党东耀:《互联网进化路径与媒介融合模式的变迁》,《编辑之友》2015 年第 11 期,第 72 - 76 页。

不间断性跟进报道,体现了极强的时效性。不同时期下,新闻报道都会有自己的报道主题和特定的主题思想,现阶段新闻报道的时效性不仅仅要体现在速度上要快,而且在社会民生的热点话题上也要体现报道的时效性。在当今的技术环境下,用最短的时间进行信息的传播已经不是难题了,最重要的是如何做到高质量的信息传播效果,在遇到热点问题和舆论风波时,新闻报道不仅要做到及时和迅速,而且还要确保在最短的时间内取得最好的报道效果。

快节奏的生活方式以及读图时代的到来,使得社会公众的阅读习惯以及思维方式都发生了极大的转变,随之改变的是新闻报道形式的多样化发展。相对于传统的文字报道,图片、视频等数字化手段将成为新闻报道的主要形式。伴随着对大数据的挖掘和分析,数据新闻的可视化报道成为新闻报道的主要载体。近年来对于春运的全方位报道和呈现以及一些深度报道的跟进分析越来越离不开数据新闻可视化报道。而在一些灾难性新闻以及盛大的体育赛事报道中,VR新闻也开始崭露头角,提供生动逼真的再现式现场报道,极大丰富了社会公众对于新闻事件的感受。但是形式多样化的新闻报道也会带来一些个人以及社会性的问题,会让人们很容易陷入视觉的逻辑陷阱当中,同时所谓的通用性符号也会消解民族文化特性。

信息的即时性以及用户的参与性,也会带来高效的互动性。社交媒体时代下新闻报道的互动性不仅体现在时间上的纵向交互,而且体现在横向上涵盖面较为广泛的全方位互动。在人类传播的历史上,面对面的沟通可以说是最有效的沟通传播方式,能够极大程度地缩短时空距离进行对话。基于技术的发展,不仅使用户与用户之间的交互性得到极大增强,而且用户与媒体机构、用户与新闻内容的距离也在不断缩短。很多学者把公共性寄托在互动性的价值上,以期通过强有力的互动性增强公众参与社会公共事务,也使得新闻业更好地服务于社会公众。另外,互动性的主体范围也在不断细化,公众与公众、公众与政府社会团体以及环境的互动使得"民间舆论场"得到有效的利用,增强了公众参与社会公共事务的意识。

(二) 新闻报道的风格

媒介融合背景下,新闻的制作过程和传播方式都发生了巨大的变化,文字、图像、动画以及影像等手段使得新闻叙事形式多样化。新闻叙事偏向于碎片化以及娱乐化形式进行全方位、多角度的报道。后真相时代下的新闻是由媒体进行拼贴的,视觉化新闻的呈现不仅需要提高新闻叙事的美感,也要加强新闻叙事的深度。与此同时,在新闻制作和传播的过程中,公众也在进行信息的生产和传播,用自己的方式形成特定的叙事风格。在媒体聚合平台或是社交媒体中,这种平民化的叙事风格和主流媒体的叙事风格形成一种全新的叙事场,这种互动化的叙事形式是传统媒体无法实现的。

媒介的融合意味着在不同的媒介上要根据不同媒介的性质进行报道语言的选择。伴随着互联网社交的发展以及网络语言的更新,人们越来越多地使用简洁且富有风趣的语言进行沟通交流。在社交媒体时代,与时俱进地使用这些语言能够促进新闻报道的自身发展,而且也是必然选择。在现代生活节奏不断加快的当下,注意力经济是发展趋势所在,在信息海量化内存的网络空间里,迅速吸引大众的注意力是尤为重要的。风趣幽默的报道语言不仅能够吸引用户的注意力,而且能够拉近新闻与用户之间的距离,让新闻报道更接地气,增强了新闻报道的可读性和生动性,而且能够提升新闻传播的影响力,引发用户的关注和探讨。

社交媒体时代下的报道主体已经不再像传统媒体那样有固定的叙事主体,由于网络的接近权使得社会公众都能够使用社交媒体进行信息的传播与生产。大众传播时代下,我们获取的新闻报道更多是传统主流媒体的报道,报道主体有着很明晰的界限。然而在社交媒体时代下,新闻报道的主体不再是单一和固定的,只要拥有新闻线索以及观点和意见都能够进行信息生产与传播。在一些消息类写作中,基于人工智能下的机器人写作的信息主体更是有着模糊化和泛化的特征。这个主体不再是实实在在具化的个体,而是基于数以万计的报道主体数据来源下进行建模分析写作下的虚拟实体,而报道主体在这一过程中进行全新的解构以及重组。

(三) 新闻报道存在的问题

网络 Web3.0 时代下,传统媒体与新媒体(如社交媒体)的融合,并不意味着新闻真实性的强化。我国正处于社会转型的关键时期,社会阶层的固化以及对权利和利益的争取使得社会公众的情绪处于复杂波动的状态,尤其遇到社会热点事件以及民生问题时,公众更容易被情绪化带动去辨别新闻真实性。在这个情绪超过事实本身的后真相时代，一些自媒体公众号往往不顾事实的真相以及信源的可信度，利用公众的情绪来进行新闻报道，不断发生的新闻反转现象也使得公众对于新闻的真实性提出了质疑，互联网语境下，舆论的产生和运行从谨慎理性的讨论变为群体的话语狂欢，媒体的公信力受到了极大的威胁，媒体的塔西佗陷阱使得新闻真实性的合法性问题面临巨大的挑战。

随着网络信息技术的发展，隐私性问题成为网络伦理讨论的重点。当今社会，网络已经成为人们认识世界以及获知信息的一个主要渠道，微信、微博、网站等其他社交媒体使得人人都是互联网传播过程中的一个端口，人人都拥有麦克风发表言论。这在给社会公众带来发表言论自由的同时，也带来了各种网络侵权事件，尤其以隐私权为主。新闻事件的当事人在媒体的放大镜下和人肉搜索下，个人隐私被无底线地暴露，随之引发的网络暴力事件也层出不穷。而且以技术为支撑的 VR 新闻报道中，新闻作品涉及的背景人物信息的隐私权也受到了侵犯。VR 技术的全景化拍摄以及无人机拍摄得来的新闻素材很有可能侵犯公民的个人隐私，与此同时这些拍摄素材也很有可能通过云技术手段被不法分子进行利用，以直播方式在网上进行播放，其隐患可想而知。

网络 Web3.0 时代下，媒介的快速发展以及空间的不断扩大并没有增加新闻的信息量，反而报道内容的同质化现象极其严重。这不仅与整个媒介生态环境有关系，而且与媒体自身的报道方式有很大的关系。新闻媒体为了抢夺读者的注意力，吸引用户眼球，不惜恶意竞争，抄袭现象层出不穷，新闻的可读性降低，媒体报道毫无特色可言。新闻媒体对重大事件和热点问题的报道大同小异，独家报道越来越少。这一现象不仅造成了网络资源以及人力物力的浪费，还不利于健康的舆论环境的培养，一方面，传统媒体的记者放松了自身的责任意识，降低新闻从业者的自我标准；另一方面，由于网络信息发布门槛低，使得一些没有受过专业训练的自媒体发布同质化信息，并添油加醋式地粘贴复制，造成毫无营养的重复性劳动，危害社会。

三、媒介融合背景下新闻报道发展策略

（一）建设高质量的品牌媒体

媒介技术在不断发展，新闻报道理念也应该有待加强。新时期的新闻报道

理念不仅着眼于信息内容传播这一层面,还应该突出新闻服务这一报道理念,加强新闻报道与社会公众的贴近性。海量的信息服务不再是新闻报道理念的突出重点,学会如何将内容传播转变为更专业的知识汇集,将纷杂的信息进行分析整合,为用户群体提供高质量的新闻服务。另外,新闻报道的主体存在着泛化以及模糊化的问题,所以在职业准入门槛当中更应该考察新闻从业人员的职业素养和道德理念,让新闻报道重拾自身的权威性和公信力。

融媒体环境下,信息技术和传统的内容生产紧密结合,这种媒介生产流程的重新组合使得媒介编辑功能发生了很大的变化,同时也对编辑素养提出了更高的要求。作为承担社会文化传播的社会责任出版人,媒介编辑只有不断加强自身的综合素养,才能够顺应时代的潮流以及满足社会的需要。新时期下,媒介编辑要提升自身的政治素养和法律意识,认真学习和领悟马克思主义新闻观。在大数据时代下,要不断学习,掌握新的科技以及数字出版技术,了解网络传播的特性,最大限度地拓宽自身的阅读面,在能力允许的范围内加深某一个专业领域的深度,养成终身学习的观念,适应时代的需求。

移动互联网很容易导致用户的注意力下降,这使得用户自身在接受深度的内容信息时面临着挑战。另外,在浮躁的市场环境下,从业人员文化素养的下降也在影响着新闻创作的广度和深度。现如今新闻媒体的公信力存在着不断下降的问题,作为思想生产的新闻业必须重新审视自我,提升内容的深度,这个才是新闻报道最为稀缺的资源,也是获取用户支持和信任的根基。内容的深入一定要有着平民化的视角,关注中产阶级这一庞大群体的诉求,回归受众本位,在细节之处体现人文关怀。新闻从业人员也要在这个急躁的时代静下心来,真正做到脚踩泥土、深入一线进行实地采访,视角要新、观点要犀利、内容要深刻,这样才能提升新闻报道的深度。

(二) 报道技术的创新

1. 区块链

区块链技术作为一种新的技术手段,如果能广泛地进行应用,一定能给传媒业态带来巨大的变革。作为一种报道技术的创新手段,区块链技术能够明确信源的来源以及对相关媒体单位进行信源认证,在用户隐私以及公民新闻审核方面有着极为突出的作用,能够重构新型的网络舆论环境。区块链技术能够提供一整套的追踪新闻来源的方案,记者采写的内容不能私自修改,一旦修改便会留下记录。区块链技术可以建立一个公开的数据新闻库,建立公民的新闻审核机制,打造一个不受专业媒体控制的新闻发布平台。基于区块链技术下的个人信息获取也不再由网络平台任意处置,任何机构以及个人在获取当事人的信息时必须得到本人授权才可进行。所以这在一定程度上也避免了新闻报道带来的侵犯隐私以及网络暴力等问题,减少了网络谣言,净化了舆论环境。

2. VR 新闻

VR 新闻不再局限于传统的新闻报道,而是带给用户 360 度的全景式体验,让用户沉浸在一个超现实的虚拟真实当中。VR 新闻使得用户不再是新闻事件的局外人,而是一个依托现代科技的"现场目击者",这个时候的用户采用自身的视角进行信息的选择与读取,提升了自身的体验。现如今的 VR 新闻更多应用于灾难性新闻的报道当中,这种报道真实再现灾难发生前后的场景,使人难以忘怀。不可否认的是技术在带来便利的同时也会带来一些问题,VR 新闻虽然再现事件场景,但是这种场景毕竟不是真实的,是基于技术背景下产生的再现真实,这种真实性也有待考证。另外 VR 新闻带来的现场直播也会带来隐私权的侵犯,技术的限制也会让新闻选题有限,另外,其制作成本和周期问题也会阻碍 VR 新闻的广泛普及。

(三)提升国际话语权

中国国际地位的提升亟待我们提高国家形象传播力,国际社会和海外受众渴望了解当今的中国,而且报道中国新闻也是中国媒体的优势。西方国家在过去几百年中一直在国际社会上占据话语主导权,中国形象以刻板化和片面化的形式展现在国际社会的视野中。新时期下,中国在进行对外传播的过程中不能一味地去输出强烈的意识形态观点,而是应该用事实说话,用现实中千千万万鲜活生动的事件讲好中国故事。而且在海外版以及对外媒体当中要把报道的重心放在国内新闻而非国外新闻上,提升国际话语权。

在国际传播的重点地区上,业界和学界存在着不同的声音,有的主张重点传播的地区应该定位在发达国家,有的则不以为然,认为应该定位在发展中国家。

但是当今社会对于国际话语权的争夺还是以西方国家为中心,进行对外传播其实也是在建立自身的话语体系,所以将传播重点地区定位在西方发达国家是当下环境所要求的,如果一味地将负责任的大国形象传播给发展中国家,对国际格局的话语权改变并没有起到多大的作用,相反,正面回应发达国家的传播价值系统才是最为直接和有效的。

互联网已经成为西方价值观出口到全世界的终端工具,作为亟须提升国际话语权的我们来说,合理运用新媒体对建立中国话语体系和提升国际话语权有着重要的作用。现阶段,我国新媒体的整体运营能力、互动能力、重大议题议程设置能力和舆论应对能力还存在着不足,所以我们还要进一步加强新媒体的传播能力以及海外新媒体基地的建设,及时准确传达中国声音,讲好中国故事。

第二节　拓宽融媒思维:社交媒体时代的网络化生存

曼纽尔·卡斯特提出:"近年来,传播转型中最重要的一类,就是大众传播到大众自传播的演进。"[①]与广播、电视等传统大众媒体不同,社会化媒体网络的传播是交互式的,并且社交媒体深度嵌入个人日常生活,影响并形塑了人们的交往和认知行为。了解社交媒体的发展状况,是建立"融思维"的重要基础。

一、社交媒体的概述

(一) 社交媒体发展背景

随着全球互联网发展浪潮的推动,国内互联网产业的升级,互联网技术的进步更新,以及移动终端的发展对互联网适用范围的普及,中国的互联网发展取得了多项世界瞩目的成绩。2023 年 8 月 28 日,中国互联网络信息中心(CNNIC)在京发布第 52 次《中国互联网络发展状况统计报告》。截至 2023 年 6 月,我国网民规模达 10.79 亿人,普及率达到 76.4%。中国互联网 IPv4 地址

---

① ［美］曼纽尔·卡斯特:《传播力》,汤景泰、星辰译,北京:社会科学文献出版社 2018 年版,第 i 页。

数量、IPv6 地址数量、网站数量、国际出口带宽等基础资源保有量均处于世界前列。

当下互联网的发展呈现出了几个新的特点：移动终端多样化、移动数据海量化、服务场景丰富化。我国手机网民规模达 10.76 亿，网民中使用手机上网人群的占比由 2021 年的 99.6％提升至 2023 年的 99.8％；台式电脑、笔记本电脑、平板电脑的使用率稍有下降，手机不断挤占其他个人上网设备的使用。移动设备的多样化尤其是智能手机的普及，进一步推动了网络社交媒体的发展、网络社交人群的扩大、网络社交程度的深入以及网络社交文化的形成。基于道格拉斯·凯尔纳的著名结论："当今文化在某种意义上就是'媒体文化'。"[1]我们甚至可以说，当今文化在某种意义上更表现为网络媒体甚至是社交媒体文化。

市场研究公司尼尔森公司发布报告称，移动设备的迅速普及正在改变人们的上网方式，全球近半数（47％）的社交媒体用户通过移动设备访问社交网站，而这种趋势在亚太地区更为明显；报告称，亚太地区 59％的社交媒体用户现直接通过移动设备登录 Twitter、Facebook 等网站进行互动；欧洲地区和北美地区的比例分别为 33％和 36％。

移动设备种类多样，包括笔记本电脑、超极本、平板电脑等，但手机的便携式、全功能、生活化特征使其不断挤占其他移动设备的使用，手机网民规模及其占整体网民比例不断上升，逐渐成为社交媒体发展的主要阵地。

依托互联网发展背景与移动设备的普及，社交媒体不断流行，成为人们生活中不可缺少的组成部分，也逐渐发展为互联网媒体中最流行的类型之一。一方面，传统媒体在社交媒体上积极组建平台，依托社交媒体庞大的用户基数与灵活的互动功能吸引受众、扩宽市场；另一方面，自媒体的影响力不断扩大，截至 2017 年第三季度，新浪微博月活跃用户达到 3.76 亿，微博实名认证用户、网络红人等对网络话题的影响力较大。

不同类型的社交媒体在网络社交中扮演着不同的角色，微信与 QQ 逐渐成为大众日常交流的主要场所，具有受众广泛化、信息日常化、交际私密化等特征，微博则进一步在信息发布、短视频与移动直播上深入布局。知乎这样的专门性

---

[1] ［美］道格拉斯·凯尔纳：《媒体文化——介于现代与后现代之间的文化研究、认同性与政治》，丁宁译，北京：商务印书馆 2013 年版，第 9 页。

社交平台也正在青年群体中逐渐普及。

（二）社交媒体概念梳理

当讨论到社交媒体时，必须明确社交媒体以新媒体为依托，并建立在自媒体打破自上而下传播模式的基础之上。新媒体的概念出现比自媒体、社交媒体早许多。社交媒体的概念最早出现在 2007 年安东尼·梅菲尔德所著的《什么是社交化媒体》中。美国《连线》杂志对新媒体的定义是："所有人对所有人的传播。"[①]这个概念强调的核心在传播者由权威媒介组织变成了所有人。美国资深媒体人 S.鲍曼和 C.威利斯联合发布的"自媒体"的上线研究报告指出："自媒体是普通大众经过数字科技强化、与全球知识体系相连之后，一种开始理解普通大众如何提供与分享他们自身的事实、新闻的途径。"这个概念的核心强调的是自媒体打破了传统媒体自上而下、点对点的传播方式，传播者和接受者的明确界限也被打破。社交媒体的发展即建立在这样的基础之上。

关于社交媒体，有两个较为权威的定义：

1. 安东尼·梅菲尔德在《什么是社交媒体》一书中将社交媒体定义为一种给予用户极大参与空间的新型在线媒体。

2. 迪翁·欣奇克利夫认为社交媒体的定义应遵循一些基础原则：以对话的形式沟通，而不是独白；参与者是个人，而不是组织；诚实与透明是核心价值；引导人们主动获取，而不是推给他们；分布式结构，而不是集中式。

社交媒体的特殊性在于，它的接收者在接收信息时进行了归类与组队，这样的归类可以依据熟人关系，也可以依据对共同话题的探讨或相似的兴趣爱好等。一般情况下，在传统媒体的概念之上加入数字技术的引入，即成了新媒体，如数字电视、数字广播、数字报纸等；在新媒体的概念之上，将传播者定位为个人，即成了自媒体，如个人主页、个人空间等；当自媒体的接收者创建一个社交网络时，即成了社交媒体，如基于共同话题的微博平台，基于熟人社区的微信平台，基于知识交换的知乎平台等。相比传统媒体有组织的传播者，受到规范化管理的传播内容，以及引起受众思想观念、行为方式变化的传播目的，社交媒体在新媒体与自媒体发展的基础之上，在网络中虚拟了真实的人际关系，并

---

① 宫承波：《新媒体概论》，北京：中国广播电视出版社 2009 年版，第 2 页。

将这种人际关系延伸、扩大,信息得到了多向度的传播,个体的传播影响力也随之扩大。

(三) 社交媒体属性特征

在数字化的基础之上,社交媒体创造了一种交流沟通、传递信息、组织联系与生产盈利的新模式。社交媒体在推广使用和不断更新的过程中,功能越来越丰富,从即时沟通到新闻推送、视频直播、交易支付、互动游戏、公共服务等,都可以通过社交媒体完成,为用户提供了全方位的体验,也进一步促进信息化社会的变革。社交媒体将麦克卢汉笔下的"地球村"进一步整合,人们在其中塑造自己,并寻找、联结与自己相似的群体,在分享意义的同时创造意义。社交媒体从一开始以满足用户需要为宗旨的运营模式,发展到今天,形成了独立的产业链条和主动的创造机制。社交媒体的属性特征,可以归结为以下几点:

1. 以人为本。社交媒体的开发与推广基本是围绕人展开的,在社交媒体的所有互动功能中,都能找到人的因素。社交媒体在研究人们需求的同时,也在驱动着人们的行为。因此社交媒体公司非常注重对用户体验的评估,用户甚至可以通过创建内容、归档对话、选择关注、添加标签等方式来创建属于自己的体验。而许多政府部门、集团企业、传统媒体等也以社交媒体的人本性为基础,充分利用网络社交平台,积极互动并收集反馈,使自身服务更加亲民,贴近民众的真实需求。

2. 聚合平台。当下的社交媒体不再单一着眼于语言文字的交流,而是聚合了多重特性与功能。从外观上来看,社交媒体追求风格个性、设计精美与操作性强的界面;从功能上看,则集合了搜索、分类、推送、交易、游戏等项目于一体;从内容上看,更是广泛覆盖了新闻信息、日常信息与交流信息等,超越了联系工具的性能范围,提供了许多跨平台的应用服务,成了聚合性的平台。社交媒体聚合平台的属性使其超越了工具的定义,在互联网竞争中拥有了更多主动性与话语权。

3. 沟通现实。社交媒体对现实与虚拟进行了充分沟通,从而进一步促使线上与线下、前台与后台、私密与公开深度沟通的实现。用户可以将自己现实中的社交圈搬到社交媒体上,同时也进一步延伸了社交的时间、广度与内容。人们通过社交媒体还可以展示自我、发表言论,使现实生活中没有完全树立起来的自我在网络中得到进一步形塑。

4. 组织网络。人们在线下习惯于寻找志同道合的人群,建立社区联系。人们将这一习惯延续到了社交媒体中,同时,社交媒体也提供了连接的功能,使人们可以通过设置关注、建立朋友圈、组建群、点赞评论等方式进行凝聚。此外,社交媒体也主动进行内容整理和内容生产,热点新闻与共同话题等进一步推动了用户的跨地认同与集结。社交媒体的功能不仅体现在对现实社交关系的拓展和延伸,也体现在创造新的连接网络。

5. 创造价值。社交媒体创造价值体现在两个方面,一是经济价值,二是内容价值。社交媒体已形成了较为成熟的产业链条,并随着聚合平台、新移动设备以及定位功能等新功能的出现,社交网站上的广告数量不断增多,形式更加多样,且出现越来越多定制化、个性化的广告,线下生活也与线上社交媒体进一步融合。此外,人们在社交媒体上自发的信息交流、原创内容与意见表达,形成了特定的社交文化、健康的社交文化与舆论文化,对社会事务的讨论以及社会整体的发展都有良性的监督和促进作用。

二、社交媒体的发展状况

从纵向的发展历程来看,中国的社交媒体平台经历了从网页走向移动端的转变过程,人们的社交模式也从单一媒体模式走向多元媒体模式。移动智能手机的普及和社交媒体的蓬勃发展几乎让"人人都拥有麦克风",这更要求融媒体把握及融合新技术,传播优质融媒体内容。网络社区、微博、微信用户广泛,是跨代际、跨时空交流的典型代表性平台。从网络社区到微博、微信,社交媒体对个人生活与社会生活都产生了深远影响,人们通过社交媒体巩固拓展熟人社交圈,联络共同爱好者,并全面参与社会生活与社会事务的讨论。

(一) 共同兴趣的发起者——网络社区

网络社区源于 20 世纪 70 年代的 BBS 公告板,当互联网不断发展,网络行为不断升级,网络上人们聚集活动的新空间越来越多,即现在我们所了解的网络社区。网络社区的形式非常丰富,其中包括论坛、贴吧、空间、博客等。网络社区是现实空间在网络上的镜像,并对现实生活进行了拓展与延伸。

要了解网络社区,首先得明确"社区"的定义。1887 年,德国社会学家滕倪斯首次把"社区"概念引入社会学。在滕尼斯的定义中,社区的含义不仅包括地域共同体,还包括血缘共同体和精神共同体,人与人之间形成的共同的文化意识以及亲密无间的关系是社区的精髓。社会学家怀特则从社区成员内在联系上指出:"社区"一词一方面有一种情感上的力量;另一方面它还是一种对于发生在身边的和熟悉的社会观景的归属感。①

而对于网络社区的界定,不同的学者有不同的见解。英国学者霍德华·莱恩古德在《虚拟社区》这本书中指出:"互联网会由一种新型的社群产生,以共享的价值和利益为中心,将人群聚集在线上。"他口中的新型的社群即当下我们熟悉的网络社区。约翰·哈格尔三世和阿瑟·阿姆斯特朗在他们的著作《网络社区》中强调了网络社区的虚拟性,突出了网络社区在缔结过程中的兴趣基础与共同需要。毫无疑问的是,网络社区的运行需要以互联网的连接与开放为基础,需要以人的共同兴趣为起点,在满足人们现实社交需要的同时,开拓更多新的人际关系,拓展更大的生存与活动空间。

从传播者的角度来看,网络社区的传播者与接收者往往是一体的,且传播者在网络社区中具有相对平等的发言权和讨论权。普通人在自己喜爱的领域内拥有了权利,不仅可以搜索与自己相关的内容,也可以对他人发表的内容作出评价。此外,网络社区中的信息发布者一般是匿名的,真实身份隐藏在昵称与简介之后,一方面,人们通过这样的方式塑造和修饰自己的形象,甚至进行角色扮演;另一方面这种匿名的互动环境促使网民摆脱了现实束缚,更加自由地交谈。网络社区缔造了自由的传播,新的社交习惯不断建立,虚拟的社交文化不断成形。

从接收者的角度来看,网络社区的成员准入门槛较低,因此接收者可以分为几种类型,包含"通道人"与"异见者",如呼应者、反对者、游客、捣乱者等。呼应者在遇到自己感兴趣的话题与认同的观点时,会以评论等方式对其表示认同和补充;反对者则会表现出不同程度的对抗,这两个群体对舆论阵容的建立有极大的推动作用。游客通常浏览内容但并不发表观点,且没有定期访问网络社区的习惯,但他们的存在往往是网络社区人气热度的一个重要指标。捣乱者则以发布广告及其他不良信息为主要活动。网络社区形成了一个大众文化的意义场域,交织着认同与斗争。

网络社区的建立是以开放性为原则的,消解了传统媒体的权威传播模式,激

---

① 宫承波:《新媒体概论》,北京:中国广播电视出版社 2009 年版,第 100 页。

发了网民的主动性与创造性。此外,其内部也有制约意外因素和维系正常运转的基本框架,成员在发表言论时需要遵循基本的规范,社区内一般会设置管理者,具有评判言论和成员的特权,延续了传统媒体中"把关人"的角色,还会经由成员推选出意见领袖,这样的意见领袖不仅在网络社区中具有话语权,其权威甚至延伸到了现实生活中。

许多社交媒体的推广建立在网络社区形成的自由开放的互联网社交文化基础之上,而当下很多网络社区却面临着没落的前景,2012年网易论坛关闭,2017年搜狐论坛发布停止服务的公告:"终于还是走到这一天,1999—2017,我们携手并肩写下的光辉荣耀犹如昨天依旧映在眼前。"在这期间,曾经活跃的西祠胡同、猫扑等社区人气逐渐下降,只剩天涯社区、百度贴吧等大型平台仍在坚守。

网络社区的衰落,与形式落后、更新缓慢、体验感较差、现代感较弱等原因密不可分。在此期间,许多知识精英与意见领袖纷纷出走,转战新平台,带走了大量的社会资源和人气资本。许多天涯论坛上的知名人物,如"孔二狗""当年明月"等,都具有了畅销书作家、微博大 V 等新身份。伴随着智能手机的普及,论坛的交流方式已然不符合人们的阅读习惯,而在新社交媒体的聚合平台中,论坛的功能被整合,其存在的必要性被不断削弱。网络社区对网络社交习惯的养成与风气的开放有着开山鼻祖的作用,但若不能顺应时代的发展,只能逐渐沦为移动信息时代的记忆。

(二) 热点话题的凝聚者——微博

微博,即在网页博客的基础上发展而来的微型博客,主要功能是通过关注、评论、点赞等方式进行实时信息的互通与交流,并逐渐发展成为热点话题的发起、发动与讨论平台。微博在发展之初包括新浪微博、腾讯微博、网易微博、搜狐微博等,由于新浪微博的使用范围较广、影响力较大,因此人们口中狭义的微博即指新浪微博。

在创建之初,新浪微博运用了与新浪博客一样的策略,通过邀请人气明星和知名人物的加入来吸引用户注册。新浪微博于 2009 年 8 月开始内测。2010 年年初,百度百科推出了"分享到新浪微博"的新功能,通过与知名平台合作推广的方式扩大知名度。2010 年 10 月 27 日,新浪微博推出了首届中国微小说大赛,一方面强调了微博 140 字的字数限制下依然具有丰富的文本创作空间;另一方面吸引了大量文学、小说爱好者的关注。就在这一年，根据统计，新浪微博每天发博数超过 2500 万条，其中 38％来自移动终端，微博总数累计超过 20 亿条，新浪微博成为国内最有影响力、最受瞩目的微博运营商。

新浪微博在发展的过程中，逐渐明确了自身定位，即涵盖娱乐资讯、民生话题、趣闻轶事、公共事务等内容的生活化分享平台，有时甚至能起到引发关注、引导舆论、推动决策的作用。当新浪微博的发展达到一定规模，并找到了匹配的商业模式之后，也开始在扩宽用户体验、严格规范化管理、净化网络氛围等方面作出努力。

微博的发布分为许多种不同的形式，最简单的是纯文字形式，在建立之初，微博规定了文字发布的字数限制为 140 字，以简短浓缩作为微博的文本特色，并在瞬息万变的流行文化下诞生了形式多样的"微博体"。此外，在文字下方还可以加入静态、动态的图片以及短视频、直播等视听项目，随着"快手""抖音""斗鱼"等视频平台的迅速崛起，视听传播在微博平台具有了更大的影响力。

头条文章是微博最新的长文产品，用户体验非常好。大量头条文章的签约作者为文章质量提供了基本保障。此外头条文章作为微博碎片化内容的弥补与增强，满足了用户深度阅读的需求，也打破了人们对社交媒体信息与文章肤浅、娱乐的刻板印象。此外，头条文章还具有打赏和付费阅读的功能，让作者在赢得用户认可的同时获取收入，并促使更多优质内容的诞生。

微博内容的热门程度与用户讨论的激烈程度受到很多因素的影响，而微博在管理和引导的过程中，采用了以数据策略推动热点的方式，而这种方式以多元面貌呈现出来，如"微话题""大 V""微博热门""微博榜单"等。如"大 V"是指在微博平台上获得实名认证且粉丝数量较多的用户。微博平台对知名人物或活跃用户进行实名认证，在其昵称后附上英文字母"V"的图标。"大 V"们的背后潜藏着粉丝数量、更新关注度、评论数、点赞数等数据优势，常常具有一呼百应的舆论影响力。又如"微话题"指的是与某个话题有关的专题页面，其中包含主持人的开场白以及用户的自由参与。在微博内容中添加话题是提升内容关注度的有效形式，而通过话题排行榜这样的数据竞争则能大幅提升事件关注度。

移动设备的普及运用与微博的推广使用相辅相成，微博对零散事件的利用与渗透也恰好符合当代人的生活习惯。微博的用户数量持续增长，影响力持续扩大，并出现了粉丝数量过亿的"大 V"，与之相应的，微博也在不断提升用户体验。2017 年 Q3 微博财报数据显示,截至 2017 年 9 月,微博月活跃用户共 3.76 亿,与 2016 年同期相比增长 27%,其中移动端占比达 92%;日活跃用户达到 1.65 亿,较去年同期增长 25%。

当下,微博在功能发展方面的特征体现为视频化和垂直化。微博全面推进视频化战略,一方面通过与版权方和媒体的深度合作增加专业短视频内容;另一方面通过上线微博故事、光影秀等产品鼓励普通用户创作、分享视频内容。2017 年 Q3 微博视频播放量同比增长 175%。此外,微博深耕垂直领域,致力于建立每个领域的流量生态、变现生态。目前微博已覆盖 55 个领域,2017 年 Q3 单月阅读量过百亿领域达 25 个。创新发展为微博的持续推广提供了强大动力,来自三四线城市的用户进一步积淀,占微博月活跃用户 50% 以上,促使微博不断朝着全民性的社交媒体平台迈进。微博发布的内容进一步多元化,在以图文发布为主要形式的基础上,包含链接、视频、音乐类博文的占比则全面提升。因而,在微博上付费的人群不断增长,形成良性发展模式。

(三) 熟人群体的联结者——微信

微信诞生于 2011 年,是腾讯公司推出的一个旨在即时通讯的社交软件。微信的交互以熟人联络圈为基础,支持免费的文字、语音、电话、视频通信,同时也支持基于共享流媒体内容的资料和基于位置的社交插件"摇一摇""漂流瓶""朋友圈""微信公众号"等。在发展与用户使用的过程中,微信不断体现出功能覆盖、全民性与智慧生活等特征。此外,微信逐渐由个人社交软件发展为企业单位、定制服务和公共事务的重要平台,被神化为具有"连接一切"的能力。

微信在创立之初有着强大的用户基础资源,即腾讯 QQ 的庞大用户群体,通过 QQ 导入联系人资料的方式,微信实现了初步的用户积累,并通过关联手机通讯录、查看附近的人、摇一摇等方式进一步拓展了用户数量。2011 年 1 月腾讯推出微信后仅仅经过 433 天,用户量就突破了 1 亿大关。2013 年 1 月微信注册用户达到 3 亿,成为全球下载量和用户量最多的通信软件。

据 2017 年官方调查,微信平均日登录用户多达 9 亿 2 百万。因影响力巨大,微信技术版本的更新被赋予了时代的称谓,如"微信 2.0 时代"等。微信 2.0 时代引入了压缩技术,使其在移动环境下也可以传输语音,实现了熟人圈更便捷的交往。微信 3.0 版本则添加了"摇一摇""漂流瓶"等功能,融入了基于 LBS 的地理位置技术，方便了用户与陌生人交友。微信 4.0 推出了开放平台，还开通了朋友圈功能，使用户获得了更深层次的社交体验……可以说，微信的技术更新在某种程度上意味着人们线上交往范围与质量的升级。

用户在通过多种渠道添加微信好友后，形成了个人的三大关系圈：生活关系、职场关系与学校关系。中国互联网络信息中心分析师阿丽艳认为，微信好友的分布呈现出以强社会关系为主、弱社会关系为辅的特征。强社会关系向微信平台的延伸，并不完全依赖于社会现实中的地缘关系、业缘关系的强弱，更多地取决于"真我"在现实社会人际关系中的曝光度。可以说，微信社交与现实熟人圈有着密不可分的联系，同时也对现实人际圈进行了功能性的重组，实现了更深层次的探索。

此外，微信中的人际关系更具有平等性与自主性。与微博中广泛存在的"粉丝"关注、评论"大 V"的社交等级相比，微信中人际关系建立的前提是双方对关系的认可，用户可以接受或拒绝对方的好友申请，且无法轻易加入或是窥视到不属于自己的社交圈。因而，微信上的社交圈进一步成了同一家族、职业、阶层的聚集之地。用户的自主性表现在他们可以主动建立并打造自己的微信社交圈，从而对现实生活中的社交产生影响。

就社交层面来看，微信为用户提供了语音聊天、朋友圈、漂流瓶、查看附近的人等功能。此外，用户还可以通过微信获取资讯，如查看腾讯新闻、订阅公众账号等，据《2017 微信用户行为分析报告》显示，有 40.37％的用户通过微信查看腾讯新闻，22.52％的用户订阅公众账号。除了开展社交与获取资讯，微信还提供诸如话费充值、理财服务、滴滴打车与捐款等服务。

互联网时代，线上交往的变革也意味着社会生活的变革。当我们称微信为社交软件时，必须明确社交功能只是微信的核心功能之一。微信在社交的基础上拓展出多元的用户体验，以智能手机和其他移动终端为基础，以社交为核心层，以公众平台为拓展层，以媒体、金融和公益为相关层，并涉及经济、技术、法律等领域，不断勾连用户的线上、线下生活，在社会生活的各个层面创造强大的影响力和生态黏合力，创造新时代的智慧生活。

根据微信的官方调查报告显示，2017 年微信的平均日登录用户超过 9 亿。更值得关注的是，微信的用户群体不像其他社交媒体那样集中于青年人群，月活跃老年用户超过了 5000 万，微信发展成为大众化的日常社交工具。此外，微信在一开始的时候仅是一个用作即时通讯的 App，而现如今几乎涵盖了衣食住行的方方面面。公众号月活跃账户已达到了 350 万个,成为自媒体发展的重要平台。

除了上述功能,微信推出的小程序正在不断扩大影响力。小程序涵盖服务项目行业大类 20 多项,行业细分类目 200 多项,用户访问最多的是交通出行、电商平台、工具、生活服务、IT 科技,打造智能新生态。小程序还将触角更多地延伸至政务民生领域,如提供医疗挂号、税务、违章缴费和邮政寄件等多种服务。除了为用户和企业单位提供便捷,小程序还成为部分企业所依托的推广平台,如共享充电宝公司 95% 的客源来自小程序。微信逐渐从一个应用进化为一种蕴含着巨大社会效益和经济驱动力的现象产品。

三、社交媒体的未来发展趋势

(一) 个性化发展战略

网络社区、微博、QQ、微信似乎都是以通信、互动为基础衍生出来的社交服务,都起源于人们对于社交的本质渴望。艾瑞调查发现,用户的社交需求一为"求新"、二为"求同"——70.8% 的用户使用移动社交的主要原因是希望"认识新朋友、扩大朋友圈",61.9% 的用户希望"找到志趣相投的伙伴或伴侣"。但不同的社交媒体在发展的过程中显示出不同的个性,无论在技术跟进还是在内容生产上都有不同偏向。微博偏向于作为一个信息传递的公众平台,旨在发布新闻热点、提升话题热度、凝聚共同兴趣等,在社交上侧重于陌生人。而 QQ 和微信则以熟人社交圈为基础,偏向于通过分享个人的生活信息来促进朋友之间的互动,从而深化现实社交圈。微信的使用比 QQ 更加偏向生活,也更加综合,因而更加普及。在社交媒体领域,这样的区分趋势在争夺受众和品牌竞争的过程中将愈演愈烈。

(二) 多元化融合趋势

各大社交媒体除了在应用、受众与品牌上作出区分,其共同之处在于都追求多元的融合体验,大多包含即时通讯工具、综合社交应用和垂直细分应用。即时通讯指的是通过文字、语音、通话等方式促进人际沟通的便捷性。综合社交应用指的是通过分享、"@"、点赞、交流等方式形塑自我、展示自我,拓展人际沟通的深度,满足更高层面的社交需求。垂直细分应用则包括民生政务、转账捐款、平台游戏、服务预约等项目,以建立社交为初衷,借助人们随身携带的移动终端打造一个个智慧生活的载体。此外,无论各社交媒体在功能上有怎样的侧重,都尽量满足人们联络熟人以及寻找新朋友的双重需要,且分别以兴趣为导向、以地域为基础、以话题为依托等,在不同的层面上满足现代人对更大范围线上交往的需求与渴望。从这个角度思考,社交媒体在满足人需求的同时也在塑造人,如约翰·斯道雷所说:"既不是自上而下灌输给'流氓'的欺骗性文化,也不是自下而上的,由'人民'创造的对抗性文化,而是两者进行交流和协商的场域,同时包括了'抵抗'和'收编'。"①

(三) 媒体属性不断强化

皮尤研究中心的一项最新调查显示,截至 2017 年 8 月,有三分之二(67%)的美国人表示,他们通过社交媒体获取新闻。而中国近一半的社交用户通过社交应用来获取新闻,这一比例高于手机新闻客户端、专业新闻资讯网站获取新闻的比例,社交媒体作为传播资讯的媒体属性不断增强,成为用户获取热点话题、传播热点事件的重要通道。同时,与传统媒体自上而下的传播方式不同,社交媒体的新闻传播主要基于好友圈、共同兴趣或选择性关注,再通过互动的方式带动热点,用户能够更加直接地接触到自己感兴趣的内容并展开讨论。社交媒体一方面打造了多元化、互动化的新闻阅读体验;另一方面也提升了用户黏性和用户使用率。此外,如英尼斯所说:"一种媒介经过长期使用之后,可能会在一定程度上决定了它传播的知识的特征。"②社交媒体也创新了新闻的传播模式,为新闻事业发展提供了新的可能。

(四) 广告潜力不断升级

中国及全球的社交网络产业创造财富的潜力都不断升级。社交媒体的广告技术不断提升,并且开发出了结合社交媒体特点的多种样式的广告,立足于社交网络而不断发展的原生信息流广告、视频广告等形式的演变更将社交广告推向

---

① [英]约翰·斯道雷:《文化理论与大众文化导论》,常江译,北京:北京大学出版社 2010 年版,第 13 页。
② [加]哈罗德·伊尼斯:《传播的偏向》,何道宽译,北京:中国人民大学出版社 2003 年版,第 28 页。

了高速发展期。根据调查,移动社交用户对于移动社交应用中出现的广告接受度较高。艾瑞分析认为,近年来,社会化营销不断发展,广告创意与生活的紧密度更高,对用户而言,广告的信息有效性不断提升。艾瑞调研发现,对于移动社交用户来说,相比于传统广告,更喜欢信息流广告的人数比例超过一半。因此,如何创新广告形式并进一步开拓市场、创造价值,成为社交媒体发展的重点。

(五)"无所不包"与"连接一切"

当手机和平板电脑上的社交软件充斥和包裹着人们的生活时,人们往往会因为过于习惯社交媒体带来的生活方式而忽略了它们的巨大影响力。社交媒体如同空气一般,许多人将其功能描述为"无所不包"与"连接一切",虽然略有夸张,但却是对社交媒体连接性和覆盖性未来发展趋势的形象概括。正如道格拉斯·凯尔纳所说:"媒体文化已经成为社会化的主导力量,它以图像和名流代替了家庭、学校和教堂作为趣味、价值和思维的仲裁者地位,制造新的认同榜样以及引人共鸣的风格、时尚和行为的形象等。"[1]在连接方面,社交媒体正逐步实现超媒体的功能。美国学者尼葛洛庞帝在其《数字化生存》中指出,超媒体是超文本的延伸。所谓超文本是一种按照信息之间关系非线性地浏览、组织的技术。在社交媒体上,人们基于个人的交际圈和兴趣圈,通过大量的文字、图片、音频、视频、服务获得了超媒体的信息体验。

第三节　扩展融媒手段:以网络直播的兴起为例

移动互联时代,手机直播成为一种流行的传播方式。央视的"慢直播"以及"小朱配琦"等公益"带货"直播活动,频频出圈,收获好评,为融媒体时代下的主流媒体传播提供了新思路。

一、直播行业的发展条件

截至 2023 年 6 月,我国手机网民规模达 10.76 亿,较 2022 年 12 月增长

---

[1] ［美］道格拉斯·凯尔纳:《媒体文化——介于现代与后现代之间的文化研究、认同与政治》,丁宁译,北京:商务印书馆 2013 年版,第 9 页。

1109万人,网民使用手机上网的比例为99.8%。其中,城市居民是主力军,Google公司与市场调研机构IPSOS公司合作,调研了全球多个国家智能手机的使用情况。根据报告,中国拥有数量非常庞大的手机网民,并且呈现出每年递增的趋势。报告称,中国的城市智能手机用户已经从2012年的33%提升到现在的47%,即将近50%的中国城市居民拥有并使用智能手机。其中,69%的用户每天都会使用智能手机上网,这个比例高于美国,在美国这个数据为36%。手机直播满足了市民生活的娱乐需求,而规模宏大的手机网民数量则为手机直播奠定了可靠的用户基础。

智能手机的价格不断降低,功能不断增多,可以用来社交、娱乐、工作、学习、购物等,实现了对许多人生活的全面覆盖。从功能上看,CNNIC调查显示,用智能手机来联络朋友的用户比例最大,为84.9%,而用来休闲娱乐与阅读新闻的,分别占64.7%和62.3%。2017年手机外卖的应用增长最迅速,规模达到2.74亿,移动支付用户规模达5.02亿,有4.63亿网民在线下消费时使用手机进行支付。从时间上看,智能手机上网也全面地覆盖了用户生活和工作中的各种场景。有85.8%的用户在日常休闲的时候用智能手机上网,71.7%的用户在睡觉前用智能手机上网,51.9%的用户则利用公交车、地铁、火车等搭车时间用智能手机上网。此外,智能手机的运用在农村也逐渐呈现出了多元化的态势,尤其在通信与娱乐方面与城市用户的使用率差距越来越小。在多元的手机应用的发展中,手机

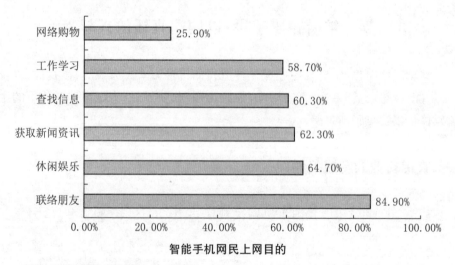

智能手机网民上网目的

来源:CNNIC调查数据。

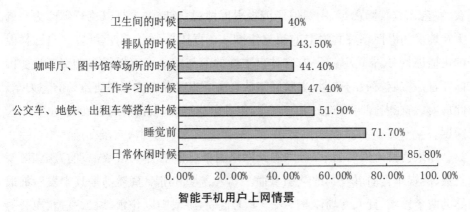

智能手机用户上网情景

来源：CNNIC 调查数据。

生活成为一种常态，恰如麦克卢汉所说："铁路的作用并不是把运动、运输、轮子和道路引入人类社会，而是加速并扩大人们过去的功能，创造新的城市、新型的工作、新型的闲暇。"①媒介本身就会带来社会的变革。因而，直播平台主要以智能手机为途径，成功渗透进人们的日常生活中，并覆盖了个人生活的多个向度。

直播相比于传统的媒体形式，表现形式更加新颖，受众的在场感、交流感、互动性也更强，因此对技术提出了较高的要求。当代，全世界的互联网技术快速更迭，最基础的是宽带的提速和智能手机性能的提升，4G 与 5G 流量套餐在用户群体中的推广，与 WiFi 在家庭和公共场所中的普及，为人们随时随地观看视频直播提供了便利。此外，美颜摄像头、编码硬件、云端储存及 CDN 技术的快速发展，则保证了直播的效果质量，使其更加及时、流畅与美观。此外，除了技术的发展，直播行业的发展还需要娱乐的推动以及资本的涌入等条件作为支撑，但正如戴安娜·克兰所说："在一定程度上，新的文化形式和体裁的出现，是新技术产生的结果。"技术发展对直播行业的兴起与繁荣产生了不可小觑的推动力。

二、网络直播的主要现状

网络直播是一种新型的社交方式，以实时的视频分享、弹幕交流和现金打赏的方式进行交互，且在发展过程中备受争议。最早的直播突出的元素一般为美

① ［加］马歇尔·麦克卢汉：《理解媒介——论人的延伸》，何道宽译，北京：商务印书馆 2004 年版，第 34 页。

女、才艺、唱歌、舞蹈等,用颜值经济吸引男性观众群体,主打以流行歌曲为主的听觉传播和以性感美女为主的视觉传播。在直播平台上,用户可以与自己喜爱的主播进行对话并实施打赏,这种自主性的参与赋予了直播很强的交互性。因而在直播行业发展的初期,主播群体是直播产业内容生产与创造盈利的主力军。此后,直播在内容与形式上更加多元,包含游戏解说、资讯传递、经验分享等多个向度。

如果将目光聚焦当下,可以看到网络直播已涵盖各个领域:秀场直播、游戏直播、泛娱乐直播以及其他类型直播。真人秀场和游戏直播仍是其中发展最成熟的两个领域,真人秀场以 9158、YY 为代表,游戏则以斗鱼、风云直播、虎牙等游戏电竞直播平台为代表。此外,直播还覆盖了美妆、体育、健身、财经等垂直领域。许多平台如腾讯、秒拍、美拍、B 站、微博等都嵌入了网络直播的功能。

当下,手机生活的渗透以及手机功能的不断升级,4G 乃至 5G 网络的便利,内容生产工具的升级,都使得日常生活节奏高度紧张的人们"随时、随地、碎片化"看直播成为可能。直播的发展使高互动性、强社交性的社交成为新型娱乐主流,并促使用户养成了在直播平台上消费的习惯,推动直播盈利模式的成熟。

根据 CNNIC 中国互联网发展状况统计调查,截至 2017 年 12 月,网络直播用户规模达到 4.22 亿。其中,游戏直播用户规模达到 2.24 亿,占网民总体的29%;真人秀直播用户规模达到 2.2 亿,占网民总体的 28.5%。我国的直播行业在 2016 年得到了井喷式的发展,无论是直播平台的数量还是观众数量都呈现出高速增长,因而 2016 年被称为网络直播元年。

以直播平台技术与内容的发展更新为参考依据,可以将我国的直播事业划分为以下四个阶段:9158、YY、六房间等基于电脑端的秀场直播代表着我国网络直播的 1.0 时期;从 YY 剥离的虎牙直播、斗鱼、龙珠、熊猫等游戏类直播的发展壮大则代表网络直播 2.0 时期;映客、花椒、易直播、陌陌等移动直播、泛娱乐直播的流行代表网络直播 3.0 时期;微鲸科技、花椒直播等 VR 直播的兴起代表着网络直播 4.0 时期。

当下,我们正处于网络直播发展的新时期,这个时期不仅是直播技术的发展新阶段,也是智能手机直播 App 进一步发展用户、占领市场的新阶段,而 App 活跃用户数量的竞争也成为直播平台竞争的主要领域。艾媒咨询的数据显示,2017 年第四季度,花椒直播凭借 2.13% 的活跃用户占比位居中国主要娱乐内容类直播 App 中第一名。就增长率来看,2017 年第四季度,花椒直播凭借 17％的增长率位居各平台之首,而一直播、秀色秀场、KK 直播等均取得了高于 10％的增长率。

为了竞争,各大直播平台不断推出新玩法、新内容以保持平台活力。面对可持续发展的挑战,直播行业基于智能手机的创新进步与产业升级正在如火如荼地进行。

直播平台主要通过表演、交流和解说等方式与受众建立联系,并通过打赏提成与投放广告等方式来获取收益。打赏、送礼物、弹幕收费等是最直接的变现方式,获得打赏主要依靠主播的人气,因此,如何吸引粉丝成为许多主播的主要关注点。因为发展时间较短,发展初期缺乏完善的网络直播监管体系和规章制度,许多主播为了博眼球,甚至展示出位内容,打法律、色情、暴力、低俗的擦边球,更有主播通过购买粉丝的方式制造高人气的假象。投资过映客和陌陌的郑刚曾表示,直播是最好的变现形式,收入即时到账,不需要商品转化。如何加强监管、整顿市场是直播行业仍需思考的问题。

相比而言,广告的投放更需要精准的流量分析。因此,直播行业非常注重客户的流量和黏性,因而需要思考如何更好地满足网络客户的各种需求。如针对当下很多游戏直播,玩家已不能满足于职业选手的"第一视角"视频,而希望能够与职业的选手进行更加直接的互动,或进行直接的参与。

三、网络直播的主要特点

(一) 即时分享

智能手机本身具有方便携带、易于操作、功能多元、随时联网等特点,使得民众可以随时随地开展直播,归结起来,即智能手机为当下人们的快节奏生活提供了相适应的智能生活。智能手机对人们生活、工作之余的碎片时间进行了充分的填补,甚至有许多资讯、娱乐类 App 成为"时间杀手",占据了许多用户整块的生活时间。伊尼斯将媒介分为两种类型:偏向时间的媒介和偏向空间的媒介,偏向时间的媒介适用于在时间上纵向传递信息,偏向空间的媒介则适合在空间传播。智能手机的传播在空间上是广泛的,在时间上是即时的。最初的网络直播主要以网站为依托，在智能手机普及后，网络直播将主要战场搬到了手机 App 上，将直播的娱乐性与智能手机的移动性进行了充分融合，从而实现了网络直播在即时分享方面的升级。网络主播可以打开摄像头进行随时随地的分享，省去了编辑文字或剪辑制作等繁琐工作，而用户可以通过智能手机随时观看、互动。智能手机直播的即时分享消解了传播者与接受者之间的空间距离，将同一时间节点上、具有相同爱好的人群进行凝聚。

（二）在场互动

直播能够给用户带来很强的在场感。当下的直播功能，让用户在以往社交过程中体验到的在线感升级为在场感，新闻、游戏、秀场直播等都为用户提供了一种沉浸式的体验，将同一时间内的传播者与接受者人群置于同一空间中。而从前网上传播的近期时事也进一步发展为正在发生的事，时效性进一步增强。因而用户在参与讨论的过程中能够体验到更好的在场感。此外，直播的交互性更强。主播为吸引人气积极与用户互动，回答用户提出的问题，一些主播甚至能辨认熟悉的老用户，用户则可以与主播对话并进行打赏，这样的直播场景在某种程度上还原并拓展了现实空间中的互动与社交。除了秀场和游戏直播注重互动交流，直播也引发了新闻资讯类传播的深层变革，如腾讯在进行"天宫二号"发射直播的过程中，在其页面上增加了互动游戏环节，添加了抽奖功能，通过点击发射按钮，在规定时间内完成发射任务的用户即可参与抽奖，腾讯通过游戏科普了"天宫二号"的发射知识。由此可见，直播平台上大量存在的弹幕、礼物、对话等互动知识属于感官层面的浅层次的互动，而深层次的互动仍需要运营者积极思考多元形式如何与有价值内容的进一步结合。

（三）粉丝经济

粉丝经济指的是一种建立在粉丝与被关注者之上的创收模式，注重粉丝数量与用户黏性。直播行业在发展的过程中凝练出了"网红主播＋粉丝经济"的运作模式。近两年互联网上的网红群体非常瞩目，直播平台上的网络红人拥有更直接的盈利模式，即送礼物与打赏等。直播网络红人的粉丝忠诚度、凝聚度也更高，粉丝倾其所有大手笔打赏主播的事件在民生新闻中屡见不鲜，因而发展出了独特的粉丝经济。粉丝不仅是主播的支持者，也是平台赖以生存的保证。

（四）平台造星

网络直播的发展时间较短，在运营方面无先例可循，因此，当下较热门的直播平台及其运营模式都是如斗鱼、YY、映客运营商等摸着石头过河探索出的结果，而这样的运营模式是否能持久，依然需要接受时间的考验。直播平台的盈利主要依托的是流量变现，需要建立用户的忠实度和发展粉丝经济，而粉丝经济需要建立在平台明星的基础上。因此，主动的平台造星成为直播运营模式中的重要部分，当下的直播平台不再仅仅满足于平台内部造星，还致力于将直播明星推向娱乐圈。如冯提莫、大壮等拥有雄厚粉丝基础的直播明星，不仅在线上被大量粉丝拥护，在线下还进行表演、签名，并召开粉丝见面会等，可见直播平台不仅致力于推出主播，还将主播打造成大众偶像，从直播平台的亚文化环境推向主流文化环境。以冯提莫为例，其个人单曲《佛系少女》一炮走红，成为当下许多抖音短视频的背景音乐，作为斗鱼平台造星的代表主播，她更是在传统卫视上与杨宗纬、张韶涵等实力唱将合作，重庆共青团还聘任冯提莫为宣传工作推广大使。直播平台的造星运动，不仅表明了其将内部主播推向大众的信心，也彰显了直播平台进一步贴近和融入主流文化的决心。

（五）吸引流量

直播能够给用户带来更好的体验，因此微博、微信、客户端等平台与直播平台的合作能够带来更多流量，焕发新的生命。例如，腾讯在里约奥运会时期累计直播超过 1000 小时，相当于赛事直播时长的 5 倍，其中里约奥运会开幕式持续 4 个小时的直播有超过 8500 万的用户在线观看。在腾讯"天宫二号"的直播中，直播总时长为 3.5 小时，最高在线观众 63.6 万，产生评论 2.3 万条，互动全民助力值 945 万，1850 万网友深夜追随。此外，直播平台不仅依托明星、粉丝、时效性和视觉效果来增加流量，更注重在选题、策划和专业知识等方面深入布局。例如，在"天宫二号"的直播中，策划者不仅需要观照广大观众的航天梦想，还需要对基本的航天知识进行普及，因此，策划团队为这次直播专门打造了一支"筑梦者联盟"，邀请了航天专家、科幻作家和著名演员等。由此可见，直播平台在未来发展过程中的初级目标包括治理整顿、净化环境和提升原创内容等，而专业策划、深度内容和多元体验则是直播业需要考量的长远目标。

第三章　融媒体时代的政治传播

第一节　融媒体时代政治传播的变革

融媒体时代，信息交换和传递速度加快，对政治沟通的关注意义重大。公民了解政府的政策制定过程和执行状况，执政者了解公民的政治态度、政治效能感，都有赖于政治沟通。

媒体是公民获取环境信息，形成公共舆论的重要渠道。传统媒体受到各方面的影响，独立性较差，往往成为政治精英设置议程、影响公共舆论的工具，不能完全发挥媒体作为信息通道的作用。互联网兼容传统媒体的众多特点，突破了渠道、时空、载量的限制，给政治沟通带来颠覆式影响。

与此同时，随着5G发展和互联网应用的普及，我国网民数量呈现指数式增加，社交媒体平台成为他们参与政治生活的重要工具。如今，我们正在经历一个由媒介变革引领的融媒体时代。历史经验告诉我们，社会的政治变化总是与技术变革息息相关。印刷术的出现给予市民阶层获取文化知识和精确传播的可能，阶级之间的流动性随之增强；视听技术的发展为社会呈现提供更加鲜活直白的途径，民粹主义思潮应时而动；网络科技的更新更是已经渗透到政治生态的各个方面，民主参与及公共领域的维护在互联网时代变得愈加直接、有效。既然媒介变革为社会政治带来如此之多的变化，那么，以媒介融合为代表的媒介变革究竟改变了政治传播的哪些方面？这些新特征、新语境的出现，又对社会政治结构与公民行为产生了怎样的影响？

一、融媒体时代政治传播的生态变化

（一）政治传播的三个阶段

著名政治传播学者布拉姆勒(Jay G. Blumler)和卡瓦纳夫(Dennis Kavanagh)在世纪之交曾发表了一篇题为"政治传播三个阶段的特征及其影响"的重要论文,文章将二战之后西方民主国家的政治传播组织划分为三个连续的阶段,分别是:

1. 受控于力量较强的政治机构

1940 年代后期和 1950 年代,大多数的政治传播都是某些宗派和信仰的反映,这些宗派与力量较强的、地位稳固的政治机构联系紧密,因而享有可观的、接近大众媒介的权利。

2. 政治用户大大扩充

1960 年代至 1980 年代,虽然互联网没有达到全方位覆盖的水平,但政治用户却大大扩充,面对各个党派和政府,新闻媒介被提升到某种强大的制度性地位之上。

3. 传播富足的时代

1990 年代之后,无论在主流的大众媒介之内或之外,传播工具和手段都大大增加。因此,这是一个传播富足的时代。由于每个具体国家的媒介发展水平不平衡,故而没有精确的时间点,两位传播学者只是用时间段进行描述。

（二）融媒体对政治传播的影响

上文所提到的第三个阶段,就是我们正在经历的时代。政治传播所需要的各类信息,通过形态各异的大众媒介,混杂地影响着公民对社会日常事务的参与。杰伊将其称为一个"传播富足的时代"。从公共空间到私人空间,人们的传播环境被电视、广播、手机、电脑等各种视听设备占据,由此产生的媒介系统更加繁复、细致,也必然导致它们之间竞争的加剧。

1. 媒介系统更加复杂

纵观全球,传媒事业处于高速发展时期,传播技术深刻变革,媒介数量急剧增加。新的媒体形态不断涌现,传播渠道多种多样,媒体生态环境日益复杂。融媒体的迅速发展可能导致部分传统媒体的覆盖面减少,甚至出现被融媒体边缘化的情况,主流舆论阵地面临新的压力。据市场研究机构 eMarketer 的研究,电视作为民众获取官方信息的主要渠道正在被移动设备逐步超越。这意味着融媒体的持续发展,必然会进一步改变现有的传播生态,传媒业与通信行业、信息技术行业之间的跨界运作更加普遍,有线网、无线网、通信网、电视网的界限被打破,融媒体技术兼容整合了各种媒介形态,重构了媒介系统,我们称之为融媒。

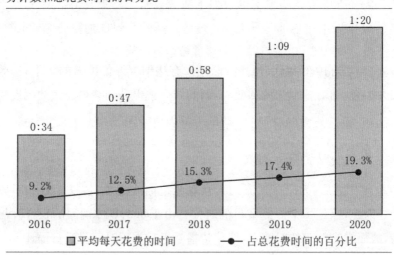

中国成年人每天观看数字视频的平均时间(2016—2020)
分钟数和总花费时间的百分比

注:数据仅针对 18 岁及以上的成年人;统计的时间包括了所有与数字视频相关的活动,无论是否同时进行其他活动。例如,如果在观看数字视频的同时使用台式/笔记本电脑,那么这段时间既算作数字视频时间,也算作台式/笔记本电脑时间。

来源:www.eMarketer.com,2018 年 4 月。

视频观看是用户在移动设备上花费时长增加的关键因素。eMarketer 通过测算预计,2018 年中国成年用户每天观看视频的时间约为 58 分钟,这个数据较上一年同比增长了 23.4%,占用户在数字设备上花费总时长的 15.3%。到 2020 年,中国成年用户每天观看视频的时间占用户数字设备总时间的 19.3%。

2. 颠覆和解构参政模式

融媒体技术不仅打破了传统的"权威"与"非权威"、"主流"与"非主流"概念,还重构了民众参政议政的模式。一方面,民众通过网络融媒体参与政治,实际上是在行使民主权利。另一方面,社会公共话题通过融媒体技术传播,令以往信息传播不对称的情况得到改观。从某种程度上说,融媒体帮助公众实现行使权利的突破,初步完成了社会权利的再分配。

互联网、手机等融媒体使很多原本由社会精英制定规则和评判的社会资源被普通民众获知,普通民众能对相关社会议题加以评判和解构,甚至可以亲自创作并进行次级传播,从而对社会精英垄断的话语权和公共话语权产生很大冲击。

3. 政治传播和政治参与日益生活化

在"政治日益生活化,生活也日益政治化"的融媒体时代,政治及政治传播已经像空气一样渗透并充满了人类生活的每一个空间,"在当代社会中,任何领域的问题(诸如社会福利、赡养老人、幼儿教育、交通运输、供电用水等)都会很快地从自己狭窄的地段中走出来,成为政治议题"[1]。那么,为什么当代一切问题都会走向政治? 王沪宁答道:"因为政治具有解决一切问题的条件。"[2]

同时,在融媒体时代,政治传播作为一种日常化、生活化的存在,其传播过程还比以往任何时代都更具戏剧化和意外性,传播对象的自主性更强,传播结果的走向更加难以预测,意料之外的事情时有发生。

4. 政治传播效果更难预测

电视节目种类的增加,新闻报道的 24 小时跟进,以及娱乐化倾向对媒体各

---

[1] 邵培仁主编:《政治传播学》,南京:江苏人民出版社 1991 年版,第 19 页。
[2] 王沪宁:《比较政治分析》,上海:上海人民出版社 1987 年版,第 4 页。

个角落的鲸吞蚕食,这一切反而增加了政治传播中信息发布者的不确定感。原本简单的信息发布点变得不确定,随之而来的评论、质疑或赞扬也难以预测。对于公民个体而言,他们对于政治传播的反应,除了更加灵敏之外,也更加主动和多变。因此,政治传播的后果更难预测和把握。

尽管政治传播者甚至包括国家领导人自己很清楚在说什么、做什么和以为会产生什么结果,但事件往往并不按照自己的意向或设计的方向向前发展,常常会突然逆转,出现完全出乎意料的情况。[1]这是因为面对同样的讲话内容、事件和场景,在网络和融媒体上,由于人性化诱导、知识化依赖、文本化解读和制度化执着等各种原因,会出现各种各样的认知、解读、判断和行动,并且会在瞬间无限放大。

因此,在融媒体传播活动中,即使抱有纯正的动机和良好的意向,各种政治传播行为也可能导致事与愿违、意想不到的政治后果,让你十分狼狈。这种政治传播中的意外性后果,既让人匪夷所思,又让人防不胜防。从"名表门""皮带门"到"周久耕",从南京"吸烟"到杭州"打的",融媒体和网络上的许多不起眼的非常生活化的细枝末节,时常可能成为政治意外性后果的"敲门砖",从而呈现出一种完全不同于以往传统新闻媒体单向传播格局的政治传播生态。

二、融媒体时代政治传播的传者

(一) 表达日常化

在融媒体时代的媒介使用竞争中,组织传播的影响力日益式微,网络传播的辐射力日益增强,政治传播者已经不再具有传统语境下的传播优势,政治传播中的注意力竞争呈现出多种元素复杂互动的新态势。当下,新闻、娱乐已经屈从于广告、融媒体和多媒体,为了理想与信念的政治传播则已经变成了一种需要身着"防弹背心"甚至"铠甲"的传播战。面对广告、新闻、娱乐与融媒体、多媒体协同互动之后的全方位挑战和威胁,政治传播者的感觉是四面楚歌,有点

---

[1] 彭凤仪:《论新闻传播的意外后果》,《当代传播》2013 年第 6 期,第 18 - 20 页。

手足无措。

在融媒体和商业至上的语境下,大众传播中的读者、听众和观众都已经蜕变为用户或消费者,原本的身份和角色已经不见踪影。政治传播劝服和诉求对象的特点、需求、兴趣和愿望已经变得有些难以捉摸。政治传播者犹如黑夜里山间小道上的独行客,每一步都伴随着恐惧和风险。有人将其描述为政治的"去隔离化状态"(de-ghettoization),一直以来严肃的政治不再裹着一层明晰的外形。也有人将其解释为政治传播强大效果的消退,无论如何,政治那种受人尊敬和遵从、远离人们日常生活的样态已经被打破。

(二) 传播者形态多样

政治传播需要以一种与时俱进的全新的姿态面对与以往完全不同的传播对象。中国国家主席习近平和夫人彭丽媛在 2014 年 7 月访问韩国期间,分别提及在中国热播的韩剧《来自星星的你》,而彭丽媛更是以一句"我和女儿一起看习主席年轻时的照片,觉得很像《来自星星的你》的主人公都敏俊"[1]不仅将中韩向好之风引向民间,更是首次在重大公开场合将中国国家领导人与娱乐明星相提并论。这场围绕"星星"展开的对外政治传播于翌日再次登场。习近平在首尔大学环球工学教育中心演讲时称,包括《来自星星的你》在内的很多韩剧深受中国青年的喜爱,加深了中韩两国青年间的交流。[2]这时候的政治传播,变成一种甘愿被流行文化嫁接、渗透的综合体,"政治传播"的概念也在扩张,它更愿意以包容的姿态,兼容更多日常化的内容。

(三) 嫁接娱乐戏剧化

随之而来,人们对"政治"的经验也变得大不相同。以往使用同一声音传送的政治要闻现在呈现出更多的娱乐色彩,再辅以政治传播倡导者的让位,个体公民比以往任何时候都显得更加尊贵。由于传播资源充足、传播渠道多样,用户注意力更容易分散,市场竞争也进入白热化阶段。面对这样一种无法避让的新情境,媒体对政治事件的报道同样出现"新闻兼娱乐"的倾向。在这场注意力

---

[1]　韩旭阳:《习近平访韩如何影响你的生活》,《新京报》2014 年 7 月 5 日。

[2]　搜狐新闻:《习近平与都教授,不止长得像》,http://news.sohu.com/20140707/n401867917.shtml,2014 年 7 月 7 日。

的拉锯战中,政治传播也在学习如何迎合市民阶层普遍存在的享乐心态。融媒体时代的政治传播,自愿地通过大众媒介乃至场内接触的方式,近距离甚至零距离地展现在人们面前。人们津津有味地描述着政治活动一波三折的发展变化,评论着政治人物插科打诨的"舞台表现"。政治俨然已经呈现出"戏剧化"的态势。①

政治传播与流行文化、娱乐元素的联姻固然能够博取民众的注意力,但同时更需要注意把握"表演"的度,避免将政治综艺化。2014 年 9 月 4 日,一篇来自中国台湾地区的媒体,题为"台湾政客的政治表演应该适可而止了"的评论文章指出,在今年高雄发生气爆事件后,民进党相关人士就立即发动炮打国民党当局的表演,就在同一时间,高雄市市长陈菊也曾对外表示,在救灾与重建的路上"很孤单"②。这种为了满足媒体夺取用户的需要而进行的政治表演,对厘清事实真相、解决实质问题没有任何帮助,的确是应该适可而止。政治传播不能为了表现亲民的一面,为了突出质询的态度,就像演员一样拿出各种道具将政治事件戏剧化。日常化是政治传播在融媒体时代的自主选择,但倡导者们如果一味地将政治传播的场所当作表演的秀场,同样只能收获事与愿违的消极传播效果。

第二节 融媒体时代政治传播的平台化

媒介融合的深化以及内容生产的平台化趋势改变了传媒业的生态,尤其是平台型融媒的发展、算法推荐模式的应用以及受众角色的变化,无一不直接作用于政治沟通,从渠道、中介、反馈、效果等方面重塑融媒体时代的政治传播。

一、融媒体时代政治传播的中介

(一)平台化角色功能

政治传播的中介,例如专业政治记者,曾经享有特殊的报道条件;他们掌握

---

① 张昆、熊少翀:《政治戏剧化与政治传播的艺术》,《新闻界》2014 年第 5 期,第 12 - 16 页。
② 《台媒:台湾政客的政治表演应该适可而止了》,新浪网,http://news.sina.com.cn/c/2014-09-04/143230795825.shtml,2014 年 9 月 4 日。

少数几个同时通向权威和民众的渠道,以一种无冕之王的姿态对政治事件等重大新闻进行严肃的、独家的报道;他们拥有市面上最先进最昂贵的采编器材,用精良、专业的团队对政治新闻进行勾勒传递。而在融媒体时代,首先是传播渠道的开放导致政治传播活动的参与者范围越发广泛,由此聚集的能量也越来越多。其次是制作、传播政治信息的工具简单化、平台多样化。"人人皆为传受者"的现状,将政治传播中介的角色转化推向改良的中心点。政治传播的中介成为一个为各类政治讯息提供发布可能的平台,在这个平台上整合和贩卖信息。与其说媒介"控制"了政治,不如说它们造就了一个空间,在这个所谓"先进的"社会中,对大多数人来说,政治主要是发生在这个空间之中的……不管愿意与否,想要参与政治辩论,人们必须通过媒介才能实现。①

大多数试图影响政治意见的努力,都得通过某种"媒介建构的公共领域"②才能实现。公共领域被描述为这样一种空间,在这里,人们可以按照事物的本来面目讨论各种市政议题,不会因为国家或者市场机构的各种压力而扭曲。融媒体时代的政治传播中介,恰好提供了这样一个空间,各类致力于改进民主的努力在政治规范不断完善和政治运动的连番实践中得到实现。

2014 年 4 月 6 日,国内最大的自媒体联盟 WeMedia 在杭州开启第一站,腾讯平台商、微应用开发者、资深自媒体人等都参与了此次会议,整个参与人数达到 500 多人。融媒体时代政治传播中介者正是本着这样一种良愿,在适应传播环境改变的趋势下,将自身角色由信息的守门人转向信息的提供者,这并不意味着信息的把关不再重要,而是对传播中介者提出了多一层的要求。

(二) 次生舆情的潜在风险

互联网影响下的各类媒体在为用户提供便捷、及时的信息的同时,也存在一系列风险。首先,由于互联网平台缺乏专业、严格的信息审核机制,政治传播内容真假难辨,部分信息在未经第三方核实的情形下"裸奔"。加之融媒体的传播速度快、范围广,这种"一石激起千层浪"的传播现象给信息把关造成困难,也对

---

① Manuel Castells, *The Rise of the Network Society*, *The Information Age*: *Economy*, *Society and Culture*(2th Edition), Oxford: Blackwell, 2000, p.312.

② Winfried Schulz, Changes of the mass media and the public sphere, *Javnost-The Public*, 1997(4), pp.57 - 69.

媒介管理提出了新的要求。再次,新近流行起来的"微文化"(例如微信、微博、微客)受制于"微"的限制,所以很容易在短小精悍的同时脱离了原来的背景,成为没头没脑的去语境化的孤立信息,给信息理解带来难度和诱导性。[①]政治事件天生的显著性令其一直处在民众关注的焦点之下,任何一些看似不起眼的错误信息都可能成为误导民意、煽动舆情的罪魁祸首。以自 2011 年 6 月起就进入民众关注视野的"郭美美事件"为例,从"红会事件"到"2.6 亿赌债","郭美美事件"引发了国内的慈善信任危机,以红十字会为代表的慈善基金组织一时间成为"众矢之的",民政部的统计数据显示,2011 年 7 月,全国社会捐款数为 5 亿元,和 6 月份相比,降幅超过 50%。一个 20 岁的女孩为了满足炫耀心理,在网络推手的炒作下,捏造了一场慈善丑闻,受牵连的还有社监委、卫生部,如此一场轩然大波对红十字会的公信力造成极大的破坏。不可否认,微博,这一极具传播影响力的中介,在这场风波的发生、发展、调查、追问和结果公布方面确实起到了不可替代的作用。一时间,微博几乎成了这一社会事件的信息源点,但微博本身作为一个平台,并没有追查事实真相的资源和能力,它所能做的就是呈现各方的结果,而这些分散、凌乱的信息在被转发和评论时又受到 140 个字的限制,于是,有关"郭美美事件"的结果到底是怎样的,网络上总是众说纷纭。如果融媒体时代政治传播的中介者只承担一种角色,那么在碎片化信息面前,民意一旦被唤起,其消极影响将会像滚雪球一样,不断被放大。

相对其他政治事件,次生舆情内容多涉及官员或国有大型企业贪污腐败、色情、暴力、社会不公等国民普遍关注、易引发重大舆情的题材内容。在"郭美美事件"中,被击中的不只是一个拜金炫富的少女,而是民众对慈善和爱心事业的信任与责任。中国红十字会本是"兼济天下"的慈善机构,却被妖魔化成官员中饱私囊的个人金库。

"郭美美事件"多级次生舆情

原始舆情	一级次生舆情	二级次生舆情	三级次生舆情	多级次生舆情
郭美美炫富	相关网络衍生品涌现,如漫画、恶搞歌曲	十多个组织和新闻人物相继被卷入,如杨澜"诈捐门"	地方红十字会的负面新闻不断	中国红十字会信任危机

---

① 周宪:《微民主与现代公民性建构难题》,《探索与争鸣》2014 年第 7 期,第 19－21 页。

二、融媒体时代政治传播的用户

(一) 新的悖论

1. 网络表达颠覆"大一统"

互联网所开辟的融媒体时代将政治讯息的消费者变为政治传播的参与者和制造者，一股民粹主义潮流在文化、政治和媒介领域悄然升温。互联网作为一种新媒介，不无争议地将"一些编辑过程"转到"观众那里"。政治传播中的用户，通过话语创造、自嘲讽喻等方式，实现对社会决策的干预和反思。去中心、消解宏大叙事、挑战主流文化……在当代中国，网络媒介对大众在线参与的鼓励成为一股势不可挡的洪流。网络互动作为一种相对草根性的信息交互方式，在很大程度上颠覆了传统主流媒体一统天下的局面，而其自由、片段式的表达方式，为公民随时表达意愿、参与监督提供了更方便的平台。

2. "选择自由"还是"新的麻烦"

不断膨胀的媒介渠道，给用户创造了参与和影响政治事件走向的机会，自然而然，政治精英们在大众心中的地位也就日渐低落。这一方面，是许多研究者都已经详细论述过的。

除此之外更重要的是，融媒体时代政治传播的用户还面临着另外一种尴尬：一方面，面对是否要主动参与到政治生活中的选择，他们拥有更多的选择自由；另一方面，媒介所呈现的越来越富足的信息令他们无处可逃。所谓更多的选择自由，主要是指在传播渠道多元、传播形式多样的媒介环境中，用户似乎更容易找到并享用自己感兴趣的信息，躲避他们不希望看到的内容。不论是从数量还是种类上来看，现在的用户接近和使用媒介及其信息来源的可能性都越来越大。这就使得一些个体用户成为"专家"，他们花费大量的时间用以消费他们所钟爱的材料[1]。

---

[1]　[英]詹姆斯·库兰、[美]米切尔·古尔维奇：《大众媒介与社会》，杨击译，北京：华夏出版社2006年版，第153页。

　　而另一个同时存在的尴尬是，如今的政治传播总喜欢混杂在其他信息之中，以不同的样态活跃在大众媒体上。这种日常化的趋势就像我们在文章第一部分中谈到的那样，用户往往在无意识的状态下，就已经暴露在它们面前，成为政治传播的"被动接收者"，遍尝无处不在的"家常政治套餐"。正如德里·卡皮尼和威廉斯所说："（各种媒介管道的膨胀）给公众进入政治世界既创造了新的机会，也带来了新的麻烦。"

3. "互联网无记忆"还是"被遗忘权"

　　记忆有个体的，也有集体的。在传统媒体时代，电视是制造集体记忆的强有力手段，凭借强大的视听系统和空间偏向的全球传播架构，电视成为"还原"集体记忆的"绝对权威"。在电视话语结构中，竞争、征服和加冕的隐喻被反复使用，以召唤集体记忆的仪式感和情感认同。①然而到了互联网时代，记忆发生了变化。首先，书写记忆的主体可以是个人，也可以是机构，这使得记忆的书写者发生了变化。记忆的解释权和传播权不再归权力机构独有。其次，记忆的形式和内容更加碎片化和价值多元。互联网信息迭代的速度抛弃了记忆的"沉淀"，留下的是满地的刺激和多样。最后，互联网集体记忆更多情况下满足的是个体的、本地的情感需求，其传承文化的功能被大大弱化。

　　对政治传播来说，人们对于历史人物和历史事件的界定正在加速个体化，在全社会范围内寻求共享意义的做法也将日趋成为一种徒劳。但这一局面也具有一种显而易见的积极性，那就是任何一种试图将自身伪装为常识而被大众不假思索接受的宰制性话语，都不得不面对比以往更多的困难。②这似乎又为融媒体时代的政治传播带来更多发展空间。

　　如果说记忆是为了记住，那么被遗忘权就是在追求一种忘却。被遗忘权（Right to Be Forgotten）又被称为"删除的权利"（The Right to Erasure），属于隐私权在互联网时代延伸出来的一种新型权利。

　　欧盟早在 1995 年开始，就已经从立法层面考虑对公民被遗忘权进行保护。欧盟议会与理事会陆续通过了《关于个人数据处理保护与自由流动指令》(95/

---

① ［美］丹尼尔·戴扬、伊莱休·卡茨：《媒介事件：历史的现场直播》，麻争旗译，北京：北京广播学院出版社 2000 年版。

② 常江：《互联网、怀旧与集体记忆》，《青年记者》2019 年第 16 期，第 92 页。

46/EC)、《隐私和电子通信指令》（2002/58/EC）（有关个人数据处理和电子通信领域隐私保护的指令）、《与第三方国家进行个人数据转移的标准合同条款》（委员会决定 decision2004/915/EC）、《欧共体机构与团体实施的数据保护》欧盟条例（45/2001）等立法与规范性文件以加强个人数据保护。2009 年 12 月,欧盟通过了电信领域的《更好规制指令》与《公民权利指令》,在个人数据保护方面强调了运营商数据侵权强制通知义务及用户终端存储信息同意原则。[1]

被遗忘权追逐信息的自我决定,即个人对自己的个人信息享有控制权利。"个人决定信息的处理,并且在信息'脱离掌控'后仍保留对它们的控制。"[2]这里的离开其掌控,也保持对它的控制,看起来有些绕口,实际上要表达的意思是,假定一个人不希望他的个人信息被信息控制者加工或存储,并且没有保持这些信息的合法基础,那么这些数据应该从信息主体所要求的系统中被删除。

2014 年 5 月,一个极具代表性的案例"谷歌西班牙案"成为焦点。此案中,西班牙男子 Mario Costeja Gonzalez 在使用谷歌搜索引擎检索自己的名字时,发现相关链接指向一篇 1998 年刊登于《先锋报》上的文章。新闻报道了这名男子未能按时缴纳社会保险,以致其住房遭到拍卖的事实。事件的焦点在于,西班牙男子认为其债务问题早已解决,与他现在的生活无关,但谷歌搜索引擎中仍然列出了这一信息,对他的名誉造成了损害。因此西班牙男子要求谷歌删除这些信息,并将其状告至欧盟法院。最终,原告的请求得到了欧盟法院支持。此案判决之后,谷歌在 2014 年收到 195808 条要求删除网络链接的申请。[3]

吴飞认为,"被遗忘权"是一项法定权利,而且是一种值得受到法定保护的价值或利益。权利主体有权要求数据存储方删除自己或他人放置到互联网上的、令其尴尬的照片或其他数据信息,除非数据的保存和使用为法律规定的维持公共利益的正常运作所必需。[4]

---

① 蔡雄山:《网络世界里如何被遗忘——欧盟网络环境下个人数据保护最新进展及对网规的启示》,《网络法律评论》2012 年第 2 期,第 68 - 75 页。

② Jef Ausloos, The "Right to be forgotten" Worth remembering, *Computer Law & Security Review*, 2012,28(2), pp.143 - 152.

③ Google Transparency Report, http://www.google.com/transparencyreport/removals/europeprivacy/.

④ 吴飞:《名词定义试拟:被遗忘权(Right to Be Forgotten)》,《新闻与传播研究》2014 年第 7 期,第 13 - 16 页。

（二）三种类型的用户

1. 积极活跃、执行力强的"行动者"

融媒体时代的用户可以被重新划分为三类：一类是积极活跃、执行力强的"行动者"或曰"制作人"。他们以一种民粹主义的诉求填补一些合法的空隙，例如，2012 年的环境群体性事件——宁波 PX 项目事件，该事件从 2012 年 10 月初浙江宁波镇海区民众反对有害化工 PX 项目落户当地开始，到 10 月 29 日宁波市政府宣布今后"坚决不上 PX 项目"结束，网络用户同当地民众联合起来的关注、参与和支持对整个事件的解决起到重要作用。在关乎民生的重大社会问题面前，网络舆论的集体声音为社会事件的走向提供了参考。

2. 消极逃避、反感抵制的"被卷入者"

第二类是消极逃避、反感甚至抵制看到政治传播内容的"被卷入者"，只要有可能，这些人就避免在媒介中接触到政治。然而，在融媒体时代，他们很难做到"两耳不闻窗外事"，被捆绑兜售的政治新闻越来越多地出现在社会生活中，"被动接收者"与普通用户之间的身份界限也日渐模糊。无论用户意愿如何，他们终会"被动地卷入"。

3. 左顾右盼、方向不明的"围观者"

第三类是左顾右盼、方向不明的"围观者"，他们在用户中占据大多数。这一类群体在集体行动中更容易表现出排斥异议，极端化和情绪化等特点。当他们的情绪被唤起时，一种压倒性的"多数人暴力"便会迅速形成，并发展成具有社会动员性质的群体性行为和事件。[1]

以近年来台湾地区频繁出现的街头运动为例，无论是因台湾当局发布《自由经济示范区特别条例》而引发的静坐、占街，还是前几年声势浩大的"百万倒扁"运动，这些发生在岛内经济持续低迷、失业率居高不下背景下的全民政治秀，都难免成为群众发泄怨气、表达不满的一个出气筒。

---

① 周宪：《微民主与现代公民性建构难题》，《探索与争鸣》2014 年第 7 期，第 19-21 页。

在"百万倒扁"这场平民政治秀的盛宴中,我们并没有看到来自民主政治意识推动下的政治参与,更多的不过是一场全民发泄总动员。朋友间宿年的怨气、员工对老板的不满、兄弟姐妹间的家庭纠纷,一时间都找到了发泄的途径,就是"呛扁"。甚至在运动的尾声阶段,岛内黑社会竟以"和平呛扁无果"为由,在静坐的队伍旁边公开招募成员,"力劝武力呛扁"。岛内形形色色的人群都在"呛扁"的街头政治秀上演着自己的"发泄剧",政治参与已经变质为社会矛盾的发泄。①

如何有效避免当下政治传播的群体活动转化为"多数人的暴力",是值得我们深入思考、尽早解决的难题。无论如何,这三类被重新划分的用户皆不言而喻地说明:融媒体时代的政治传播,带有更鲜明的民粹主义色彩,政治精英把控、媒介组织垄断的政治传播时代在大众眼中已然渐行渐远。

融媒体时代政治传播的特征

政治传播的要素	传　者		中　介		受　众	
进步	日常化	事件举例:习近平被称"很像都敏俊"	平台功能	事件举例:2014年4月,国内最大的自媒体联盟WeMedia成立	参与度	事件举例:宁波PX项目事件
不足	缺乏严肃性	事件举例:高雄气爆后,台湾政客的政治表演	把关人功能降低	事件举例:郭美美事件	主体性不突出	事件举例:台湾武力"呛扁"事件

第三节　融媒体对政治参与的影响

一、媒体融合的政治逻辑

中国媒体处于特殊的政治场域和历史文化之中,媒体是由中国共产党领导的身份定位,决定了中国的媒介制度。现当代中国媒体的政治功能发微于延安,无论是《解放日报》的改版,还是延安文艺座谈会讲话,都意在廓清媒体

---

① 陈曦:《浅析台湾政治"秀"化之成因》,《新西部》2010年第10期,第79-80页。

与政治间的互构关系——媒体逻辑从来都内嵌于政治逻辑之中,这一制度和思想绵延至今。[1]

(一)媒体融合与权力

中国当下媒体融合是在多种力量推动下的传媒变革。其中,政治的力量一直是主导性力量。因此,理解媒介融合,还应从政治角度来把握。随着互联网的兴起及其快速扩张,中国传媒格局的转型不断加速。在传统媒体之外新开辟的广阔的传播疆域,强有力地冲击了沿袭数十年的传媒政治逻辑。

英国学者詹姆斯·卡伦(G. Curran)在《媒体与权力》中指出:"一方面,新媒体会导致新的权力中心的出现,从而在现存的主导型维权结构内部引发日趋激化的紧张状态;另一方面,新媒体有时候会绕开已经建立起来的媒体传输机构,发布遭到禁止或限制的信息,通过这种方式来破坏控制社会知识的等级制度。"[2]

(二)高选择媒体环境

媒介融合催生了高选择媒体环境(high-choice media environment)的出现,高选择媒体环境重在强调不同种类的媒介平台并存,不同类型的媒体内容共生等因素共同造就的复杂媒介生态。"新""旧"媒体,官方媒体与自媒体平台,用户生产内容的并置、叠加、互嵌和融合所形成的复杂且具有高度不确定性的媒介环境成为我们探讨媒介发展及其社会影响的经验场景。[3]

美国政治学家马库斯·普赖尔(Markus Prior)认为,我们身处一个由不同媒体类型、媒体组织、媒体内容和呈现形态等多个维度构成的"高选择媒体环境"。[4]在此环境中,媒体可能辅助使用者获取多元化的信息内容并以之展开社会交往,也就是说,人们如何获取信息或展开交往,至少部分得益于新的媒体环境的作用。比如,在这一高选择媒体环境中,基于个人兴趣和/或既有态度的选

---

[1] 张涛甫、赵静:《媒体融合的政治逻辑——基于意识形态安全的视角》,《新闻与传播研究》2021 年第 11 期,第 69 - 83 + 127 - 128 页。

[2] 〔英〕詹姆斯·卡伦:《媒体与权力》,史安斌、董关鹏译,北京:清华大学出版社 2006 年版,第 74 页。

[3] 闫文捷、张军芳、朱烨枢:《"高选择媒体环境"下的媒介素养及其社会影响——基于新冠疫情期间中国城市居民的问卷调查》,《新闻与写作》2020 年第 8 期,第 31 - 42 页。

[4] Markus Prior, *Post-broadcast Democracy: How Media Choice Increases Inequality in Political Involvement and Polarizes Elections*, Cambridge University Press, 2007.

择性接触(selective exposure)更容易发生。①但同时,使用者偶然或意外接触到信息(incidental or accidental exposure)的机会也广泛存在。高选择媒体环境可以用以下三个维度来描述:

1. 横向 VS 垂直

传统媒体时代的议程设置是政治精英和媒体精英成员之间权力平衡的结果,而到了自媒体时代,则成为议程与其他主体之间直接或间接互动的结果。在公共领域中,能够听到的声音范围增加了②,与此同时,能够构建这个领域的人的数量也增加了。媒体融合的互动同样修正了现有的权力关系。信息平台的扩散以及通过社交媒体分享内容的可能性,使得传统媒体在决定公共议程方面的核心作用被削弱。

但另一方面,我们也要看到,承认参与公共议程建设的行动者数量增加,并不意味着新媒体赋予所有行动者平等的角色。

2. 个人 VS 集体

这一维度令我们认识到在线上线下的新的势能基础上,看到一个普通民众也可能成为某件事物或某种政治信息流转的"中心"。当然,个体成为中心主要依赖自媒体渠道。传播主体的多元化,信息流动的立体化,中介节点的复杂化,使自媒体时代的政治传播凸显"去中心化的传播权势格局"。③自媒体所带来的"赋权",从本质上说还算不上政治意义上的"权力"或"权利"。与前面提到的"多元化"和"多元性"之间的差别相似,自媒体对政治传播权势格局的影响还仅仅是技术层面的,远远没有实现政治意义上的权势多中心化。这意味着,政治的民主自由、权力的平等自主,需要来自政治层面的保障。因而自媒体时代的政治传播新秩序的建构,需要来自政治方面的有效回应。④

---

① Prior, M., "News vs. Entertainment: How Increasing Media Choice Widens Gaps in Political Knowledge and Turnout", *American Journal of Political Science*, vol.49, No.3, 2005, pp.577 - 592.

② Coleman, S., *Can the Internet Strengthen Democracy*? Cambridge: Polity Press, 2017.

③ "权势"本是政治学概念,借用到政治传播中主要指对政治信息产生和传播过程的控制程度,"传播权势""政治权力"既有联系又有区别。

④ 荆学民、于淑婧:《自媒体时代的政治传播秩序及中国调适》,《政治学研究》2020 年第 2 期,第 14 - 26 + 124 - 125 页。

3. 动态 VS 静态

动态 VS 静态这一维度主要用来描述围绕行动者之间、媒体平台之间、个人议程与公众之间关系的流动区域。在融媒时代，严格地划定行动和关系空间已经不可能了，一切都被置于一个变化极其迅速的语境之中。无论对数字技术是热情还是怀疑，目前的学界几乎一致认为，世界各地的新闻编辑室和记者都在接受和适应媒体融合的环境。

媒介融合被描述为新旧媒体技术、媒体公司、媒体生产者和消费者的融合[1]。在新闻制造过程中，是指多种媒体技术和平台同时参与信息生产和传播的过程。现有的关于媒体环境的研究中，都非常强调媒介融合对新闻的正面和负面影响[2]。一方面，融合代表着动态层面，新闻业不断扩大的机会。大量文献研究了互联网如何有效帮助记者寻找信息和传播最新消息，报道突发性新闻事件的。但另一方面，媒介融合所带来的"趋同"也是一种显见的风险。用户的参与和新闻生产周期的催促打破了静态的媒体环境，高选择媒体环境冲击了新闻规范。比如新闻真实性、透明度、独立性和准确性方面的规范。[3]

（三）融媒体时代调适中国媒体政治逻辑的布局

传统主流媒体与网络空间应进行广域连接，畅通传播渠道，改变意识形态传播受阻的被动局面。同时，执政党加大了对网络空间的治理力度，采取政治、法律、行政、技术等手段，多管齐下，抑制网络空间的越轨冲动，将非主流意识形态导入执政党预期的轨道。媒体融合只是执政党进行意识形态整合的必要条件，但非充分条件。[4]

媒体融合意在将脱嵌的传播通道重新疏浚畅通起来，重建执政党与社会之间的广义连接，构建物质性的基质条件。这在当下传播格局之下尤显紧迫。媒体

---

[1] Jenkins H, *Convergence Culture: Where Old and New Media Collide*, New York: New York University Press, 2008.

[2] Dwyer T, *Media Convergence*, Maidenhead: Open University Press, 2010.

[3] Ke Li, Convergence and de-convergence of Chinese journalistic practice in the digital age, *Journalism*, 2018: 9 - 10.

[4] 张涛甫、赵静：《媒体融合的政治逻辑——基于意识形态安全的视角》，《新闻与传播研究》2021 年第 11 期，第 69 - 83 + 127 - 128 页。

融合是执政党基于意识形态安全考虑所采取的一项系统改革工程。通过媒体融合改革,打开被那些占据传播格局要塞的商业化头部网络平台阻塞的传播出口。

二、融媒体用户政治参与的行为模式

(一) 流量即态度:体量庞大的融媒体用户[①]

社交媒体用户发展整体趋势:

1. 网民规模持续扩大

在过去十年里,中国网民规模和互联网普及率不断提升。网民人数从2012年的5.64亿人增加到2023年6月的10.79亿人,从2012年12月到2023年6月互联网普及率也从42.1%扩大到76.4%。仅在2022年12月到2023年6月的半年时间内,新增网民数就达到了1109万人。由此可见,我国网民规模继续保持平稳增

单位:亿人

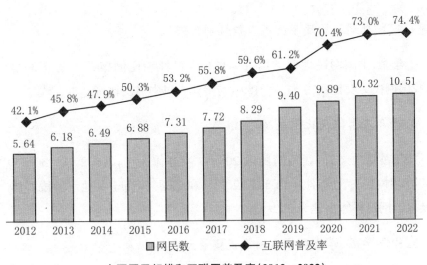

中国网民规模和互联网普及率(2012—2022)

注:2019年与2022年数据来源于CNNIC于当年6月的统计报告,其余皆出自CNNIC年度报告。

---

① 本节相关数据主要引自中国互联网络信息中心历年统计报告。

长。其中,互联网商业模式不断创新、线上线下服务融合加速以及公共服务线上化步伐加快,成为网民规模增长推动力。响应国家号召,互联网惠民政策取得新进展。信息化服务的快速普及、网络扶贫的大力展开、公共服务水平的显著提升,都让广大人民群众在共享互联网发展成果上拥有了更多获得感。①

缺乏上网技能和文化水平有限是阻碍非网民上网的重要原因。提升非网民上网技能,降低上网成本以及提升非网民对互联网需求是带动非网民上网的主要途径。

2. 网民对移动端使用增加

截至 2023 年 6 月,我国手机网民规模为 10.76 亿人,较 2022 年 12 月增长 1109 万人,网民使用手机上网的比例为 99.8%。与此同时,台式电脑、笔记本电脑、平板电脑的使用率均出现下降趋势,手机正在不断挤占其他个人上网设备的使用时间。以手机为中心的智能设备,提供了移动互联的基础,随之而来的移动互联网服务场景不断丰富、移动终端使用频率增加、移动数据量持续扩大,都为网络政治创造了更多价值空间。

3. 网民性别结构逐步接近人口性别比例

近年来,中国网民性别结构进一步与人口性别比例接近。截至 2023 年 6 月,我国网民男女比例为 51.4∶48.6,与整体人口中男女比例基本一致。

4. 青年人占网民比例最高

从年龄结构来看,我国网民以 20—49 岁群体为主,20—29 岁、30—39 岁、40—49 岁网民占比分别为 14.5%、20.3% 和 17.7%,高于其他年龄段群体。50 岁及以上网民群体占比为 29.9%。

5. 中等学历、学生群体占网民规模最大

网民中具备中等教育水平的群体规模最大,从职业结构来看,学生群体规模最大。

---

① 第 52 次《中国互联网络发展状况统计报告》发布,https://cnnic.cn/n4/2023/0828/c199-10830.html。

6. 线上政务服务用户猛增

截至 2022 年 12 月,我国在线政务服务用户规模达到 9.26 亿,占总体网民的 86.7％,全国一体化政务服务平台实名用户超过 10 亿人。实现了从信息服务为主的单向服务向跨部门、跨层级、跨区域一体化政务服务的跨越发展,共享、互通、便利成为政府服务的新趋势。这表明,我国线上政务服务增速明显。通过线上办事,网民的办事效率和满意率均有提升。大数据、人工智能技术和政务服务进一步结合,促进了政府服务工作的精准化、科学化、智能化和高效化。从最近两年情况来看,政务微信公众号、微信城市服务平台、政务微博以及政务头条号等服务平台不断扩展服务范围,并逐步向县域下沉。

(二) 融媒体用户政治参与的途径

融媒体成为普通民众抒情达意的话语表达载体,它令民间情绪与态度以多种形式在社会中得以迅速传播,从而对公众的情感态度、价值判断,对社会议程甚至对统治阶层的政治决策都会产生重要影响。

融媒体中的舆情、舆论是网民意见、态度和情绪的综合体现,可以通过不同途径表现与传播。以下列举一些常见途径,当然,这些途径总是随着融媒体的变化发展而不断变动的。

1. 新闻报道

新闻报道是社会热点的追踪器,融媒体时代,通过网站或者新闻客户端发布的新闻直接对舆情民意产生影响。其中,新闻评论更是与融媒体中的舆论热点直接互动。许多自媒体中的新闻报道也是社情民意的一个重要表现窗口,虽然融媒体所反映的舆情不能等同于社会整体的意见与情绪,但它依然具备一定的代表性,反映了某些社会群体或阶层的诉求。

对新闻报道的发布者来说,是否发布信息、以何种频率发布信息、在哪个时段哪个版面发布信息以及与什么内容配发等,都传达出意见、态度和情绪,其本身就是一种评价。比如,在一段时间内高频次报道某一新闻,传递的主观信号被媒体给予了很高的关注度。又如在报道某一具体事件时,披露哪些信息,隐藏哪些信息,使用怎样的编辑语言组合已有信息,都反映了主观态度。

2. 新闻跟帖

新闻跟帖是在新闻报道之后开辟的,专供网民发表意见的论坛。这类一事一议的讨论方式,主题明确,讨论更为深入,对线下意见产生影响的可能性更高。

3. 论坛帖文

和新闻跟帖相比,论坛中的群体更为固定,是由相对稳定的人群组成。在各类舆情面前,这一类网民呈现出的是云状聚合,即议题分散时,网民的舆论也是相对分散的,它们从各个侧面反映出网民的意见倾向。一旦某些重大事件发生,许多论坛中的讨论就会聚合到焦点事件,并与其他渠道的舆情形成互动。

4. 即时通信平台

近年来,即时通信平台发展迅猛,原本只是作为人际传播的一种补充手段,如今也在不断扩充各类附加功能。各类意见、情绪和态度,只要配以合适的编辑手段,都可以通过即时通信平台,产生强大的声势。

5. 电子邮件

电子邮件的定向性更为明显,因而可以通过群发进行舆论传播,属于传播对象明确、效率较高的一种舆论传播方式。

6. 社交媒体平台

社交媒体平台中传播群体的身份具有多样性,报道内容更丰富,传播渠道更多样,打破了原有的网络传播模式,客观上促进了不同社会群体之间的交流互动及思想上的多元化。近年来涌现的各类社交媒体平台,为广大网民增加了表达诉求的渠道,许多社交媒体平台上的传播者,更多时候扮演的是公共事务的参与者、政府执政监督者的角色。他们遵照国家政策法规、利用便携的传播设备发挥传播者的影响力,借助自媒体、网络意见领袖等各方力量,引发网民对社会热点和公众事务的讨论,在客观上促进了社会民主化进程和政治管理体系的进步。

7. 维基平台

由于维基上的条目是渐进型的，在这种渐进式的交流中，网民的意见走向也更加明确。

同一维基任务的参与者自然构成了一个社群，词条在被不断编辑的过程中反映着网民的态度、关注点及其背后的社会意见与情绪。

8. 网络社区

网络社群作为新兴的舆论载体，正成为网民介入公共事务的首选方式。知乎、哔哩哔哩等特色鲜明的社群在公共事务中发挥着信源和推进作用。与传统的博客平台、微博平台、微信平台类似，新型网络社群对舆论的形成和整合，也有一定意义。其中，微博在公共信息传播方面作用更为突出，在公共领域中传播舆情的作用也更为明显。

5 月 17 日，中国互联网协会、国家互联网应急中心在京联合发布的《中国移动互联网发展状况及其安全报告（2017）》显示，2016 年中国境内活跃的手机上网号码数量达 12.47 亿，较 2015 年增长 59.9％。移动互联网让网民实现了指尖发声，碎片化状态中的实时互动成为传播常态，网络社群的移动化趋势进一步明显。当下，许多舆情事件常在一夜之间四海皆知，其中一个重要原因在于网络社群的移动化使信息分享超越了时空限制。

9. 网络调查

网络调查是网站或其他传播主体针对某一社会问题或事件开展的网民调查活动。

网络调查常采用简单的"投票式"，即给定几个预设答案，通过网民选择了解其态度。网络调查的结果并不总是科学的，定量研究也存在自身的局限性，受制于被调查者的个体因素，网上调查结果的准确性和可靠性值得二次检验。因此，网络调查只能在一定范围内反映网络舆情及网络舆论的基本走向。

10. 网上签名

网上签名是针对某一事件或某一问题号召网民响应的活动，它的组织者可以是网民自身,也可以是网站或其他主体。①与其他的舆论表达途径不同,网上签名的价值取向是十分鲜明的,签名即代表加入某一意见群体,和其他分析阐释类舆情表达不同,网上签名是直接亮出结论性观点。

值得一提的是,在特定事件上,总有某一种或某几种途径在舆情表达上更占据优势,但从大范围来看,融媒体中的舆情、舆论是各类传播途径相互作用的结果。随着融媒体的发展,舆情、舆论的形成和表达渠道还将进一步拓展。

(三) 融媒体用户意见生成方式及特点

1. 网民政治参与的意见生成方式

新生代网民在舆论参与过程中主要参与生产和再生产两个层面。

(1) 资源性生产。网民个体参与的各种关于态度的调查,为舆论整合提供了相应的报道素材与数据资源。(案例,你喜欢……)

(2) 线索性生产。网民在融媒体平台中一些有意无意地发布,都成为舆论生产的直接来源。

(3) 创造性生产。自媒体有意识地参与到舆论生产中,他们可能提供完整的舆论报道或新闻评论。有些网民创作内容的专业性与专业新闻机构不相上下。

(4) 互动性生产。舆论需要传播,其中离不开各方的参与互动。网民通过传播和再生产所形成的内容和数据,都可能为新的舆论提供参考。

(5) 整合性生产。在融媒体时代,一些网民不是通过直接的原创性生产而获得高关注、高转发,而是通过对各类媒体内容的筛选、整合,根据自己的价值判断进行编排,以此来提供有价值的信息,在博客、微博和微信公众号中,这类生产行为是大量存在的。

2. 网民政治参与的意见生成特点

跟传统专业传播机构相比,新生代网民参与舆论是非制度化的、随机的,常常在无意识中实现。新生代网民参与舆论生产的特点主要表现在以下几个

---

① 彭兰:《新媒体导论》,北京:高等教育出版社 2016 年版,第 374 页。

方面。

新生代网民参与舆论生产具有明显的随机性。是否参与舆论发表,何时参与,用何种方式参与,都具有较高的自由度,时机和情境对网民参与舆论的态度都有较大影响。很多时候网民参与某一舆论的生产只是"有感而发"或者"偶然看到",甚至网民表达的意见与态度也会因为具体的传播情境而大相径庭。

网民所发表舆论的影响力取决于媒体平台的聚合力。作为个体网民,其参与舆论的行为是自发性的,但其舆论所发挥的作用与效果,并不是网民个体决定的。在融媒体时代,一条舆论如果只有少数几个用户参与或转发,其增值效果就微乎其微。舆论只有在很多网民评论转发,或形成大规模讨论时,才可能释放传播能量,其中,媒体平台的聚合力起到决定性作用。

首先,舆论所发挥的效果与参与人数紧密相关。对舆论来说,多数人的参与可以形成量的累加,这种力量的聚合会造成一种"卷入力",吸引更多的网民参与到舆论讨论中。

其次,舆论所发挥的效果与专业机构的"运作"相关。除了网民自发作用形成的舆论,很多时候机构的"运作"和"编排"也对网民行为产生直接的影响力。将某一议题或舆论放在热搜排行榜中,会引发网民更多的注意力,将争议性舆论并列编辑,能够聚合更多的舆论,这种类似滚雪球的做法,为舆论发酵提供了"催化剂"。

最后,舆论所发挥的效果与群体互动中的扩散性相关。网民通常会利用电子邮件、论坛、博客、微博、微信等融媒体平台转发自己认为有价值的信息。这种转发看似没有发表评论,但在融媒体时代,也属于扩散型增值,众多网民形成的舆论传播节点,对扩散影响、提升关注度有直接帮助。

三、融媒体用户政治参与模式多样化的原因

(一) 社会互动的需求

融媒体时代,民众间的互动可以是更为开放的,在公共空间中进行的互动。融媒体中的社会互动主要以"分享""交往""参与"等形式表现出来。社会分享主

要是信息层面的互动,社会交往主要是精神层面的互动,而社会参与则是行动层面的互动。[①]以上三种社会互动方式能够带来更多的社会归属感。与传统社会相类似,在融媒体社会,要获得社会归属感,可以加入某些稳定的社群,也可以加入某些特定的议题讨论。

继著名的"议程设置"理论之后,美国学者唐纳德·肖在十多年前又提出了"议程融合"(Agenda Melding)理论。概括来说,所谓"议程融合"就是媒体设置的议程具有一种聚合社会群体的功能,这是因为人们对"群体归属感"的普遍需求。在融媒体社会,借助传播,议程和社会归属感之间的关联更具辨识度。

(二) 情感共鸣的需求

伴随着舆情主体的下沉,越来越多的民生话题出现在公众视野。涉及衣食住行、环境卫生、公共安全、文化教育的相关民生话题成为舆论的聚焦点。民众在利用融媒体表达诉求的同时,更容易在融媒体舆论场找到情感共鸣。其中无法回避的一个问题是,当个人表达转化为一定范围内的群体表达时,地区性、局部性和带有某种偶然性的问题,就变成了"暴力围观"的公共话题。

赵鼎新在《社会与政治运动讲义》中曾说:"由于种种原因而引起的剥夺感或压迫感,显然是引发社会运动特别是革命的一个重要因素。"[②]政府职能部门在处理这一类舆情时,稍有不慎,民生诉求就可能转为政治诉求,舆情态势也将更加复杂。因此,在融媒体时代,舆论压力将是未来政府决策长期面临的政策环境,公共政策必须在网络社会舆论场接受民意的反复检验。

我国现阶段正处于社会转型期,负面新闻的曝光加剧了民众对社会生活的心理落差和相对剥夺感,因此,通过正常渠道无法维护自身利益时,巨大的相对剥夺感容易使网民将情绪转向网络空间,出现极端行为,将个体行动转变成网络群体行动。

(三) 情绪管理的需求

融媒体中的大多数互动行为,都与情绪协调或情绪管理相关。与现实空间

---

① 彭兰:《新媒体导论》,北京:高等教育出版社 2016 年版,第 114 页。
② 赵鼎新:《社会与政治运动讲义》,北京:社会科学文献出版社 2006 年版,第 76–78 页。

相比，人们在融媒体空间中的情绪释放更加激烈。有研究者认为，网络等融媒体具有"去抑制"功能，在赛博空间中，由于种种不同于现实生活的环境条件，这种自我管理大大减弱甚至不复存在，网民的行为就出现一种"解除抑制"的特点。这种"去抑制"功能在网络发展早期更为明显，网络匿名性给予用户更多的释放空间。

戏谑表达作为一种参与政治传播的特殊方式，深受广大网民青睐。戏谑是用调侃和幽默的格调进行情感表达，属于网络狂欢的一种。在戏谑的外壳背后，承载了人们的价值观和态度。无论是恶搞视频《一个馒头引发的血案》，还是网络神曲《我不想说我是鸡》，这些案例所调动的表面情感因素是滑稽和愉悦，但往更深层次看，它也给网民提供了一个向权威表达不满，向弱势群体表达同情，向公众议题表达意见的机会。戏谑本身具有社会动员力，看似无厘头的表述背后具有广泛的参与性。

随着实名制媒体应用越来越多，融媒体与现实空间的互动关系越来越深刻，在某些"强关系"构成的空间里，网民有时反而更容易"被抑制"，如微信群、微信朋友圈，在一些基于"强关系"而建立起来的微信群中，网民通过各种信息交流方式塑造出的形象是相对固定的，围绕这一形象进行的自我表达既需要通过互动来实现，也需要一定的连贯性。

(四) 社会资本的需求

社会资本是指行动者在行动中获得和使用的嵌入在社会网络中的资源。[1]简单来说，社会资本是指个体或团体之间的关联——社会网络、互惠性规范以及由此产生的信任，很多时候是由人们在社会结构中所处的位置带来的资源。结合融媒体特征来看，能够轻易超越时空限制的融媒体扩大了社会交往范围，而更大范围内的社会交往，往往意味着更高的社会报偿。

与传统的生活交往范围不同，融媒体社交在活跃程度上，只要用户愿意，就可以通过各种交流工具和手段的使用，有效提高人们之间的交流频率和深度；从社会关系维护来看，融媒体用户可以随时看到自己的社会关系，也可以用标签化分组的方式将自己的社会关系成员进行分类，以方便"管理"；从社会关系激活的

---

① ［美］林南：《社会资本——关于社会结构与行动的理论》，张磊译，上海：上海人民出版社 2005 年版，第 4 页。

难易程度来看,在融媒体社会,弱关系的激活要容易得多。同时,在融媒体所形成的人际关系网络中,用户得到长期报偿的可能性更高。

当然,在现阶段,实名制依然是刺激人们在融媒体中投入和回收社会资本的重要保障。实名制所带来的信任基础,令人们社会互动的目标更加明确,这样一来,网民对社会资本的投入与回收的预测也更加准确。

融媒体使很多原本由社会精英制定规则和评判的社会议题能够更容易地被普通民众获知和讨论,民众可以对各类社会事件加以评判和转发,甚至可以亲自补充相关信息,这对社会精英垄断的话语权和公共话语权产生冲击。

(五) 道德震撼的促成

案例一:"唐山烧烤店打人案"一审宣判:陈继志获刑 24 年

央视新闻 2022-09-23 10:39 北京

2022 年 9 月 13 日至 15 日,河北省廊坊市广阳区人民法院一审公开开庭审理廊坊市广阳区人民检察院提起公诉的被告人陈继志等恶势力组织违法犯罪一案。庭审中,检察机关出示了相关证据,寻衅滋事罪 4 名被害人的诉讼代理人、28 名被告人及其辩护人进行了质证,控辩双方在法庭的主持下充分发表了意见,被告人进行了最后陈述。经依法通知,各被害人均表示本人不出庭参加诉讼。9 月 23 日,廊坊市广阳区人民法院依法对案件公开宣判。

经审理查明,2022 年 6 月 10 日 2 时 40 分许,被告人陈继志、马云齐、刘斌、陈晓亮、李鑫、沈小俊及李红瑞、刘某、姜某萍在河北省唐山市路北区机场路某烧烤店吃饭时,陈继志到正在店内用餐的被害人王某某、李某、远某、刘某某桌旁,对王某某骚扰遭拒后殴打王某某,王某某与李某进行反抗。陈继志、马云齐、刘斌、陈晓亮、李鑫分别在烧烤店内、店外便道及店旁小胡同内,对王某某、李某、远某、刘某某持椅子、酒瓶击打或拳打脚踢,沈小俊在烧烤店及旁边小胡同内威胁远某不得报警。经鉴定,王某某、刘某某的损伤程度构成轻伤二级;李某、远某的损伤程度构成轻微伤。

另查明,2012 年以来,被告人陈继志等人还长期纠集在一起,在唐山市等地以暴力、威胁等手段,实施非法拘禁、聚众斗殴、故意伤害、开设赌场、抢劫、掩饰、隐瞒犯罪所得、帮助信息网络犯罪活动等违法犯罪活动,逐渐形成了以陈继志为纠集者,王晓磊等7名被告人为成员的恶势力组织。该恶势力组织为非作恶,欺压百姓,破坏当地经济、社会生活秩序,造成恶劣的社会影响。

廊坊市广阳区人民法院判决,被告人陈继志犯寻衅滋事罪、抢劫罪、聚众斗殴罪、开设赌场罪、非法拘禁罪、故意伤害罪、掩饰、隐瞒犯罪所得罪、帮助信息网络犯罪活动罪,数罪并罚,决定执行有期徒刑二十四年,并处罚金人民币三十二万元;对其余27名被告人依法判处十一年至六个月有期徒刑不等的刑罚,另对其中19名被告人并处人民币十三万五千元至三千元不等的罚金。陈继志等6名被告人对寻衅滋事罪4名被害人的医药费、护理费、误工费、伙食补助费、营养费、交通费等各项损失承担相应的赔偿责任。

部分人大代表、政协委员,部分被告人的亲属及群众代表参加了旁听。

(总台央视记者　李文杰　高伟　张赛)

案例二:7·5杭州女子失踪案

2020年7月6日下午,许国利向警方报案称:7月5日凌晨,其妻子来惠利失踪。7月4日17时10分,来惠利和小女儿拿着蛋糕和书籍在电梯间内,这是她最后一次出现在监控视频中。

同月23日,杭州公安发布通报:"杭州女子离奇失踪案"侦办取得重大突破,失踪女子已遇害,其丈夫许国利有重大作案嫌疑,已被江干分局依法采取刑事强制措施。23日10时,许国利初步交代,其因家庭生活矛盾对来惠利产生不满,于7月5日凌晨在家中趁来惠利熟睡之际,将其杀害并分尸扔至化粪池内。

2020年8月6日,杭州市人民检察院以涉嫌故意杀人罪,依法对犯罪嫌疑人许国利批准逮捕。

2021年1月5日,该案已移送杭州市人民检察院审查起诉。5月14日9时,浙江省杭州市中级人民法院一审公开开庭审理被告人许国利故意杀人刑事附带民事诉讼一案,杭州市人民检察院派员出庭支持公诉。12时47分,庭审结束。该案将择期宣判。2021年7月26日14时30分,以故意杀人罪判处被告人许国利死刑,剥夺政治权利终身。

2022年4月8日,被告人许国利故意杀人(上诉)一案进行了二审宣判。因疫情防控原因,浙江省高级人民法院依据法律规定委托杭州市中级人民法院代为宣判并向许国利送达了二审刑事裁定书。浙江省高级人民法院裁定驳回上诉，维持原判；对许国利的死刑判决，依法报请最高人民法院核准。

透过以上个案，我们能够感受到：网络事件的发生不是依赖资源动员，也不是依赖政治机会，而是在于事件本身的震撼性以及描述事件的方式。通常能给人道德震撼的帖子，就能够激发网民的情感，调动他们的力量，从而刺激网络互动，酿成网络事件。所以网络事件之所以会成为事件，吸引广大网民的参与，是因为他们从情感上被打动了。越是那些触及公民道德底线的事件，往往越具有震撼力，也就越能够打动人们的情感，从而形成具有广泛影响力的网络事件。当然，以这样一种情感动员的机制，我们也可以重新思考公共领域的问题，重新审视理性与情感的关系。

第四节　融媒体时代政治沟通机制的创新

在融媒体环境中，政府机构面临新的挑战。一方面，公共传播环境发生变化，以往只能通过媒体传播的信息，由于社会化媒体的加入而变成"多入口""多出口"，信息可以通过多种渠道流入流出，这给网络管理带来了更大挑战。另一方面，社会化媒体在很大程度上影响着网民意见的走向，并与现实空间联动，进而影响社会意见的走向。政府机构不再天然拥有最大话语权。以融媒体为代表的网络民意表达，为政府机构开辟了全新的了解民意、舆情和舆论的渠道。

2016 年 4 月 19 日，习近平主席在主持召开网络安全和信息化工作座谈会时发表重要讲话，他说："随着互联网特别是移动互联网发展，社会治理模式正在从单向管理转向双向互动，从线下转向线上线下融合，从单纯的政府监管向更加注重社会协同治理转变。"

从实践看，面对互联网技术和应用飞速发展，现行管理体制存在明显弊端，主要是多头管理、职能交叉、权责不一、效率不高。同时，随着互联网媒体属性越来越强，网络治理不断面临新的挑战。特别是面对传播快、影响大、覆盖广、社会动员能力强的微博、微信等社交网络和即时通信工具用户的快速增长，管理者们如何运用新思维、新方法、新语态与公众对话，成为新课题。

一、网络政治沟通的发展及意义

有学者将中国网络政治沟通发展分为四个阶段，分别是萌芽阶段（1995—1999 年）、发展初期（2000—2003 年）、深入发展阶段（2004—2008 年）、完善和优化阶段（2009 年至今）。

萌芽阶段的代表性事件为 1997 年《人民日报》开通网络版和 1999 年 1 月中国"政府上网工程"正式启动，标志着中国电子政府的诞生，在一定程度上促进了网民与政府的沟通。

发展初期的代表性事件为 1999 年 7 月中华网上市，2002 年非典事件的网络应急处理，2003 年非典事件过后我国中央、省、市三级政府新闻发言人制度的普遍确立。

深入发展阶段和完善优化期的代表性事件较多，不在此一一列举。包括但不限于 2007 年 1 月 23 日中共中央政治局举行了以"世界网络技术发展和中国网络文化建设与管理"为主题的学习活动，会议确定了以积极的态度和创新精神大力发展和传播健康向上的网络文化，真正做到把互联网建设好、利用好、管理好的指导思想；2008 年 5 月《中华人民共和国政府信息公开条例》开始实施。

（一）融媒体时代政治沟通的双面性

互联网作为政府与人民群众进行有效沟通的平台，其与政治沟通相结合为构建完善的政治沟通机制提供了选择。以互联网为代表的传播技术对政府政治沟通体系与沟通能力起着促进作用。网络政治沟通以其沟通主体的地位平等性与多元性、沟通内容的实时性与广泛性、沟通途径的多样性等特征彰显其优势。

另一方面，网络政治沟通给政府决策带来挑战。互联网技术在政治沟通中的应用，一方面扩展了沟通的广度，一方面又降低了沟通的深度。网络政治沟通对我国政府决策的积极作用属于渐进性、引导性的，稍微放松警惕就会使其积极作用向对立面转换。常表现为：

1. 融媒体用户本身表达上的失真令政府难以有效收集民意。

2. 融媒体平台中庞杂的信息需要政府予以甄别，为此要分配专业技术人员，延缓决策进程的同时增加了额外的决策成本。

3. 部分用户非理性沟通与政府非针对性回应导致政治沟通环境紊乱,从而影响社会秩序。

网络治理是为了实现和增进公共利益,政府部门与非政府部门等众多公共行动主体彼此合作,在相互依存的环境中分享公共权利,共同管理公共事务的过程。[①]网络治理的基本目标是在线行为的有序化与合秩序。要做到这一点,就需要持续地规范网民生活样态、协调网络生态关系,以达成网络自由与社会秩序的均衡状态。有效的网络治理模式要契合网络社会存在机制,嵌入现实社会治理体系,并融入法治中国进程。这是考察我国网络治理状况的三个判据。[②]

对政府而言,要进行网络治理,提升融媒体舆论调控能力,就要善用互联网。在充分考虑融媒体舆论形成的社会环境机制、演变阶段及意义影响等多方面因素之后,提出相应措施。

(二) 融媒体环境中舆论变化规律

要进行有效的融媒体舆论调控,首先要掌握融媒体舆论变化的常见规律。普遍情况是,融媒体舆论形成后,总会和现实社会发生勾连,甚至会直接对具体社会事件产生作用。但融媒体舆论的变化过程并非简单地扩散高涨或萎缩减弱,具体有以下几种变化方式。

融媒体环境中舆论变化规律及原因

舆论变化方向	主要原因		
扩散高涨	所涉问题具有普遍性和重要性,与线下舆论相互配合,产生更大舆论力量。	所涉问题没有得到解决,舆论进一步发酵。	所涉问题引出新的相关事件,掀起舆论新高潮。
萎缩减弱	所涉问题被其他议程取代,网民注意力发生转移。	相关问题已经得到解决,舆论终结。	舆论的诱因事件前后关系明朗,原事件经过无争议,舆论自然降温。
波动反复	强大的外界阻力或推动力,舆论在网民视野中若隐若现。	所涉问题没有或无法彻底解决,仍然受到网民关注。	舆论中所涉及事件不断反转,新的舆论焦点不断呈现。

---

① 韦路:《新媒体概论》,中国大学 MOOC,https://www.icourse163.org/course/ZJU-21002? tid = 21007.

② 何明升:《中国网络治理的定位及现实路径》,《中国社会科学》2016 年第 7 期,第 112 页。

续表

舆论变化方向	主要原因		
冲突争斗	没有出现占绝对优势的舆论。	不同意见之间存在矛盾或对立斗争。	几种舆论存在偏差,都无法完整体现网民的完整意见。

融媒体舆论环境呈现出多点散发、话语多样、影响范围大的特点。这一环境中所浮现出的主流声音,虽然反映了部分网民的意见和态度,但同时还要受到其他诸多因素的影响,如融媒体中的意见领袖、沉默的螺旋效应、媒体等机构的控制手段、个人或团体的有意操纵等。这些因素都可能导致融媒体舆论走向的变化。

(三)融媒体环境中的话语权力格局

从话语权的角度观察,融媒体在各类平台中都进行了重新赋权。关于媒体赋权主要有以下两种观点,首先介绍一下针对网络赋权效果的两种观点。

1. 媒体赋权

赋权(empowerment),是指使谁拥有权力。关于网络赋权效果,主要有两种观点。第一种观点认为,互联网能够对国家进行赋权,让国家也能够得到更多的权力。

福柯(Michel Foucault)、劳伦斯·莱斯格(Lawrence Lessig)都表达过同类观点,在世界上的任何地方,政府都最有可能管控互联网。福柯主要是从正式和非正式控制思想出发,来展示互联网怎样对国家进行赋权。国家一方面可以通过各种法规对网络进行直接控制,另一方面可以通过管理互联网服务商和互联网内容提供商等中介来达到对网络的间接控制。劳伦斯和福柯提到的这些正式或非正式手段体现出互联网为国家意志服务的作用。

另一种观点认为,互联网能够对社会进行赋权,也就是能够对普通人进行赋权。持这种观点的学者们认为互联网能够促进自由和民主。首先,互联网促进了社会问题的传播和公共事务的讨论,同时发挥了巨大的监督政府的潜力。其次,互联网创造了一种新型社会组织形式——虚拟社会,这种新的社会组织形式拓展了公民参与的广度和深度。最后,互联网在社会抗争的动力中引入了新要素,提升了社会动员和集体行动的层次和效果。

究竟互联网能否促进公民的政治参与,主要有两种观点:一类观点是互联网能够为民众数字赋权(digital empowerment),扩大他们的政治参与。另一类观点是新技术的出现无法改变权力、财富、社会地位的不平等,同时还将加剧这种不均,并不一定意味着人类境况的改善,会产生所谓的数字离散(digital disenagement)。

持第一种观点者认为,互联网创造了一种技术环境,帮助精英式民主向直接的大众民主转变。也就是说,互联网令政治参与过程能够更加直接和有效地回应公众意见和大众需求,从而克服了代议制民主的缺陷。例如将政务类圆桌会议搬到互联网直播平台,就是数字赋权的一种表现。

持数字离散观点者认为,新技术一方面会导致信息富裕者和信息贫穷者、信息活跃者和信息冷漠者之间的鸿沟,这类鸿沟的扩大意味着互联网政治参与以极不相称的方式令精英者受益。另一方面,持数字离散观点的学者认为互联网并不能从真正意义上促进公民的政治参与。而信息的碎片化、缺乏过滤的信息、参与者的匿名性、观点的两极化和言论的随意性常常令这些网络互动与民主商谈的本质相去甚远。

归纳来说,对于媒体赋权的认识,我们必须同时考虑国家和社会关系,理性看待互联网对政治运行和公民参与的影响。

2. 舆论倒逼

舆论倒逼是互联网时代独有的现象,它是指一些被曝光的社会公共事件迫使相关部门对此类社会问题进行关注、出台解决方案。舆论倒逼是在网络媒体异常发达和传统信息传播渠道封闭僵化的双重背景下产生的,当公众意见在数量、强度和坚决程度上达到白热化状态时,巨大的舆论力量会迫使官方就某些事件出面澄清或采取解决措施。

舆论倒逼不同于一般的抗议示威,它代表公众开始反思如何从体制和源头上避免类似悲剧的重演。当激情让位于理性,公众对事件的处理不是停留在震惊与气愤上,而是着手于改变现实。具有代表性的舆论倒逼事件有"郭美美事件倒逼公共慈善透明""徐武事件倒逼精神卫生法出台""血色校车事件倒逼校车安全管理""大连 PX 事件倒逼生态环境保护"等。

舆论倒逼能够促进思想多元化与政治民主化。网民就社会公共事件主动发声、占有媒体话语权有助于民众对社会热点的关注、对事实真相的寻求以及对政府机构权力的监督。在网络空间，群体性舆论事件中的官民互动不再是新鲜话题，反之全民性舆论监督成为常态，一个不容忽视的重要转变是广大公民社会角色的转变。公民自身责任感、参与感、主人公意识的强化客观上促进了思想多元化与政治民主化。

善加利用，舆论倒逼能够成为官民良性互动的新形式。当民众通过各类媒体以主人翁的身份要求保障自身知情权与监督权，对政府提出持续性的、有组织的要求，那么，该诉求一旦得以实现就将对诉求者之外的民众利益产生影响。

网络治理的展开，其核心是围绕国家统治、社会调节和网民自治三者的权力关系展开的。除非出现了外部效应，或者有无法解决的难题，抑或有违反法律法规等情况，这些权力之间应该彼此不僭越、不替代、不干预。

"对建设性意见要及时吸纳，对困难要及时帮助，对不了解情况的要及时宣介，对模糊认识要及时廓清，对怨气怨言要及时化解，对错误看法要及时引导和纠正，让互联网成为我们同群众交流沟通的新平台，成为了解群众、贴近群众、为群众排忧解难的新途径，成为发扬人民民主、接受人民监督的新渠道。"习近平总书记对网络治理的要求，是网络治理需要遵循的基本法则。

二、融媒体平台政治沟通的双向互动机制

融媒体平台的互动性特点为政治传播提供了技术可能，党和政府的政治意图通过融媒体传播出去，与民众实现信息交互，将成为新常态。①这里使用洛厄里和德弗勒的"大众传播双循环模式"②，从信源、信道、信息、信宿、噪声、反馈六个要素来理解融媒体环境中的政治沟通。政治沟通具有双向度，第一向度是政治主体提出的主张或政策，向人民大众传播，人民大众在融媒体平台反馈，政治主体应及时给予回应；第二向度是人民大众的政治诉求传递到政治主体，政治主

①　周彬、孔燕：《回应与互动：政府网络传播创新机制研究》，《行政管理改革》2021 年第 7 期。
②　［美］希伦·洛厄里、梅尔文·德弗勒：《大众传播效果研究的里程碑》，刘海龙译，北京：中国人民大学出版社 2004 年版。

体要给予反馈,人民大众会给出回应,政治主体对人民大众的回应再给予反馈回应。习近平总书记要求的"用信息化手段更好感知社会态势、畅通沟通渠道、辅助决策施政、方便群众办事,做到心中有数"①就是强调两个向度双向互动的政治沟通,这样才能形成共识,从而有利于我党的执政基础稳定,有利于政府政策执行顺畅有效。②

协调机制,对于政治沟通来说,总是发挥着不容忽视的作用。正如学者郑永年所说的那样,国家并不需要总是诉诸强制手段来进行统治,相反,它可以利用诸如协调与合作来完成目标。这样一来,协调机制将比强制措施运作更为有效,这就像利用"删帖"或"404"的管理方式常常连带着其他负面效果。没有一个国家能够迫使人们在枪口下遵守所有的规则。协调起有权力的团体,能够以比其他处理方式低得多的代价来做许多事情。③融媒体政治沟通的协商路径主要有:

(一) 完善网络问政机制

"网络问政"是各级党政机关和民众以网络为平台、以政治信息传递为内容的双向沟通过程。融媒体平台能够充分发挥自身优势,克服议政人群难以划定区域、问政信源缺乏、反馈不足或立场偏颇等多重问题,积极吸纳人民群众的好建议,提升政治沟通的效果。

1. 正确对待网民意见。在某些情况下,融媒体中的舆情也反映出社会的部分消极不良情绪,但这本身也是社会现实状态的一种体现。因此,面对舆情,相关部门不应只是"应对",更应当深刻反思社会运行中是哪个部分出了问题。只有将解决现实社会问题作为舆情分析的根本目标,才能处理好舆情。

2. 发挥网络伦理的基础性功能。与现实社会相似,网络社会也要共享一些伦理规则,从社区形成规律上看,任何虚拟社区的形成必然伴随着伦理规则建设,由此可见,重视网络伦理的基础性功能,是完善网络治理体系的必经之路。

互联网并非法外之地,在互联网上发布言论除了符合法律,也需要符合道德。对网络媒体的管理也应该在法治轨道上运行,同时遵守社会道德规范。一

---

① 《习近平总书记在考察海南省政务数据中心时作出重要指示》,《人民日报》2018 年 4 月 13 日。
② 周彬、孔燕:《回应与互动:政府网络传播创新机制研究》,《行政管理改革》2021 年第 7 期。
③ 郑永年:《技术赋权:中国的互联网、国家与社会》,上海:东方出版社 2014 年版。

且网络空间中出现的极端观点不能得到妥善处理，很容易造成流言四起。这种情况下，如果权威机构无法及时澄清，就可能导致政府公信力的丧失。

（二）健全政务公开机制

1. 促进信息公开。对政府而言，要消除负面议题，就要不断促进信息公开透明。在融媒体环境下，政府保持信息公开顺畅是推进信息公开化、充分保证公众利益、打造服务型政府的必然要求。

2. 自觉接受监督。在执政过程中，只有自觉地接受监督，提高自身网络公关意识，加快网络舆情反应速度，才能进一步树立政府威信。

3. 树立政府形象。在融媒体社会，政府要重视综合利用各类媒体进行政策宣传，展现人文关怀，通过树立政府形象，增加民众信任。

（三）建立网络对冲机制

1. 培养理性发声的舆论领袖。融媒体意见领袖主要包括政府部门网络发言人、网络媒体评论员、网络知名专家、网络论坛版主、知名博客博主、微博"大V"等。其中政府部门网络发言人在权威性、公信力方面具有较大优势。网络新闻发言人的主要职责为在一定时间内就某一重大事件或问题，举行新闻发布会或约见个别记者，发布新闻或阐述所代表部门的观点，是相关部门的代言人和传声筒。共同兴趣和认同感是意见领袖与网民之间产生勾连的基石，也是意见领袖发挥作用的前提条件。对于融媒体意见领袖来说，要提高自身的说服力和影响力，获得群体成员的依赖和尊重，首先要得到网络用户的接纳和认可。

网络意见领袖在网民中具有较大影响力，能够引起共鸣，其作用表现为通过议程设置影响舆论。在政治、经济、军事、外交、民生等重大问题上，网络意见领袖往往采取主动出击的方式，先引出一个话题，进而以公众利益代表的身份，对事件进行评论、分析。在网络空间，同样存在"沉默的螺旋"效应，即很多时候，当网络意见领袖以专家、有经验的关注者的身份就某一问题发表了意见后，很容易引起公众的赞成、响应甚至是盲从，其意见直接作用于大量"粉丝"。一旦意见领袖发布了非理性言论或虚假信息，则可能改变公共事件在现实中的走向。因此，只有辩证地对待网络意见领袖，才能发挥好网络意见领袖的正面作用。

虽然网络意见领袖的产生属于自生现象,但通过培养,能够有效提高其素质。一批训练有素、理性发声的舆论领袖,能够在很大程度上缓解舆论事件的恶性发酵,树立政府良好的形象。积极培养、扶持有较高政策水平、网络传播力的网络论坛版主、网络访谈节目名主持人、网络社区名评论员和知名博主,将其纳入社会主流意见群。对已得到网民公认的意见领袖,只要不违法、不违反社会公德的,无论其身份高低,都应该采取友好、团结的态度,积极开展沟通交流,有计划地组织各类协商、圆桌会,以促进官方舆论场与民间舆论场的政治沟通,从而画好线上线下"同心圆"。

2. 依法引导和增强媒体专业化能力

融媒体的迅速发展导致媒体行业构成多样化和低门槛化,媒体的去专业化现象严重。网络媒体虚假信息频发,"把关人"功能减弱,谣言信息、假新闻出现的机会增加。因此政府要加强对媒体行业的制度监管,促使传统媒体特别是官方媒体不断加快舆情反应速度,提高专业化水平,通过提供真实、客观、及时性的信息,稳固和加强影响力。

（四）健全网络舆情应对机制

1. 建立危机公关团队。融媒体传播速度快、影响范围广,要在突发性群体事件出现的第一时间合理应对,就要建立富有经验的危机处理团队,及时披露真相安抚公众极端情绪。只有做好事前预防与事后处理,才能有效避免隐瞒真相或以对抗的形式回避舆论监督的行为,缓和社会矛盾、保障民众各项权利。

2. 亟须建立一套敏锐及时、技术一流的信息预警机制,组建包括智库在内的专业团队,及时对各类舆情进行风险预警、舆情分析和舆论反制。一方面,要重视技术在舆论场中的应用和迭代。搭建算法学习、反机器人舆情监测中心等服务国际舆情研判的平台。另一方面,要抓紧组建有计算传播、政治学、人工智能等专业背景的跨学科团队,有针对性地就各类舆情话题,分类制定可沟通的对话策略。

融媒体的出现使得信息传播更加及时、范围更加广泛,形成了一个"无所不在"的5A网络环境。从理论上讲,通过融媒体,"任何人"(anyone)可以在"任何时间"(anytime)、"任何地点"(anywhere)通过文字、声音、图像等(anymedia)传播"任何信息"（anyinformation）。①这就更加迫切地需要民众从个体角度出发，提高媒介素养。第一要不断提高自身辨别信息真伪的能力，做到不轻信、不传谣，面对各类信息具备理性选择能力和理解能力，具备批判精神。第二，在发表观点及言论时做到适时、理性、客观、不盲从、不传播没有正式信源的信息，对标题特别吸引眼球的一类信息作到有鉴别有分析，同时在传播过程中避免侵犯他人的合法权益。第三，在行使表达权、发言权时提出有建设性的意见，并能够以合理合法的方式行使言论自由权利和监督权利，提高自身媒介素养。②

---

① 匡文波:《融媒体理论与技术》,北京:中国人民大学出版社 2014 年版,第 11 页。
② 韦路:《新媒体概论》,中国大学 MOOC, https://www.icourse163.org/course/ZJU-21002? tid = 21007。

第四章　融媒体产业与商业模式

引　言

随着数字技术、互联网技术、移动通信技术、人工智能技术的不断发展与完善,融媒体的各项应用日益普及,全球融媒体产业也一直保持着快速增长的态势。根据"互联网实时统计"(Internet Live Stats)显示,截至 2022 年 11 月底,全球互联网网站数量已超过 30 亿个,并且这个数字还在不断增加;到 2024 年 1 月底,预计全球互联网网民的数量约为 53 亿,约占全世界人口的 66％。另据《2023 年全球数字概览》报告显示,全球社交媒体用户超过 47.6 亿,占全球总人口的 60％。互联网的产生,开启了大量信息分享的时代,并促使互联网网站数量及网民数量的急剧增长。随之而来的,是其本身具有的较为强大的连接功能,在某种程度上打破了传统运作模式下的时间限制和空间限制,而且还有力加速了各个行业或企业信息资源共享水平和效率。在此背景下,推动媒体融合应运而生。

2024 年是中国正式接入国际互联网的第 30 个年头。根据 2023 年 8 月,中国互联网络信息中心(CNNIC)在京发布第 52 次《中国互联网络发展状况统计报告》,《报告》显示,截至 2023 年 6 月,我国网民规模达 10.79 亿人,互联网普及率达 76.4％,互联网普及率较 2022 年 12 月提升 2 个百分点,较 2022 年全球互联网普及率平均水平(67.9％)提高 8.5 个百分点,中国已成为名副其实的互联网大国。另《中国传媒产业发展报告(2023)》显示:2022 年,中国传媒产业总产值达 29082.5 亿元。从目前来看,中国的传媒产业于内于外都正在发生着深刻变化。近年来,国家对互联网与平台经济的治理力度加大,新型主流媒体融合发展再上新台阶,传媒数字经济在媒介视野不断的扩大下继续保持高速发展。在 2014 年,互联网与移动增值市场的份额就一举超过传统媒体市场份额总和,领先优势高达 10 个百分点,近年来差距进一步扩大。可见,我国融媒体产业有着雄厚的基础及快速增长的潜力。

随着内外环境的不断优化及条件的成熟,我国的互联网公司近年来得到了飞速的发展,为融媒体产业的繁荣与发展打下了坚实的基础。据 S&P(标准普尔)的相关数据显示,全球互联网公司十强中,中国企业占了 4 家(腾讯、阿里巴巴、京东、百度)。2023 年,我国规模以上互联网和相关服务企业(以下简称互联网企业)完成互联网业务收入 17483 亿元,同比增长 6.8%;营业成本同比增长 10.7%;实现利润总额 1295 亿元,同比增长 0.5%;共投入研发经费 943.2 亿元。此外,企业地理聚集特征更加显著,京津冀、长三角、珠三角集中了超八成的互联网前百家企业。以 BAT(百度、阿里巴巴、腾讯)为代表的互联网巨头正在深入改变着人们的生产和生活方式。

第一节　融媒体产业的基本状况

一、融媒体产业的概述

(一) 基本概念

顾名思义,"融媒体产业"即"融媒体"与"生产服务等领域"的结合。关于"融媒体"的概念本书前面已有详细论述,关于"生产服务"的内涵是随着社会经济形态的发展而不断变化的。要厘清"融媒体产业"的概念,本书从国家相关政策层面和目前国内学术界对新媒体产业概念论述层面加以研究分析。

在国家相关政策层面,要分析融媒体产业,则离不开网络新媒体的基础。首先,关于新媒体产业的归口主要有三个:

1. 根据《国民经济行业分类》(GB/T4754 - 2002)的一般分类,新媒体产业包括信息传输、计算机服务和软件业、新闻出版业、文化艺术业、广告业等服务类产业,属于第三产业的范畴。

2. 根据 2009 年国务院颁发的《文化产业振兴规划》中的第七条"发展新兴文

化业态"，提出"采用数字、网络等高新技术，大力推动文化产业升级"，明确了以移动多媒体广播电视、网络游戏、数字出版等为代表的新媒体产业在我国文化产业中的特殊地位。

3. 根据2016年12月通过的《"十三五"国家战略性新兴产业发展规划》，提出了新一代信息技术、高端装备、新材料、生物、新能源汽车、新能源、节能环保、数字创意等战略性新兴产业。其中新一代信息技术产业包括了下一代信息网络产业、电子核心基础产业、高端软件和新型信息技术服务三个大类，再加上数字创意产业，这些基本涵盖了新媒体产业的业务范围。

在此基础上，根据2020年6月中央全面深化改革委员会审议通过的《关于加快推进媒体深度融合发展的指导意见》，明确了媒体深度融合发展的总体要求，旨在建立以内容建设为根本、先进技术为支撑、创新管理为保障的全媒体传播体系。

第二，目前国内学术界对融媒体产业概念的论述，主要有以下几种说法：

1. 说法一：融媒体产业是指以数字技术、计算机网络技术和移动通信技术等新兴技术为依托，以网络媒体、手机媒体、互动性电视媒体、移动电视、楼宇电视等新兴媒体和新型媒体为主要载体，按照工业化标准进行生产、再生产的产业类型，是文化创意产业的重要组成部分。

2. 说法二：融媒体产业是融入全球信息产业浪潮，以计算机技术、电子通信技术、数字广播技术等高精技术为主导，融合报纸、杂志、广播、电视内容，开启了计算机、手机、车船、楼宇广场等各种各样新媒体终端的新兴产业形态。

综上，本教材认为融媒体产业是指以数字技术、互联网技术、移动通信技术等新兴技术为主要依托而发展起来的新型行业，结合网络媒体、手机移动媒体、互动电视媒体、户外媒体和传统媒体等不同的载体优势所形成的有价值的产业链。它是文化创意产业的重要组成部分，是第三产业的重要分支，也是国民经济发展不可分割的有机成分。

（二）发展基础

1. 宏观政治经济环境是融媒体产业发展的外围动力

2013年11月15日出台的《中共中央关于全面深化改革若干重大问题的决

定》，首次在中央文件中提出，整合新闻媒体资源，推动传统媒体和新兴媒体融合发展，由此拉开了长达 7 年之久的媒体融合之路。在经历了简单相加的野蛮生长阶段后，2020 年 9 月 26 日中央印发的《关于加快推进媒体深度融合发展的意见》中详细点明了要更加注重网络内容建设，扩大优质内容产能，创新内容表现形式，提升内容传播效果；要建立适应全媒体生产传播的一体化组织架构，构建新型采编流程，形成集约高效的内容生产体系和传播链条。

融媒体其实是"互联网＋"思维的进一步实践成果，它代表了一种先进的生产力。"互联网＋"这个思维方式以及其背后不断发展的科学技术将深刻改变目前的经济形态和服务方式，以此推动经济形态不断发生演变，从而带动社会经济实体的生命力，催生出更多全新的经济增长点，为改革、发展、创新提供广阔的网络平台。可以说媒体融合这个概念的提出，给融媒体产业的发展提供了非常大的利好条件，从跨界融合、创新驱动、重塑结构、开放生态、连接一切等方面不仅给传统行业插上了一双再次起飞的"翅膀"，更是提供了融媒体产业无限的发展可能性。因此，不管是"十四五"规划中提出的大力发展文化创意产业，还是融媒体相关政策的出台及实施，都显示了良好的宏观政治经济环境对推动我国融媒体产业的发展起到不容忽视的作用。

2. 信息技术的进步是融媒体产业发展的核心推动力

以数字技术为依托的信息技术的进步一直是融媒体得以发展的基础条件和现实保障，它是推动融媒体产业发展的核心要素。新技术的不断出现，为融媒体融合、生产、传播等提供了坚实的基础，融媒体的快速发展则能给受众提供更深层次更便捷的服务，促成新的业态，媒体由增量逐步向内涵拓展。近年来，对融媒体发展产生重要影响的技术包括三网融合、移动互联、大数据、云计算、智慧城市、物联网等。云计算与大数据技术为融媒体的发展提供了基础性动力，而移动互联与物联网技术则将改变融媒体的传播方式及形态。移动互联技术的发展使信息传播平台从桌面开始向手机、平板电脑等移动智能终端转移，这必将造成移动终端的争夺战更为激烈；物联网技术的发展将使融媒体不再只是信息传播及通信的工具，而是更加广泛和深入地渗透到人们的生产与生活当中，使人类的生活环境更为便捷和智能。

3. 受众的媒介与信息的整合需求是融媒体产业发展的内在推动力

近年来,受众对于媒体内容整合的需求不断扩大,吸引了越来越多的技术、资本及人员投入其中,从而推动了融媒体产业的进一步发展。根据 DIGITIMES Research 的数据,2023 年第三季度,个人电脑(台式机、笔记本电脑和工作站)市场数据,出货量 1100 万台,同比下降 16％,环比增长 15％;截至 2023 年,全球共有活跃互联网用户数量超 50 亿。"智能终端的需求量仍然巨大,并且用户对智能终端的硬件功能与软件兼容性的期待也在不断提高,促使各大厂商积极进行新产品及功能的研发。具体到媒体形态与体验方面,为了能够满足用户越来越多元的应用需求,苹果、微软、谷歌等各大公司都继续开放平台及资源,吸引越来越多的第三方开发者投入应用程序的编写当中,一方面使基础平台得以继续发展壮大,另一方面也为用户提供了更为丰富的应用程序。"[1]

(三) 属性特征

1. 政策主导性

融媒体产业是文化创意产业的重要组成部分。在我国,融媒体作为第三产业的重要分支,它的发展壮大,与国家政策法规的引导与管理密切相关。《中共中央关于制定国民经济和社会发展第十四个五年规划和二〇三五年远景目标的建议》中指出,提升公共文化服务水平。全面繁荣新闻出版、广播影视、文学艺术、哲学社会科学事业。实施文艺作品质量提升工程,加强现实题材创作生产,不断推出反映时代新气象、讴歌人民新创造的文艺精品。推进媒体深度融合,实施全媒体传播工程,做强新型主流媒体,建强用好县级融媒体中心。可以说在国家相关政策的大力扶持下,我国的融媒体得到了快速的发展,传媒产业总产值稳步提升,尤其在电子商务、网络广告、游戏动漫、数字出版等领域的增长速度更为迅速。

---

[1] 严三九、刘峰:《2013 全球新媒体发展态势探析》,《现代传播(中国传媒大学)》2013 年第 7 期,第 1-8 页。

2. 技术依赖性

计算机、互联网、移动通信、宽带、数字电视广播等高新技术的不断发展,5G技术和数字流媒体的广泛应用,数字文化、信息、娱乐产品的不断涌现,以及三网融合、移动互联、大数据、云计算、智慧城市、物联网、人工智能等一系列的技术发展,为融媒体的发展提供了技术支撑与外在动力。应该说融媒体的发展离不开技术手段的日新月异,对技术有很强的依赖性。正因为技术的不断更新与进步,使各类新媒体、新业务、新终端、新渠道在媒介环境中衍生发展并壮大,逐步融合形成了包括内容提供、网络服务、终端接收、用户消费和市场反馈在内的完整的融媒体价值链,呈现出多元化竞争的融媒体产业发展新格局。

3. 产业融合性

近年来,在技术革新的强力支撑下,融媒体快速崛起,发展速度很快。相比传统媒体和各类新媒体,融媒体拥有不可比拟的诸多优势,但目前融媒体依旧处于粗糙相加的阶段。如何借助两者的优势,促进媒体产业的进一步发展,不管是学界还是业界,关于"媒介融合"的讨论与实践已经开展了很多年。从国家政策层面看,早在2014年8月18日,中央全面深化改革领导小组第四次会议审议通过了《关于推动传统媒体和新兴媒体融合发展的指导意见》。因此,2014年也被称为中国新闻发展史上的"媒体融合元年"。

可以说"融合"是融媒体与生俱来的特质,不管是网络媒体、手机移动媒体与传统媒体的融合,还是互动电视媒体、户外媒体等与传统媒体的融合,都是推动融媒体向前发展的中坚力量。当然我们也要指出融媒体的融合不仅仅是在技术上的融合,同时也更应体现在内容上的融合。融媒体的出现,明确了媒体的市场占领不仅需要技术上的支撑,同时也需要内容上的创新。因此,新媒体和传统媒体在技术、形态、内容上的不断融合创新,能积极推动融媒体产业链的有机整合,同时也能为媒体产业带来新的盈利模式,实现价值的最大化。

4. 市场多元性

融媒体具有交互性与即时性、海量性与共享性、多媒体与超文本、个性化与社群化等特点,与传统媒体和各类新媒体相比,融媒体发展空间巨大,上限未知,这也使得融媒体的市场更具开放性和多元化。市场的多元化为融媒体的发展提供了强大的驱动力。其几乎具备所有新媒体的活跃市场，尤其是在电子商务、移动互联网、网络广告、搜索引擎、在线视频、网络游戏、第三方支付、网络直播等领域，各板块市场灵活多样，发展迅速，潜力无限，是融媒体产业构成的核心板块，推动着融媒体市场的发展。

（四）主要分类

融媒体的发展日新月异，新的媒介形态、传播形态、融合形式、终端渠道等变化层出不穷，这也导致融媒体产业的划分标准及界限难以确定。而"打通"是融媒体时代模式创新的关键，融媒体带来的最重要的一个结果即"媒介之间的边界由清晰变得模糊"。

美国西北大学教授李奇·高登归纳了美国存在的五种媒介融合的类型："一是所有权融合，二是策略性融合，三是结构性融合，四是信息采集融合，五是新闻表达融合。"①董年初在《媒介融合与政府监管》一文中认为，媒体融合的主要表现形式有："技术融合、网络融合、业务融合和终端融合。"②匡文波和王丹黎在《新媒介融合：从零走向共赢》一文中认为，媒介融合有两种主要形式："一是媒体之间的整合与并购，力图在传媒业中以规模出效益；二是不同媒体之间的交融与互动，主要是指在不同媒体之间，传播方式和内容的相互借用，以促共同发展。"③许颖认为，媒介融合可以分为三个层次："第一个层次是媒介互动，即媒介战术性融合。第二个层次是媒介整合，即媒体组织结构性融合。第三个层次是媒介大融合，即不同的媒介形态集中到一个多媒体数字平台上，各类型媒介通过新介质真正实现汇聚和融合。"④

根据国内外各类学者的研究，本教材认为，媒介融合主要以技术融合、网络融合、业务融合和终端融合这四个分类为主。

---

① 蔡雯：《从"超级记者"到"超级团队"——西方媒体"融合新闻"的实践和理论》，《中国记者》2007 年第 1 期，第 80 - 82 页。
② 黄楚新主编：《媒介融合背景下的新闻报道》，杭州：浙江大学出版社 2010 年版。
③ 匡文波、王丹黎：《新媒介融合：从零和走向共赢》，《广告大观（综合版）》2007 年第 8 期，第 115 - 117 页。
④ 许颖：《互动·整合·大融合——媒体融合的三个层次》，《国际新闻界》2006 年第 7 期，第 32 - 36 页。

二、融媒体产业的主要现状

（一）网络媒体产业

根据中国互联网络信息中心（CNNIC）在京发布的第 52 次《中国互联网络发展状况统计报告》显示：截至 2023 年 6 月，我国域名总数为 3024 万个，其中，".COM"域名数量为 822 万个，占我国域名总数的 27.2％；".中国"域名数量为 18 万个，占我国域名总数的 0.6％；新通用顶级域名（New gTLD）数量为 271 万个，占我国域名总数的 9.0％。我国网站数量为 383 万个，网民规模为 10.79 亿人，较 2022 年 12 月增长 1109 万人，互联网普及率达 76.4％，较 2022 年 12 月提升 0.8 个百分点。

在中国网民各类互联网应用的使用率方面，排名前十的分别是：即时通信（97.1％）、网络视频（含短视频）（96.8％）、短视频（95.2％）、网络支付（87.5％）、网络购物（82.0％）、搜索引擎（78.0％）、网络新闻（72.14％）、网络直播（71.0％）、网络音乐（67.3％）、网络游戏（51.0％）。

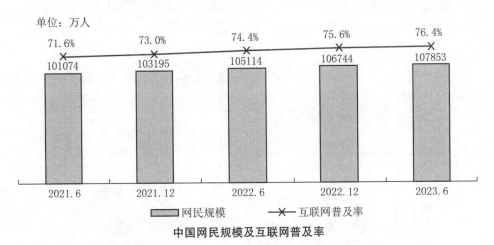

中国网民规模及互联网普及率

来源：中国互联网络信息中心。

近年来，随着传统媒体的转型升级，自媒体联盟的合纵连横，再加上移动媒体的迅速发展，都给网络媒体带来了不小的冲击和影响，网络媒体也在竞争中寻求发展的空间。比如各大门户网站也都在频繁改版,用新技术来丰富自己的用户界面;积极探索内容产品化的方向,改变主要靠广告的商业模式,挖掘网络媒体自身品牌优势,寻找影响力变现的方向等。目前,网络媒体产业主要集中在门户网站、搜索引擎、社交网站、电子商务、视频网站、网络广告等几大板块上。

1. 门户网站

门户网站(Portal Site),即通向某类综合性互联网信息资源并提供有关信息服务的应用系统。门户网站最初提供搜索引擎和网络接入服务,后来随着市场竞争的日益激烈,门户网站开始拓展各种新的业务类型,成为网络世界的"百货商场"或"网络超市"。从目前来看,门户网站主要提供新闻资讯、搜索引擎、免费邮箱、网络社区、影音资源、聊天室(BBS论坛)、电子商务、网络游戏、网络空间、企业服务等产品或服务。门户网站主要分为综合性门户网站、搜索引擎式门户网站、地方性门户网站、行业门户网站、企业门户网站等几大类。

从知名度、影响力、收益效果等比较,综合性门户网站的实力最强。目前,我国四大综合性门户网站主要指的是新浪、搜狐、网易、腾讯四大网站。其中,新浪成立于1998年12月,主要产品服务包括新浪新闻、无线增值服务、博客、播客、邮箱、微博等;搜狐成立于1998年2月,主要产品服务包括搜狐新闻、搜狗输入

国内四大综合性门户网站

法、搜狐视频、房产网、图行天下等;网易成立于 1997 年 6 月,主要产品服务包括网易新闻、网易邮箱、网易社区、在线游戏等;腾讯成立于 1998 年 11 月,主要产品服务包括即时通信(QQ、微信)、浏览器、电脑管家、邮箱、电子商务等。在 2023 年中国互联网企业 100 强评比中,这四大门户网站所属的互联网企业巨头纷纷挤进前列,分别位列第一(腾讯控股有限公司)、第十(网易公司)、第三十(新浪公司)和第三十一(搜狐网络有限责任公司)。

2. 搜索引擎

搜索引擎(Search Engine),即根据一定的策略、运用特定的计算机程序从互联网上搜集信息,在对信息进行组织和处理后,为用户提供检索服务,将用户检索相关的信息展示给用户的系统。搜索引擎包括全文索引、目录索引、元搜索引

常用的中文搜索引擎

常用的英文搜索引擎

擎、垂直搜索引擎、集合式搜索引擎、门户搜索引擎与免费链接列表等。目前国内使用的搜索引擎主要有两类：中文搜索引擎和英文搜索引擎。其中常用的中文搜索引擎包括百度、谷歌中国、神马、搜狗、360 搜索等；常用的英文搜索引擎包括 Google、Yahoo、MSN 等。

在世界十大互联网企业排名中，Google 以总市值 1.73 万亿美元（截至 2024年 3 月数据）排名第三。华经情报网显示，中国搜索引擎行业市场规模逐年攀升，截至 2021 年市场规模已达到 1240 亿元，2015 年到 2021 年的复合增长率为 9.8%。预计，2025 年中国搜索引擎行业市场规模将达到 1680 亿元。Stat-Counter 的数据显示，在企业收入市场结构当中，百度占比 79.27%，搜狗占比

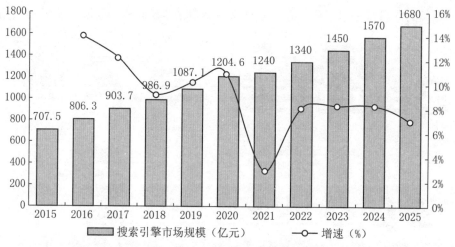

2015—2025 年中国搜索引擎行业市场规模及增速情况（来源：华经情报网）

Baidu	Sogou	bing
79.27%	4.44%	3.94%
Shenma	YANDEX	Haosou
3.73%	3.27%	2.72%

Mobile Search Engine Market Share in China - December 2023

2023 年 12 月中国搜索引擎市场营收份额（手机端）（来源：StatCounter）

4.44%,必应占比 3.94%,神马占比 3.73%,YANDEX 占比 3.27%,好搜占比 2.72%。

3. 社交网站

社交网站(Social Network Site),即个人之间的关系网络,这种基于社会网络关系系统思想的网站就是社会性网络网站,也称社会性网络服务,旨在帮助人们建立社会性网络的互联网应用服务。目前,国外著名的社交网站有 Facebook、Twitter、LinkedIn、Pinterest、Instagram 等,国内的社交网站主要有新浪微博、知乎、百度空间、QQ 空间、豆瓣网、天涯社区等。

《第 52 次中国互联网络发展状况统计报告》显示,截至 2023 年 6 月,我国即时通信用户规模达 10.47 亿人,较 2022 年 12 月增长 886 万人,占网民整体的 97.1%。

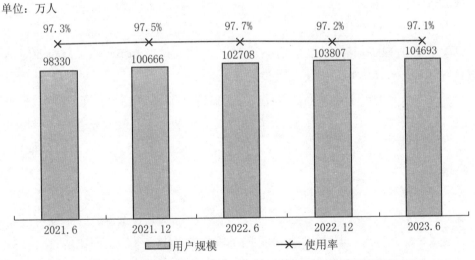

单位:万人

2021.6—2023.6 即时通信用户规模及使用率(来源:中国互联网络信息中心)

根据 CNPP 品牌榜中榜大数据显示,中国排行前五的社交网络分别是:微信、抖音、QQ、微博和快手。作为社交网站中最主要的微信,截至 2023 年 12 月,微信及 WeChat 的合并月活跃账户数增至 13.13 亿,同比增长 3.5%,微信小程序日活跃账户突破 6 亿。随着互联网行业内容领域的竞争更趋激烈,各社交网络不断给创作者赋能,让自媒体能更方便地在平台上进行生产内容、粉丝获得、商业化变现;通过视频化布局、兴趣流分发等让用户更高效地获取信息、建立关系,从而不断巩固全球具有影响力社交媒体平台的地位。

4. 电子商务

电子商务(Electronic Commerce),即指在全球各地广泛的商业贸易活动中,在因特网开放的网络环境下,基于浏览器/服务器应用方式,买卖双方不谋面地进行各种商贸活动,实现消费者的网上购物、商户之间的网上交易和在线电子支付以及各种商务活动、交易活动、金融活动和相关的综合服务活动的一种新型的商业运营模式。电子商务涵盖的范围很广,一般可分为代理商、商家和消费者(Agent、Business、Consumer,即 ABC);企业对企业(Business-to-Business,即 B2B);企业对消费者(Business-to-Consumer,即 B2C);个人对消费者(Consumer-to-Consumer,即 C2C);企业对政府(Business-to-Government);线上对线下(Online to Offline,即 O2O);商业机构对家庭(Business to Family,即 B2F);供给方对需求方(Provide to Demand,即 P2D);门店在线(Online to Partner,即 O2P)等 8 种模式,其中主要的有企业对企业(Business-to-Business),企业对消费者(Business-to-Consumer)2 种模式。

国内著名的电子商务平台有:淘宝、天猫、京东商城、唯品会、苏宁易购、当当网、国美在线等。其中,拥有淘宝、天猫两大电商平台的互联网企业——阿里巴巴,跻身世界十大互联网企业,以总市值 2211 亿美元(截至 2023 年 8 月数据)排名第五。

商务部发布了《2023 年前三季度中国电子商务发展报告》:2023 年前三季度,全国网上零售额 10.8 万亿元,同比增长 11.6%,高于社会消费品零售总额增速 4.8 个百分点。其中,实物商品网上零售额 9.04 万亿元,同比增长 8.9%,实物网零对社零增长贡献率达 33.9%。实物商品网上零售额中,吃类、穿类和用类商品分别增长 10.4%、9.6%和 8.5%。从规模来看,服装鞋帽、针、纺织品、日用品、家用电器和音像器材网络零售额排名居前,分别占实物网络零售额的 20.7%、15.1%和 10.6%。前三季度,全国农村网络零售额 1.72 万亿元,同比增长 12.2%。其中,农村实物商品网络零售额 1.56 万亿元,同比增长 11.5%。

5. 视频网站

视频网站(Video Site),即指在完善的技术平台支持下,让互联网用户在线流畅发布、浏览和分享视频作品的网络媒体。目前国内著名的视频网站主要有:优酷网、爱奇艺、乐视网、PPTV、腾讯视频、搜狐视频、哔哩哔哩、新浪视频、芒果 TV、百度影音、酷 6 网、56 网、风行网、激动网等。

在视频网站媒体搜索当日的排行中,根据百度搜索风云榜(截至 2024 年 3 月 12 日 0:00)的数据显示,哔哩哔哩(百度搜索指数:243215)、腾讯视频(百度搜索指数:63254)、爱奇艺(百度搜索指数:52977)、优酷(百度搜索指数:58825)、芒果 TV(百度搜索指数:18152)名列热门视频网站搜索前五位。

据中商产业研究院发布的《2018—2023 年中国在线视频行业市场前景及投资机会研究报告》数据显示,2017 年中国在线视频行业市场规模将达到935.2 亿元,同比增长 47%。随着在线视频行业用户规模逐渐扩大,不断提升内容丰富度,增加用户使用黏性,市场规模将进一步增长,2018 年中国在线视频行业市场规模突破千亿,达到 1220.5 亿元。另外,2018 年在线视频行业细分业务占比中,广告业务占比 47%,内容付费占比 30%,版权分销占比为 20%;由此可见广告仍是最主要的盈利模式。未来随着在线视频企业产品线的不断丰富,终端类销售或将阶段性快速发展,未来增值服务或将有大幅提升,整体视频

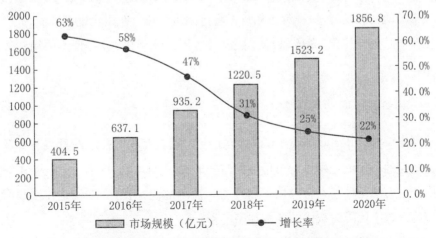

中国在线视频行业市场规模及预测(来源:中商产业研究院)

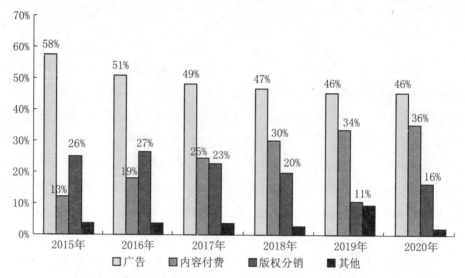

中国在线视频行业细分业务占比情况(来源:中商产业研究院)

广告的平稳增长及非广告部分的快速增长将是未来视频行业收入持续快速增长的双引擎。

　　智能手机和4G、5G 网络的普及,打破了视频消费的时间和空间局限,推动着短视频行业的快速发展。根据《2018—2023 年中国在线视频行业市场前景及投资机会研究报告》的数据显示,2017 年中国短视频市场规模为 53.80 亿元,增长率为 175.9％。伴随着短视频行业监管力度加大,规范行业生态,促进中国短视频市场的良性发展,短视频市场规模将进一步增长。在用户规模方面,凭借着短视频产品的碎片化、高传播、低门槛特性,用户红利仍在,有较大的用户发展空间。

6. 网络广告

　　网络广告(Internet Advertising)是近年来随着互联网技术的发展与普及而迅速崛起的一种依托媒体发布传播的广告形式,是继电视、广播、报纸、杂志等传统媒介之后的一种新兴融媒体平台广告。简单地说,网络广告就是在互联网上发布的以数字代码为载体的各种类型广告。

　　1997 年 3 月,中国第一个商业性的网络广告出现,Intel 和 IBM 是国内最早在互联网上投放广告的广告主,传播网站是 Chinabyte,广告表现形式为 468×60 像素的动画旗帜广告,IBM 为 AS400 的网络广告宣传支付了 $3000。中国的网络广告一直到 1999 年初才稍有规模。之后经过多年的发展,网络广告行业已经慢慢走向成熟。目前,常见的网络广告形式主要有:网幅广告、文本链接广告、电子邮件广告、按钮广告、赞助式广告、与内容相结合的广告、弹出式广告、主页型广告、关键字广告、RichMedia 等。

2020 年中国网络广告市场规模 11368.6 亿元,同比增长率为 12.9%。受网民人数增长,数字媒体使用时长增长、网络视听业务快速增长等因素的推动,未来几年,报纸、杂志、电视、广播等传统媒体的广告将继续下滑,而网络广告市场还将保持较快速度增长。

近年来,网络广告在"智能化"与"原生化"方面的表现尤为突出。广告主对于网络广告的玩法更加熟悉,广告类型也随着原生广告的发展而不断进化,广告与内容之间的界限愈加模糊。随着网络环境的不断改善,视频成为人们接受信息更习惯的内容形式,视频类广告也得到较快发展。同时,人工智能的快速迭代使智能营销成为流行趋势,这也为行业注入了新的机会点。

(二) 手机媒体产业

1940 年,当时美国最大的通讯公司贝尔实验室试制出了第一部所谓的移动通讯电话。1973 年,美国摩托罗拉公司工程技术员马丁·库帕发明了世界上第一部民用手机,并打通了世界上第一通移动电话,标志着手机的正式诞生。1992 年,英国沃达丰公司发送了世界上第一条手机短信,至此手机的媒体功能日益显现。手机媒体也是继报纸、广播、电视、网络等四大媒体之后,成为"第五媒体",即以手机为视听终端,手机上网为平台的个性化即时信息传播载体和大众传媒。

中国互联网络信息中心在京发布第 52 次《中国互联网络发展状况统计报告》显示:截至 2023 年 6 月,我国网民规模达 10.76 亿人,较 2022 年 12 月增长 1109 万人,增速与 2022 年 12 月基本持平。网民中使用手机上网的比例达 99.8%,网民手机上网比例继续攀升。

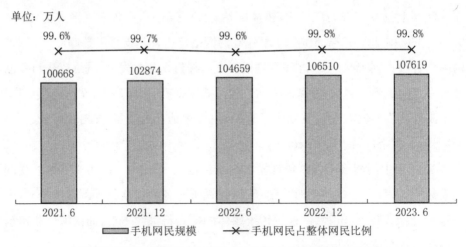

单位：万人

中国手机网民规模及其占网民比例（来源：中国互联网络信息中心）

在中国网民各类手机互联网应用的使用率方面，用户规模和使用率排名前三的应用领域分别为即时通信、网络视频（含短视频）和短视频领域，用户规模分别达10.47亿人、10.44亿人和10.26亿人。随着我国手机网民的不断增加，各类手机应用的广泛使用，手机媒体产业也蓬勃发展。目前手机媒体产业主要集中在移动互联网板块，另外在手机短信彩信、手机阅读、手机广播、手机电视等手机媒体的分支方面，也有较多的发展空间。未来，在手机云媒体、手机物联网等领域也将会有更多的突破。

1. 移动互联网

移动互联网（Mobile Internet），简而言之就是将"移动通信"与"互联网"结合起来，它是一种通过智能移动终端，采用移动无线通信方式获取业务和服务的新兴业务，也是一种"互联网＋"的产业形态。4G、5G的普及以及各种智能终端的不断涌现，给移动互联网产业的发展带来了巨大的空间。

据中商产业研究院发布的《2017—2022年中国移动互联网行业市场前景及投资机会研究报告》数据显示，随着智能手机的大量推广和普及，移动互联网已成为人们日常生活不可或缺的一部分，中国移动互联网市场规模也保持稳定增长，2023年，中国移动互联网月活用户规模已经突破12.24亿。

从目前的发展状况看，移动互联网对传统行业进行了渗透、改变甚至颠覆，移动互联网也已浸入了人们生活的各个角落。就拿打车、餐饮、旅游、教育、医疗和房地产这些涉及人们"衣食住行"的传统行业来说,移动互联网已经对这些产业进行了变革。比如出租车行业:滴滴打车、花小猪打车、曹操出行等打车软件如雨后春笋般涌出,给传统出租车行业带来了巨大的冲击。餐饮行业:运用移动互联网应用,消费者可以在进入餐馆前先点餐,团购等预付费业务可以实现先付费后消费,餐饮价值链条出现倒置,餐饮的营销从传统的口碑营销变成社会化媒体的口碑营销。旅游行业:不同于PC,用户在移动端获取信息的渠道更加多元化和碎片化,对产品体验、服务快捷专业性的要求越来越高,原有产业链形态也受到了很大的影响。教育行业:利用互联网的方式,强调学习时间的紧凑、交互,同时又满足个性化学习的模式来打造在线教育产品。医疗行业:更多新产品和商业模式对用户生命周期持续性的服务理念日渐凸显,个人健康管理将成为在线医疗业发展的主流趋势。房地产行业:互联网在房地产领域最典型的表现是在网上发布新盘、二手房买卖、租房等信息;现在,手机让这一过程变得便捷而高效。因此,对于这些产业来说,需要跳出传统思维,重构原有的传播、互动模式,这样才能为产业的发展带来更大的空间。

正如上文所述,移动互联网应用迅猛发展,正在深刻地改变着信息时代的社会生活。可以说,移动互联网是当今世界发展最快、市场潜力最大、前景最诱人的产业,将迎来新的发展高潮。

2. 手机短信彩信

短信服务(SMS, Short Message Service),是电信运营商为解决手机话费过高而推出的价格低廉的文本信息服务,是一种在移动网络上传送简短信息的无线应用。随着技术的进步和市场需求,后来又出现了内容更为丰富生动鲜活的彩信业务。短信彩信的出现,让本来具有语言传递功能的手机变成了电报式的解读工具,使文字、图片、动漫音视频彰显更大的作用。如今,短信彩信已经不仅是一种单纯的电信业务,而是集信息传播、关心问候和决策预警于一体的产业平台。

当然,随着微博、微信等自媒体的兴起,在移动互联网业务替代作用的影响下,也让手机短信彩信的业务受到了一定程度的冲击。工信部统计的数据显示,截至2023年12月,三家基础电信企业的电话用户总数达19亿户,较2022年12

月净增 3707 万户。其中,5G 移动电话用户达 8.05 亿户,占移动电话用户的 46.6％,较 2022 年 12 月提高 13.3 个百分点。不可否认,手机短信彩信业务在手机媒体产业中依然不可或缺。

3. 手机阅读

手机阅读(Mobile Reading),是指手机移动终端通过多样化的阅读形式向用户提供各类电子书内容,包括报纸、图书、杂志、漫画、小说、文献等,以在线浏览和下载为主要阅读方式,可以通过按次点播、包月两种方式订购业务。由于内容运营商能够实时采集和了解读者对各类题材内容的阅读需求,并向内容出版商或发行商提供读者的各类阅读需求信息,因此可以根据读者的阅读需求精准地提供更多符合读者个性化阅读内容,使读者以更便捷的方式随时获取各类相关性信息。

目前国内手机阅读平台主要有:中国移动手机阅读基地(和阅读)、中国电信数字阅读基地(天翼阅读)、中国联通数字阅读基地(沃阅读)、网易云阅读、中文在线、精品阅读、聚合阅读、咪咕阅读等。《2022 年度中国数字阅读报告》显示,我国数字阅读市场总体营收规模为 463.52 亿元,同比增长 11.50％,其中大众阅读市场营收 335.91 亿元,有声阅读 95.68 亿元,专业阅读 31.93 亿元,大众阅读市场规模占比逾七成,是产业发展的主导力量,并通过文化出海等多样化的运营模式进行多元创新拓展;同时,多家数字阅读企业、出版企业接连成功上市,资本相继涌入,产业生态更加完善。另外,2022 年我国数字阅读人均电子书阅读量 11.88 本(部),有声阅读量为 7.44 本(部),并基本养成了成熟的付费习惯,越来越多的人开始用手机等移动终端"看书读报",手机报、手机杂志、手机电子书等移动阅读方式在慢慢融入普通人的生活之中,人们的阅读习惯正逐渐被移动化、数字化的手机阅读所取代。因此,手机阅读的发展趋势很明显,它是手机媒体产业的重要组成部分。

4. 手机广播

手机广播(Mobile Radio),就是利用具有收音和上网功能的智能手机收听广播。包含两层意思:一是随着 GPRS、4G、5G、WAP 等无线通信技术和服务的发展、完善,依托于移动通信网络和互联网络,用上网手机实时收听或点播网络广播节目；二是在手机中内置了 FM 广播调谐器，用手机可以直接收听电台广播节目。作为新的媒体终端，手机广播正在成为电信运营商、广电部门争夺的市场目标。对广播电台来说，手机广播拓展了广播的新时空，增加了节目的外延；对于电信部门来说，手机广播开发了新的商机，更是技术上的一次创新，而直接受益者则是广大的广播受众。

目前国内运作较好的手机广播电台有：蜻蜓 FM、荔枝 FM、喜马拉雅 FM、考拉 FM 等。手机广播也会迎来新的生命力。

5. 手机电视

手机电视（Mobile TV），就是利用具有操作系统和流媒体视频功能的智能手机观看电视的业务。手机电视具有电视媒体的直观性、广播媒体的便携性、报纸媒体的滞留性以及网络媒体的交互性，因此它是一种新型的数字化电视形态。

手机电视业务的实现方式主要有三种。第一是利用蜂窝移动网络实现，利用移动通信技术、通过无线通信网（如 4G、5G、GPRS、CDMA1X 等）向手机点对点提供多媒体服务，如美国的 Sprint、我国的中国移动和中国联通公司已经利用这种方式推出了手机电视业务。第二是利用卫星广播的方式，即移动多媒体广播，利用数字广播电视技术，通过地面或卫星广播电视覆盖网（如地面的 T-DMB、DVB-H、MediaFlo，卫星的 S-DMB 等）向手机等接受终端点提供广播电视节目。第三是利用数字地面广播实现的方式（欧洲 DVB-H 技术、日本 ISDB-T 技术、韩国 T-DMB 技术、高通 MediaFlo 技术和国内手机电视技术，如 T-MMB、DMB-TH、CMB、CDMB 以及 CMMB 等）。

手机电视不仅能够提供传统的音视频节目，利用手机网络还可以方便地完成交互功能，适合于多媒体增值业务的开展，发展前景广阔。

（三）互动（智能）电视媒体产业

2014 年是中国智能电视第一个放量销售的年份，全年智能电视销售渗透率接近 70%，销量突破 3000 万台。资料显示，2016 年中国智能电视用户规模为 1.34 亿人，2021 年，中国智能电视用户迎来了爆发性的增长，为 10.83 亿人，同比 2020 年增长 117%。

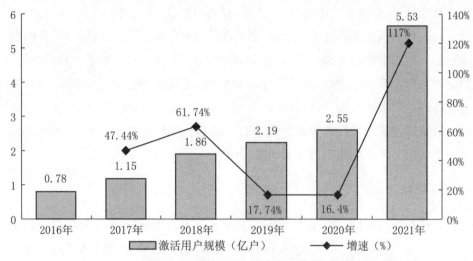

2016—2021 年中国智能电视用户规模变化情况（来源：华经情报网）

随着互联网、人工智能和大数据的快速发展，传统电视机已不再能满足人们的日常生活需求，人们对智能产品的依赖逐渐加深，对消费终端产品的智能化要求日渐提高。正是基于这样的发展背景，近年来智能电视快速放量、用户普及流量激增，电视互联网经济已步入大爆发拐点。应用市场规模大爆发，各类可盈利的商业模式迅速形成，PC 互联网成熟的生态逐步转移，各大巨头加速抢占移动互联网入口。这一切无一例外都会在电视互联网经济中出现。

根据 CAAC 智能大屏营销研究院理事单位勾正科技发布的《恒者行远，思者常新 2023H1 中国家庭智能大屏行业发展白皮书》，2023 上半年，智能大屏（包含 OTT、IPTV 等）覆盖家庭持续提升，同比保持两位数增长。其中，IPTV 激活用户数近 4 亿户；智能电视（OTT）激活用户数上涨超 IPTV，达到 13.4%。随着覆盖规模不断增长，智能大屏已经从客厅的娱乐中心升维成多场景融合的中心。智能大屏作为家庭 IOT 的重要入口，行业各方也在全方位布局，足以证明智能大屏当下即是电视的未来。

智能电视的大屏化、开放化、智能化特征蕴藏经济价值，是客厅的核心媒介形式，应运而生了"客厅经济"，即"在客厅场景中，以客厅智能硬件为依托，以智能电视为核心，以家庭互联网为纽带，具有多人互动、轻松休闲等特色，以满足多成员、多年龄段的娱乐教育、健康医疗、安全防护等需求而获得经济价值的一种经济模式"。

客厅经济的核心是电视,客厅经济将是电视新周期的增长点。根据奥维互娱发布的数据,2019 年智能电视广告运营总收入达 99 亿。2020 年受到疫情影响,智能电视的广告收入超出百亿。随着用户对围绕智能电视的内容、应用、服务付费意愿的提升,以及广告主日益认可智能电视平台的商业价值,2029 年中国客厅经济行业市场规模将达 6138 亿元。

电视互联网经济从无到有,长期市场规模高达数千亿,空间广阔。未来,所有的电视都将互联网智能化,电视生态将被重新塑造,产业发展将会进入更深层次的变革创新阶段。

1. 数字电视

数字电视(Digital TV),并不是指家中的普通电视机,而是指在电视信号的处理、传输、发射和接收过程中使用数字信号的电视系统或电视设备,是相对于原来的模拟信号而言的。数字电视的具体传输过程是:由电视台发送出的图像及声音信号,经数字压缩和数字调制后形成数字电视信号,再经过卫星、地面无线广播或有线电缆等方式传送,由数字电视机接收后,通过数字解调和数字视音频解码处理还原出原来的图像及伴音。目前主要包括有线数字电视、卫星移动电视、地面数字电视等。

2021 年,中国广播电视网络有限公司联合北京美兰德媒体传播策略咨询有限公司(CMMR)共同发布 2021 年度中国家庭收视市场入户调查。数据显示:2021 年,我国居民家庭收视仍以有线数字电视占据主导地位,用户规模占比达到 64%,但是占有率首次出现下滑,同比下降 2.5 个百分点,与此同时,直播卫星数字电视快速发展,收视市场占比达到 15.7%。

2. IPTV

IPTV,即交互式网络电视,是一种利用宽带网,集互联网、多媒体、通信等技术于一体,向家庭用户提供包括数字电视在内的多种交互式服务的崭新技术。用户在家中可以有三种方式享受 IPTV 服务:(1)计算机;(2)网络机顶盒 + 普通电视机;(3)移动终端(如手机,IPad 等)。IPTV 不同于数字电视。数字电视虽然有许多技术革新,但只是信号形式的改变,而没有触及媒体内容的传播方式。

截至目前,IPTV 的内容提供商服务牌照共有九家:CNTV、百视通、华数传媒、南方传媒、湖南广播电视台、中国国际广播电台、中央人民广播电台、江苏广播电视台和电影网。

IPTV 基本业务主要是指电视内容业务,即需要与电视内容运营商合作运营的业务。另外,IPTV 也有增值业务,自营或与电信运营商合作运营业务,如游戏娱乐、信息服务、通信服务、电子商务和其他业务等。因此,IPTV 不仅可以提供基本的电视节目,还可以提供各式各样的增值业务,以此聚集用户。应该说,在互动增值业务方面,是真正能让 IPTV 盈利之处。

3. OTT TV

OTT TV(Over-The-Top TV),意为互联网公司越过运营商,发展基于开放互联网的各种视频及数据服务业务,强调服务与物理网络的无关性,终端可以是电视机、电脑、机顶盒、PAD、智能手机等。截至目前,OTT TV 的内容提供商为互联网集成平台牌照商,包括 CNTV(中国网络电视台)、百视通、华数传媒、湖南广播电视台、南方传媒、中国国际广播电台、中央人民广播电台共七家。

互联网企业利用电信运营商的宽带网络发展自己的业务,如国外的谷歌、苹果、Skype、Netflix,国内的腾讯等。Netflix 网络视频以及各种移动应用商店里的应用都是 OTT。不少 OTT 服务商直接面向用户提供服务和计费,使运营商沦为单纯的"传输管道",根本无法触及管道中传输的巨大价值。调查机构 Digital TV Research 发布的最新《全球 OTT 电视及视频预测》报告指出:2027年,全球 OTT 电影和电视剧的收入将达到 2240 亿美元(2120 亿欧元);比 2021年的 1350 亿美元有所增加。仅在 2022 年就将增加约 210 亿美元。在相当长的一段时间内,美国仍将占据在线电视和视频营收的主导地位;中国将为亚太市场贡献一半的营收,超 120 亿美元。

(四) 数字出版媒体产业

数字出版媒体产业无疑是当今出版业发展最为迅速和最具潜力的领域之一。从世界范围来看,以网络技术、数字技术、信息技术、通信技术为代表的技术革命正在改变和重塑着传统出版业,并形成了新的发展理念和格局。近年来,数字出版新技术、新产品、新业态不断涌现,盈利模式不断成熟,新的消费理念不断形成,中国数字出版媒体产业已经步入良性发展阶段。而且数字出版大大延伸了出版业态的产业链,以用户需求为导向,将带动产业形态进一步丰富,逐渐形成良性循环的市场机制。

在"十四五"期间,我国数字出版的产品形态大量显现,主要包括电子图书、数字报纸、数字期刊、网络原创文学、网络教育出版物、网络地图、数字音乐、网络动漫、网络游戏、数据库出版物、手机出版物等。

《2022—2023 中国数字出版产业年度报告》指出,2022 年,我国数字出版产业总收入达到 13586.99 亿元,比上年增长 6.46%。其中,传统书报刊数字化收入同比增长 3.7%,但处于近三年来增速最低点;在线教育收入 2620 亿元,进入稳定发展期;网络文学规模进一步增长,网络文学海外市场规模突破 30 亿元,发展增幅最为突出。过去一年间,优质出版内容以多元产品形态和版权形式呈现,出版内容与科技和文化创意相结合,融合发展特色明显。

报告还显示,2022 年,网络文学的社会影响力进一步增强,主流化程度显著提升,144 部网文作品被收入国家图书馆馆藏,10 部网络文学作品的数字版本被收入中国国家版本馆,网络文学价值的社会认同度明显提高。网络文学版权运营机制进一步成熟,版权开发周期系统性加强,开发周期明显缩短。以有声改编为例,相当一部分网文作品在连载期间就启动上线有声改编。2022 年有声书改编授权 3 万余部,同比增长 47%。出版机构和传媒机构普遍将有声阅读融入自身数字化转型进程,图书出版与有声读物同步策划、制作、分发成为常态。

(五)户外媒体产业

户外媒体又称途中媒体,大体可以分为三类:第一类是户外传统媒体;第二类是针对大众传播的户外新兴媒体,所谓的"新",就是指载体的新型技术的运用;第三类是指基于分众群体传播的新兴户外传播媒体,即在不同渠道中产生的渠道融媒体,主要包括公交电视、地铁电视、楼宇电视、医院电视、商场电视等各种更生活化或便利化的媒体。[①]本教材主要是对基于分众传播的户外融媒体进行研究,即上述分类中的第三类。户外融媒体的兴起不仅创造了一种新的商业模式,而且也改变了传播模式,户外融媒体颠覆性地从大众传播走向小众传播、

---

① 李燕:《户外新媒体的分众传播探析》,武汉理工大学 2008 年。

窄众传播。可以说,在人们的户外生活中,户外融媒体几乎无处不在,已经完全融入了人们的户外生活圈中,正如分众传媒 CEO 江南春所说的那样:"要打造人们的生活圈媒体。"

目前,中国户外媒体较为知名的品牌企业有:分众传媒(拥有商业楼宇视频媒体、卖场终端视频媒体、公寓电梯媒体、户外大型 LED 彩屏媒体、电影院线广告媒体等)、航美传媒 Airmedia(拥有中国航空数码媒体市场超过 90% 的占有率)、JCDecaux 德高(国际性著名户外媒体公司、中国领先的地铁网络媒体、全国最大的校园媒体网络运营商)、华视传媒(拥有中国乃至全球最大的公交地铁全覆盖的户外数字移动电视广告联播网)、白马 ADSHEL(专业都市街道户外媒体、中国最大的户外媒体候车亭广告位投资商)、TOM 户外(多元化城市数字互动媒体大型运营商、大型户外广告集团之一)、巴士在线 BUSAP(中国领先的移动媒体和移动互联网公司)、电信传媒(依托于中国电信现有各种业务和资源的平台优势、国内领先的综合媒体供应商)、世通华纳(中国最大的公交移动电视传媒集团)和迪岸传媒(多元化户外媒体传播机构、中国最具影响力的高品质户外传媒集团之一)。

户外媒体主要依靠广告收入,近年来,我国户外广告产业无论总量还是增速,都保持着平稳增长的势头,在数字媒体越发繁荣的今天,展示出了极具威力的媒介价值。户外媒体也已经成为继数字媒体、电视之后的第三大广告媒体。根据 CODC(北京中天盈信咨询服务有限公司)的调查数据显示:2020 年中国户外广告市场规模为 348 亿美元,约占全球户外广告市场的 30%。受城市化进程加快和移动广告兴起等因素的推动,中国户外广告市场预计从 2021 年到 2028 年将以 4.6% 的复合增长率增长。2022 年 1—6 月,因疫情导致的预期不确定性让全国户外广告整体投放刊例花费和品牌数量均出现下滑,户外市场总规模 827 亿元(包含新增 5 城市则为 871 亿元),同比下滑 3%,实际同比下滑 4%,净增长下滑 13%,但市场规模仍保持高位运行。

三、融媒体产业发展及趋势

(一) 媒介产业融合

自 2014 年 8 月 18 日,中央全面深化改革领导小组第四次会议审议通过《关于推动传统媒体和新兴媒体融合发展的指导意见》之后（后文简称《意见》），"媒介融合"瞬时成为传媒业界最热门的词汇。《意见》中也明确提出要着力打造新型主流媒体和有强大实力的新型媒体集团。"媒介融合"对互联网企业运营模式不会造成太大影响，因为从互联网企业诞生的那一刻开始，就已经打上了"融合"的烙印。所以互联网企业追求的"融合"已经"不仅仅是人与信息的连接，而是人与服务的连接"，是谋求商业利益的手段，实现产业价值的最大化。因此对于融媒体产业而言，究其本质，媒介融合就是传媒领域内的产业融合。

媒介产业融合表现在从技术融合到渠道和终端的融合，再到市场融合，最后达到产业融合，是一个逐步实现的过程。20世纪70年代的通信技术和信息处理技术的革新及迅速发展，推动了通信、广播、报刊等传媒领域的资源共享，媒介产业融合趋势初见端倪。1994年的"哈佛论坛"和1997年的"伯克莱会议"上提出了"产业融合"这一新经济概念。媒体融合，使多个产业特性的组织形态如电子商务、跨媒体、大电信、网络出版等不断涌现，不同产品形式如多媒体数字报纸以图文、音频、视频、Flash等多媒体形式呈现，并通过有线宽带网络和无线通信网络实现多终端发布，最终形成了媒体融合的产业链。

媒介融合的实现是一个渐进的过程，从20世纪90年代的报纸、杂志与网络的初步融合，到如今的电视、网络和电话三个产业的融合渗透，媒介融合已经实现从理论到实践的跨越，并日益成为当今媒介发展的主流趋势和重要体现。而媒介产业融合战略主要基于媒体企业的资源扩充整合与成长性考虑而形成的。产业竞争原理表明，竞争的根源在于资源的稀缺性。因而，产业内的企业可以通过战略结盟，分享内容、技术、渠道和终端市场等资源优势，以谋求各产业链上的资源扩充，形成新的产业竞争力。[①]

当前，媒体产业融合发展也遇到了诸如产业链不成熟、市场发展不平衡、创新力不足等瓶颈和问题，笔者认为未来媒体产业融合发展趋势将进一步加强，而技术为先、政策保障、内容为王、推陈出新等发展思路或许能为媒体产业的融合发展提供参考和借鉴。

（二）移动端趋势

4G、5G网络和移动智能终端设备的快速普及，为移动互联网的发展注入了

---

① 　石本秀、蔡郎与：《新媒体经营管理》，北京：中国传媒大学出版社2012年版，第75-76页。

巨大的能量,移动媒体产业也呈现出了爆发式的发展态势。中国互联网络信息中心发布的《第52次中国互联网络发展状况统计报告》显示:截至2023年6月,我国网民规模达10.79亿人,较2022年12月增长1109万,互联网普及率达76.4%。另据工信部发布的数据显示,截至2023年6月末,三家基础电信企业的移动电话用户总数达17.1亿户,较2022年12月净增2653万户。其中,5G移动电话用户达6.76亿户,较2022年12月净增1.15亿户,占移动电话用户的39.5%,较2022年12月提高6.2个百分点。由此可见,我国移动互联网发展进入全民时代。

此外,据市场研究公司Digi-Capital预测,2028年全球大数据IT总投资规模约为6244亿美元,五年复合增长率(CAGR)约为16.3%。从整体趋势上来看,市场竞争愈发激烈,移动互联网将全面渗透进用户生活,新的热点领域将不断出现。因此,随着智能手机的普及、智能硬件的快速发展以及游戏、广告在移动端不断衍生的创新应用将推动整个移动互联网市场规模的进一步增长。

2023年12月19日,第三方数据机构QuestMobile发布了《中国互联网核心趋势年度报告(2023)》。报告显示,2023年,中国移动互联网月活跃用户规模已经突破12.24亿,全网月人均使用时长接近160小时,同时,各平台小程序(微信、支付宝、抖音、百度)去重后月活跃用户数量达到9.8亿,在这种规模效应下,互联网应用生态繁荣度持续提升,内容以线上、线下结合应用形式正在快速"聚变",互联网广告市场规模将达到7146.1亿元,同比增长7.6%,预计到2024年,这一数据将突破7800亿元。可以预见,随着手机网民及移动互联网用户的占比不断提升,移动互联网市场规模将进一步扩大,移动互联媒体产业也将逐步取代PC互联网媒体产业,媒体产业在移动端的发展将越来越强大。

(三) 全产业链趋势

基于数字化技术、网络化技术、移动通信技术等,通过互联网、无线通信网、数字广播电视网和卫星等渠道,以电脑、电视、手机、PAD、MP4等设备为终端的媒体产业价值链主要包括内容提供商、软件及技术提供商、营销机构和检测机构等。包括平面媒体、电子媒体、网络媒体、移动媒体、户外媒体等不同媒体之间的相互融合,信息采集、制作、发行、销售、广告、测评等不同生产环节的相互渗透,构成了媒体产业系统。①

一条完整的融媒体产业链主要包括以下几个部分:内容提供商、软件及技术提供商、网络运营商、平台提供商、终端提供商、受众、监测机构。其中核心组成应为三大系统,分别是:内容运营系统、终端运营系统和监测评估系统。在内容运营系统里,内容提供商根据受众(用户)的需求,针对不同的传播渠道,运用创造性的思维和策划对产品进行制作编辑,形成以文字、声像等多种表现形式的内容,这是融媒体产业的源头部分,也是实现其商业价值的关键。在终端运营系统里,包括终端制造商、终端服务商和受众(用户);终端制造商是连接受众(用户)的最终环节,如移动通信、IPTV、数字电视等软硬件设备;终端服务商是将内容提供商、网络运营商和受众(用户)整合在一起的业务平台,是媒体内容传输给受众的具体实现。在监测评估系统里,通过一系列的监测行动,反馈受众(用户)的信息,并将传播效果、用户行为、到达效果等指标结果进行评估分析,最终反馈给媒体产业链上的各行业或企业。

可以说,融媒体产业链从上游的内容提供,到下游的受众接收、反馈,从内容生产、技术服务、渠道运营和终端市场开发等方面已经形成了相互联动、相互依存、相互作用的有机整体,笔者想在此基础上提出"融媒体全产业链"的概念,即运用互联网的思维(这里主要指用户思维),使得融媒体产业链上下游各环节形成一个利益共同体,将用户的需求,通过市场机制和企业计划反馈到产业链上的所有环节,分工合作,以市场和用户为导向,为用户提供满意的服务。这也将是融媒体产业发展的一大趋势。

(四) 用户价值开发趋势

在前面全产业趋势中已讲到,互联网思维,即"在(移动)互联网、大数据、云计算等科技不断发展的背景下,对市场、对用户、对产品、对企业价值链乃至对整个商业生态的进行重新审视的思考方式"②。作为国内第一部系统阐述互联网思维的著作——《互联网思维"独孤九剑"》,书中重点阐述了9大互联网思维:用户思维、简约思维、极致思维、迭代思维、流量思维、社会化思维、大数据思维、平

---

① 石本秀、蔡郎与《新媒体经营管理》,北京:中国传媒大学出版社 2012 年版,第 65－66 页。
② 赵大伟:《互联网思维"独孤九剑"》,北京:机械工业出版社 2014 年版,第 4 页。

台思维、跨界思维。其中用户思维是所有互联网思维的核心,其他互联网思维的运用是在理解和领悟了用户思维的基础上才能激发出更多的火花和产生积极的影响。

从图12中,可以发现"价值环"的圆心是用户。战略制定和商业模式设计要以用户为中心,业务开展要以用户为中心,组织设计和企业文化建设都要以用户为中心。战略层、业务层和组织层都围绕着终端用户需求和用户体验进行设计。这就是互联网时代的"价值环"模式。在"以厂商为中心"的工业经济背景下,往往是厂商主导,传播方式是厂商自说自话,消费者无法参与产品研发。在"以用户为中心"的互联网时代,消费者的话语权日益增大,并且影响着企业各环节的决策,以小米为代表的新经济企业,使得用户越来越广泛地参与到产品研发和品牌建设环节之中。这个时候的企业经营,要真的以用户为中心,商业价值一定要建立在用户价值之上。①

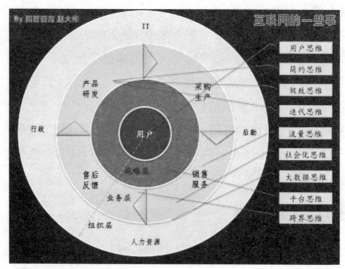

互联网思维"独孤九剑"模型1(来源:赵大伟主编的《互联网思维"独孤九剑"》)

在互联网时代一直流传着一句话:只要能实现用户价值,就能够实现商业价值。因此,用户思维要贯穿融媒体企业运营的始终。在融媒体产业的发展过程中,要充分运用用户思维,在融媒体全产业链中,各个环节诸如市场定位、品牌规

_____

① 赵大伟:《互联网思维"独孤九剑"》,北京:机械工业出版社2014年版,第24-25页。

划、产品研发、生产消费、售后服务等都要以用户为中心。在此基础上,对于用户价值的开发,将成为今后融媒体产业决胜的武器。也就是说,谁在深刻领悟用户思维并将其运用到产业链的各环节之后,能进一步开发用户的价值,谁将在融媒体产业竞争中占有一席之地。

(五) 品牌化趋势

什么是品牌? 现代营销学之父科特勒在《市场营销学》一书中对品牌进行了如下定义:品牌是销售者向购买者长期提供的一组特定的特点、利益和服务。品牌是人们对一个企业及其产品、售后服务、文化价值的一种评价和认知,是一种信任。因此,简单地讲品牌就是指消费者对产品及产品系列的认知程度,它是能给拥有者带来溢价、产生增值的一种无形的资产。

"企业唯一的社会责任就是利润极大化。"这是诺贝尔经济学奖得主梅尔顿·弗利德曼(Milton Friedman)的名言。"利润极大化",就是创造一个商业模式,让产品卖得出去、消费者满意、通路有利可图、企业获利、合作伙伴有利可图、供货商获利,每一个环节都受益,成为一个完整又成功的商业循环。然而"酒香不怕巷子深"的时代早已过去,光靠产品做得好,并不能实现利润最大化。而品牌的力量,可以让产品跨越地域的界限,在全世界落地生根。因此,品牌战略已经成为当今企业的共识。"产品即品牌,品牌即产品"的理念也早已深入人心。

众多互联网企业也都熟谙此道。在由中国互联网协会、工业和信息化部信息中心联合开展的《2023 年中国互联网企业 100 强》评比中,进入 100 强的互联网企业产品品牌累计超过 400 个,其中社交类 11 个、电子商务类 30 个、在线支付类 10 个、网络视听类 24 个、综合门户类 12 个、垂直门户 60 余个、网络游戏近 200 个。

这些品牌都是消费者耳熟能详的,在国内市场具有较强的影响力,形成了较高的美誉度和诚信度。此外,互联网百强在世界范围内品牌知名度也日益提高,多家已经成为世界级的互联网企业,如阿里巴巴、百度、腾讯、京东等,形成了颇具国际影响力的海外上市互联网企业集群,拥有近万亿元级的互联网市场规模,对我国互联网行业的整体国际竞争力的提升具有积极推动作用。

在未来融媒体产业的发展中,品牌化战略会被越来越多的媒体企业所重视,通过品牌的打造,实现自身的发展,从而带动整个产业的品牌化进程。

（六）并购趋势

2013 年，十八届三中全会提出要"推动文化企业跨地区、跨行业、跨所有制兼并重组，提高文化产业规模化、集约化、专业化水平"。2014 年，国家陆续出炉并购重组扶持政策，为国内资本市场企业进行并购重组奠定坚实基础，如在 3 月，国务院印发了《关于进一步优化企业兼并重组市场环境的意见》，强调了兼并重组的经济意义，提出进一步优化企业兼并重组市场环境。在众多利好政策的推动下，近年来中国传媒市场的并购交易十分活跃，尤其是在互联网媒体领域，BAT（百度、阿里巴巴、腾讯）悉数加入战团，已经发生了多起影响深远的并购事件，如 2013 年阿里巴巴入股新浪微博，百度收购 PPS，腾讯入股搜狗；2014 年阿里巴巴入股优酷土豆、投资快的打车，百度收购糯米网、投资 Uber，腾讯投资大众点评、滴滴打车、58 同城等；2015 年阿里巴巴投资光线传媒，百度入股联想，腾讯收购盛大网络；2016 年滴滴收购 Uber 中国，京东并购一号店，腾讯并购 Supercell；2017 年饿了么收购百度外卖，猫眼、微影合并，今日头条收购 Musical.ly；2018 年美团收购摩拜单车等。

文化产业继续成为资本市场的热点，在影视传媒、游戏动漫、移动互联网、教育培训和旅游户外等行业板块领域，跨国、跨界的并购时有发生，其中影视、媒体板块是并购的热点领域。据亿欧数据统计，2024 年 3 月 4 日—2024 年 3 月 10 日，全球文娱传媒领域一周共发生 9 起投融资事件，总融资金额约 4.87 亿元；国内文娱传媒领域该周共发生 5 起投融资事件，总融资金额约 7200 万元。

另据不完全统计，2023 年全年 BAT（百度、阿里巴巴、腾讯）总共对外投资 83 笔。其中腾讯投资较为分散，文娱、内容、AI、企业服务、汽车交通、游戏、金融等领域都有所涉及，这与腾讯的投资战略息息相关；阿里投资重点围绕"五新"战略展开，主要在新零售、人工智能和企服等领域投资；百度则在 AI、出行、企服布局了大部分的投资。

当前，以 BAT 为首的互联网企业已经具备了很强的规模和实力，但随着具有颠覆性的移动互联网时代的到来，竞争又重新回到原点，因此，实力强大的互联网寡头公司通过一系列的并购行为来达到占领移动互联网领域的制高点、打击竞争对手、提高用户体验、流量变现和实现利润最大化等目的。

相信在融媒体产业的未来发展过程中,并购将持续发生,大规模并购依然是融媒体产业快速发展的重要手段,而媒体的巨头们依然会大范围采取并购的手段来实施企业的战略发展和布局。因此不管从规模效应,还是影响意义,都将进一步扩大,"马太效应"也愈发明显,即呈现出强者愈强(并购多家企业或公司,形成自身的产业生态版图)、弱者愈弱(有些被兼并重组,有些直接被淘汰灭亡)的局面。

第二节　融媒体产业的商业模式

一、融媒体产业的理论基础

(一) 媒介融合理论

"媒介融合"(Media Convergence),最早是在 20 世纪 80 年代由美国马萨诸塞州理工大学浦尔教授提出,原意是指各种媒介呈现多功能一体化的趋势。美国新闻学会媒介研究中心主任纳切松(Andrew Nachison)将"媒介融合"定义为"印刷的、音频的、视频的、互动性数字媒体组织之间的战略的、操作的、文化的联盟",他强调的"媒介融合"更多是指各个媒介之间的合作和联盟。[①]中国人民大学喻国明教授在《传媒经济学教程》中认为,媒介融合是指报刊、广播电视、互联网所依赖的技术越来越趋同,以信息技术为中介,以卫星、电缆、计算机技术等为传输手段,数字技术改变了获得数据、现象和语言三种基本信息的时间、空间及成本,各种信息在同一个平台上得到了整合,不同形式的媒介彼此之间的互换性与互联性得到了加强,媒介一体化的趋势日趋明显。[②]

"媒介融合"是支撑融媒体产业发展的一个重要理论基础。这里所讲的"媒介融合"不仅仅是将两种或者更多的媒介形态"融合"在一起,产生一种新的媒介形态,更重要的是将媒介一切有关要素进行连接、汇聚甚至融合,包括传播形态、

[①] Andrew Nachison: *Good business or good journalism? Lessons from the bleeding edge*, A presentation to the World Editors' Forum, Hong Kong, June 5, 2001.

[②] 喻国明等:《传媒经济学教程》,北京:中国人民大学出版社 2009 年版,第 252 页。

传播手段、媒介架构、媒介功能等。因此,媒介融合是数字技术条件下信息传输多元化的具体表现形式,是将报纸、杂志、广播、电视等传统媒体,与互联网、手机、移动智能终端等新兴媒体有效结合起来,将传播通道打通,实现资源共享及信息集中处理,衍生出各种不同形式的信息产品(内容)或服务,再通过不同的平台载体传播给受众。从目前融媒体产业的现实情况来看,越来越多的新兴企业及其提供的产品(内容)服务其实都是"媒介融合"的产物,正如前文所述,"媒介融合"也是融媒体产业的基本特征及发展趋势。

(二) 传媒经济理论

1566 年,意大利境内的威尼斯出现了定期发行的手抄新闻——《威尼斯公报》(也又称《威尼斯新闻》),从那刻起世界上的传媒经济市场已经宣告诞生。经过几百年的发展与壮大,传媒作为一个产业,创造出了日益巨大的产业效益和经济价值,成为世界经济体系中不容忽视的行业,而传媒经济也成为现代国民经济中的重要组成部分。随着互联网等新兴媒体的快速崛起,传媒产业呈现整体繁荣、局部下滑的局面;从现阶段来看,相较我国其他国民经济支柱产业,传媒产业规模还比较小。《中国传媒产业发展报告(2023)》指出,2022 年,中国传媒产业总产值达 29082.5 亿元,增长率 20 年来首次出现负增长的情况。

在当今信息化的社会中,传媒是国家扩大经济发展的重要工具,也是推动国家经济发展、文化发展和政治全面发展的重要力量。从政治范畴来看,传媒作为一项重要的实力手段,在综合国力的竞争中凸显出它的作用和地位。从经济范畴来看,作为主要信息传播的媒体,是有效运作经济活动的基础。媒体对消费者加以引导,减少信息不同步,增强市场道德规范。同时,媒体作为信息产业不可或缺的组成部分,媒体业自身已经发展成一项新兴产业。[①]

因此,传媒经济就是传媒产业或行业对资源配置、财富生产与消费的抉择及其结果。传媒经济的核心是内容经济与受众经济。内容决定受众的多寡,受众决定内容的生产。受众是传媒经济理论与实践的起点。传媒能产生经济行为,能形成经济价值,是因为觉察有受众所需求内容的市场,由此来驱动内

---

① 蒋旭东:《传媒经济对中国经济发展的影响》,《环球市场信息导报》2014 年 10 月 16 日。

容的生产。①

　　传媒经济是具有多重属性的经济范畴,表现为:传媒经济具有商品属性、政治属性、公益属性。这也决定了传媒经济具有多重特征,即:传媒经济既是商品经济,又是政治经济,也是公益经济。所谓传媒经济是商品经济,是指传媒经济具有商品经济共同的运行规律。所谓传媒经济是政治经济,是指传媒经济在某些特定的情况下,可以利用政治的力量,依循政治经济规律,而非依循商品经济规律运行,却仍然能得以发展的属性特征。所谓传媒经济是公益经济,是指传媒经济在特定的情况下,依循公益事业发展规律,而非依循商品经济规律运行,却仍然能得以发展的属性特征。②

　　应该说,融媒体产业所形成的融媒体经济正是传媒经济中的重要组成部分,而且随着融媒体的不断发展,融媒体产业版图继续扩大,由此融媒体经济在传媒经济中所占的比重也越来越大,地位与日俱增。融媒体产业不管从商业模式,还是发展趋势,都离不开传媒经济理论的支撑,在政治、经济、社会、文化等多个方面加以渗透,并形成具有自身特色的产业经济。

(三) Web3.0 理论

　　关于 Web3.0 只是由业界创造出来的概念词语,目前还没有统一的定义。近 20 年科技浪潮的发展可以被简单描述成:基于网络互联的 Web1.0 时代,基于社交的 Web2.0 时代,以及现在的基于移动的 Web3.0 时代。Web3.0 时代是基于之前的 Web1.0 和 Web2.0 演变而来。

　　目前,在学界和业界关于 Web3.0 也有几种观点和看法,第一种观点认为 Web3.0 不仅仅是一种技术上的革新,而是以统一的通信协议,通过更加简洁的方式为用户提供更为个性化的互联网信息资讯定制的一种技术整合。第二种观点认为 Web3.0 是未来互联网的代名词,它没有特指,它代表了下一浪潮的互联网,即以移动互联网为基础的各种创新模式。第三种观点认为,Web3.0 是以互联网为代表,以感知网络为主,拓展为多对多交互,不仅包括人与人,还包括人机交互以及多个智能终端的交互。

---

① 吴信训:《新媒体与传媒经济》,上海:上海三联书店 2008 年版,第 190、193 页。
② 吴信训:《新媒体与传媒经济》,上海:上海三联书店 2008 年版,第 167 - 169、171 页。

以上几种观点,基本概括和总结了 Web3.0 的特征及意义作用。从 Web1.0 到 Web2.0 再到 Web3.0,是网络从无到有,再到扩及全球的发展,也是网络的使用从精英化、扁平化到全民化和平面立体化的变迁,更是网络的关涉面从人类生活的局部到全景式的人类生活场景的拓展。Web3.0 时代,网络无处不在,人类无时不在网络,网络与人类生活不可分离;网络不再是人类生活的外在方面,它将与人类生活融为一体,网络真正成为人类的生活空间。

Web3.0 时代为融媒体产业的继续发展创造了更大的空间。在这样一个大互联的时代,不论是内容信息的创造,还是渠道终端的兼容,都将快速发展,并提供更多的可能性。当然,随着信息技术的不断发展与进步,今后肯定还会出现 Web4.0、Web5.0 等时代,但不管发展到哪一步,其为融媒体产业提供和创造的空间将会越来越大。

(四) 其他理论

1. 长尾理论

长尾理论(The Long Tail)是互联网时代兴起的一种新理论,这一概念最早是由《连线》杂志主编克里斯·安德森(Chris Anderson)在 2004 年 10 月的《长尾》一文中提出,用来描述诸如亚马逊和 Netflix 之类网站的商业和经济模式。

长尾理论认为:由于成本和效率的因素,当商品储存流通展示的场地和渠道足够宽广,商品生产成本急剧下降以至于个人都可以进行生产,并且商品的销售成本急剧降低时,几乎任何以前看似需求极低的产品,只要有卖,都会有人买。这些需求和销量不高的产品所占据的共同市场份额,可以和主流产品的市场份额相当,甚至更大。[①]

在传统经济学中,人们更多地关注了重要的人或重要的事,习惯于用正态分布曲线来思考市场的收益,即多关注曲线的"头部",而将处于曲线"尾部"、需要更多的精力和成本才能关注到的大多数人或事忽略(图 13)。例如,在销售产品时,厂商关注的是少数大客户或热门产品,"无暇"顾及在数量上居于大多数的普通消费者和非热门产品。而在互联网时代,由于关注的成本大大降低,人们有可

---

① [美]克里斯·安德森:《长尾理论》,乔江涛译,北京:中信出版社 2006 年版,第 28 页。

能以很低的成本关注正态分布曲线的"尾部"，关注"尾部"产生的总体效益甚至会超过"头部"。克里斯·安德森在《长尾理论》一书中列举了不少事实：亚马逊有超过一半的销售量都来自在其排行榜上位于 13 万名开外的图书；美国最大的在线 DVD 影碟租赁商 Netflix 公司有 1/5 的出租量来自其排行榜 3000 名以外的内容。①

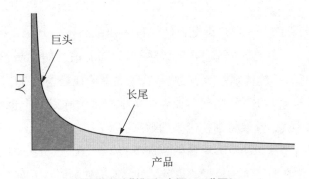

"长尾理论"模型（来源：互联网）

　　如作为全球市值前三的互联网公司之一——Google（19200 亿美元，2022 年 1 月数据）就是一个最典型的"长尾"公司，其成长历程就是把广告商和出版商的"长尾"商业化的过程。以占据了 Google 半壁江山的 AdSense 为例，它面向的客户是数以百万计的中小型网站和个人。对于普通的媒体和广告商而言，这个群体的价值微小得简直不值一提，但是 Google 通过为其提供个性化定制的广告服务，将这些数量众多的群体汇集起来，形成了非常可观的经济利润。再比如我国市值前三的互联网公司之一——阿里巴巴（全球排名第十二，3220 亿美元，2022 年 1 月数据）也是有效地利用了"长尾战略"，开拓了一种全新的销售和购买模式，为企业、淘宝店主、购买者提供了数以百万计的商品买卖平台，同时还使得商品购买的成本大幅度降低，使得阿里巴巴成为长尾战略的重要实施者。

　　因此，互联网时代是关注"长尾"、发挥"长尾"效益的时代，而互联网经济就是一种长尾经济。互联网让"小众"变成了"长尾"，即使再小众的产品，在互联网的聚合作用下，都能够找到志同道合的群体，形成强大的消费能力和购买力，这也就意味着互联网企业的市场定位要尤为关注"长尾人群"的诉求。目前，越来

---

① 石本秀、蔡郎与：《新媒体经营管理》，北京：中国传媒大学出版社 2012 年版，第 16 页。

越多关注"长尾"的互联网企业涌现,在 2022 年中国互联网公司排行榜 Top100 的榜单中,诸如京东集团、美团公司、上海寻梦信息技术有限公司(拼多多)等新互联网公司,在细分市场领域里面,不断满足"长尾"用户需求,成长迅速,取得了不错的经济效益。

2. 注意力经济理论

著名的诺贝尔经济学奖获得者赫伯特·西蒙(Herbert Alexander Simon)在对当今经济发展趋势进行预测时就曾指出:"随着信息的发展,有价值的不是信息,而是注意力。"这种观点被 IT 业和管理界形象地描述为"注意力经济"。著名跨领域经济学家,2011 年阿玛蒂亚森经济学奖得主陈云博士也曾说过:"未来 30 年谁把握了注意力,谁将掌控未来的财富。"

注意力经济是基于注意力这种稀缺资源的生产、加工、分配、交换和消费的新型经济形态。注意力经济的思想源头最早可以追溯到赫伯特·西蒙的研究。早在 20 世纪 70 年代,他就提出了信息丰富导致注意力资源短缺的思想。大约过了 20 年的时间,"注意力经济"(the Economy of Attention)的概念才开始出现。近几年,随着网络的发展和信息的严重过剩,这一概念迅速在世界各地传播开来。①

互联网的超级链接使注意力流动和传递更加容易,并成为全球性、独立的复杂系统。伴随着信息流动有一种有价值的稀缺资源也在网络空间流动,这种稀缺资源就是注意力。被誉为"注意力经济之父"的著名学者米切尔·高德哈伯(Michael Goldhaber)曾提出这样的观点:注意力经济才是网络经济的本质,网络的自然经济就是注意力经济,注意力经济的规律在主宰着网络世界的演变。

因此,可以说互联网时代就是一个注意力经济的时代。网络的出现使大量的经济从物质的束缚中解放出来,网络生产、传输、消费的是"信息数据";在信息爆炸的信息社会里,当大量的数据信息摆在人们面前,或许会出现无从选择、无处入手的局面,因为每个人的注意力是有限的。注意力成了信息社会最为稀缺的资源,信息社会呼唤注意力。当有限的注意力与无限的数据信息相碰撞后,我们不得不经受这样的考验:互联网企业只有深刻领悟注意力经济的内涵,抓住并

---

① 张雷:《媒介革命:西方注意力经济学派研究》,北京:中国社会科学出版社 2009 年版,第 2 - 3 页。

留住用户的注意力,才能在竞争中立于不败之地。

经过多年的实践发展,在全世界范围内注意力经济已经成为一种十分流行的商业模式,营造了一种新的商业环境和商业关系,改变了市场的观念以及市场的价值分配。尤其是在以内容为核心的融媒体产业中,在这样的环境下,互联网企业更加重视用户的注意力及用户注意力的保持(关系的维持),也越来越注重用户价值,注重用户的价值与用户关系的协调管理;同时,也引发了互联网企业发展战略的变革,专业化和特色化成为企业发展的一大趋势。

二、融媒体产业的商业模式

(一) 广告模式

融媒体时代,广告业不再依赖于传统媒体,在媒体选择上越来越多样化、市场化,是融媒体产业中重要的盈利模式。

1. 移动端广告市场不断扩大

目前,移动互联网已经被公认为中国乃至全球经济发展的新的引擎,而移动广告市场则成为其中最活跃的领域之一。据 eMarketer 数据显示,2021 年全球广告行业市场规模受疫情影响开始恢复,市场规模达 6825 亿美元,同比增长 17.05%。从各渠道广告支出占比看,2021 年数字广告支出占比最多,为52.9%。近几年,数字广告持续推动复苏。根据《2022 年视频广告支出 & 2023 年展望:定义下一代》报告,2022 年数字视频广告支出增长 21%,达到 471 亿美元,预计 2023 年将再增长 17%,达到 552 亿美元,数字广告将占整个广告支出的三分之二左右。QuestMobile 数据显示,从渠道构成上,2023 年中国移动互联网广告占比基本稳定在 88.7% 左右。

据中商情报网数据显示,移动广告在网络广告行业具有庞大的领先优势。按广告总费统计,中国移动广告行业的市场规模由 2017 年的约 2550 亿元增加至 2022 年的约 8950 亿元,市场规模保持高速增长态势,并且因受到移动设备的普及、媒体用户的迁移等因素影响而持续扩张,直至逐渐达到饱和点。随着移动设备的普及性增加,以及媒体的用户迁移,移动广告占线上广告的比例逐渐增加。2022年,移动广告行业占中国线上广告行业的约88.9%,预期未来三年的年复合增长率为10.7%。根据中国互联网络信息中心统计,2023年12月,中国移动互联网用户人数已超过12亿。移动互联网渗透率上升表明互联网用户逐步转移至移动设备。移动时代,互联网用户的浏览行为及消费习惯已经改变。

在总体趋势上,近年来中国移动广告市场爆发式增长,广告受众向移动端转移。艾瑞咨询数据显示,手机网民移动端资讯获取首选方式上,手机新闻客户端最受青睐。艾瑞咨询分析认为,手机新闻客户端在资讯丰富程度、操作方便性、内容广度和深度方面有较强优势,因而成为手机网民获取资讯的首选方式。数据也显示,超过八成的用户留意过手机新闻客户端的广告。其中,目前主流的三种广告模式(内容页首尾部广告、瀑布流广告、开屏广告)的用户接受度均在30%左右,互动活动类广告的用户接受度较低。

2. 社交媒体广告增长迅速

社交媒体在中国虽然只有短短十多年的发展,从QQ、BBS、人人网、开心网,到微博、微信,从早期社交网络时代、休闲娱乐型社交网络时代,到微信息社交网络时代、垂直社交网络应用时代,社交媒体改变了中国人的沟通方式和思维方式,改变着中国人的生活习惯,越来越多的中国人开始使用社交媒体,花费在社交媒体的时间也越来越多。

根据新浪公布的财务报告数据显示,截至2023年9月底,微博月活跃用户数6.05亿,同比净增约2100万。日活跃用户数2.6亿,同比净增约800万。微博2023年第三季度总营收4.422亿美元(约32.07亿元),剔除汇率因素,总营收同比增长2%。微博2023年第三季度广告营收达3.893亿美元(约28.25亿元),剔除汇率因素,广告收入同比增长3%。

根据腾讯公布的财务报告数据显示,截至2023年9月底,微信及WeChat合并月活跃用户为13.36亿,同比增长2%。2023年第三季度网络广告收入257亿元,同比增长20%;社交及其他广告收入稳定在297亿元;主要来自微信(主要是微信朋友圈及微信公众号)及公司的广告联盟的广告收入增长。可以说,微博、微信已不单单是一个充满创新功能的手机应用,它们已成为中国电子革命的代表,覆盖了90%以上的智能手机,并成为人们生活中不可或缺的日常使用工具。

美国 eMarketer 把 2014 年称为"The Year of Social"（社交年），这也意味着，从 2014 年开始，越来越多的营销者将会更积极地向社交媒体投放广告。因此，投放在以微博、微信等社交媒体为代表的广告数量近年来增长迅速，成为各大品牌争相角逐的地盘。

以新浪微博广告为例。微博 PC 端的广告形式主要有：微博登录页面广告（位于登录页面左侧），微博顶部广告（出现在新鲜事下方、微博内容栏上方），底部广告（位于微博最底端），快讯置顶栏目条（锁定固定账号、对微博内容进行置顶推送），右侧活动广告（位于微博右上方），右侧话题广告（位于活动广告下方），微博名称后面的 icon 广告，App 游戏植入广告，淘宝广告（主要在右侧最下方和微博底端），模板广告等。微博移动端的广告形式主要有：客户端开屏广告（启动应用时出现）、顶部条框广告、关键词广告、信息流广告等。

以腾讯微信广告为例。目前微信广告的主要形式是信息流广告（news feed ads）。信息流广告即出现在社交媒体用户好友动态中的广告。它最早于 2006 年出现在 Facebook 上，随后 Twitter、Pinterest、Instagram 和 LinkedIn 以及国内的 QQ 空间、微博和人人网等社交媒体也相继推出信息流广告。信息流广告是将程序化购买与互动程度高的社交平台结合在一起，具有投用户所好、可分享、可评论等特点，这些特点决定了它以一种十分自然的方式融入用户的好友动态中，有很高的触达率。2015 年初，在微信朋友圈里首批信息流广告出现，宝马中国、vivo 智能手机和可口可乐几乎出现在每个人的朋友圈信息流里，一时间朋友圈广告成为热门话题（图 14）。之后 OPPO 手机、长安福特、耐克、凯迪拉克、迪奥等知名品牌相继在微信朋友圈里投放了信息流广告。业内预估，朋友圈广告初期一年可为微信贡献 50 亿元收入，未来或可每年贡献 100 亿元收入。

微信朋友圈首批信息流广告（来源：微信朋友圈）

3. 视频贴片广告还有发展空间

随着视频网站热度不断升温,视频广告也快速发展起来。视频广告中最主要的广告形式就是贴片广告,它指的就是在视频片头片尾或插片播放的广告,以及背景广告等。作为最早及最主要的网络视频营销方式,贴片广告可以算是电视广告的延伸,其背后的运营逻辑依然是媒介的二次售卖原理。根据艾瑞数据显示,以微博为代表的原生视频广告正在抢占视频新媒体广告平台贴片广告的市场。

近年来,我国在线视频行业市场规模呈现高速上升趋势,2022 年我国在线视频行业市场规模 1626.3 亿元,较 2021 年增加超 200 亿元,同比增长 16.8%。我国在线视频平台营收主要来源于用户付费和广告投放收入两个部分,2022年,广告投放收入占比 39.4%,用户付费占比 37.7%,版权分销占比 2.4%,虽然其中付费会员的需求逐年升高,但广告业务仍是最主要的盈利模式。从目前几大视频网站(爱奇艺、腾讯视频、优酷、芒果 TV 等)来看,广告仍然是其核心增长动力。但有一现实情况也不容忽视,目前整个视频网站行业仍在亏损,数据显示,国内长视频头部平台"爱优腾"(爱奇艺、优酷、腾讯视频)在十年间已经烧光1000 多亿元人民币,但目前为止依然看不到盈利预期。虽然这些年视频网站迅速发展,大量的资金流入这个领域,但是随着视频网站运营成本的不断增加(如支付影视剧的版权费等)、用户付费习惯还未养成,光靠广告收入这样的传统商业模式似乎很难扭亏为盈。因此,在视频网站今后的发展中,一方面需在广告形式上不断创新,另一方面也需要积极探索新的商业模式。

此外,从用户的角度来看,视频贴片广告是一种强制性观看的广告行为,而且最长的广告时长也从 15 秒、30 秒上升到 45 秒、1 分钟,甚至更长。根据中国互联网调查社区的一项关于视频广告时长接受度的调查显示,网民对于网络视频广告的接受度着实不高,有接近四成的用户不能忍受视频前的贴片广告。随着视频贴片广告时长的不断增加,用户对此也会越来越反感,这样的结果一方面会使广告效果大打折扣,另一方面用户也会对视频网站失去信心,从长远的发展来考虑,这并不是视频网站、广告主、用户所希望看到的局面。因此,既能吸引用户观看视频贴片广告,保证视频网站的收益,同时又能保证广告的效果、留住广大用户,这就需要在贴片广告的形式和内容上有更多的突破,这将是今后视频网站竞争的一大领域,也意味着视频贴片广告还有较大的发展空间。

4. 门户及关键词广告保持一定规模

随着视频网站、社交媒体、电子商务、网络游戏等互联网应用的兴起和发展,虽然整个数字营销的市场在不断成长,但是由于受益者逐渐增加,因此门户网站的广告市场份额及地位在下降,但还是保持了一定的规模。

以新浪网为例。新浪网是国内四大综合性门户网站之一,成立于 1998 年 12 月,是一家服务于中国及全球华人社群的领先在线媒体及增值资讯服务提供商。根据新浪公布的财务报告数据显示,2021 年新浪全年净营收为 22.6 亿美元,较 2020 年的 16.9 亿美元增长 34%。2021 年全年广告和营销营收 19.8 亿美元,较 2020 年的 14.9 亿美元增长 33%。广告营收的同比增加得益于微博广告营收及门户广告营收的增长。广告业务作为新浪门户的主营业务,正受到来自微信等新兴媒体的冲击,客户广告投放的渠道更加多样化,一些比较大的垂直类网站、视频网站、社交媒体、移动端都在分食原本属于门户网站的广告预算金额。但从数据来看,门户广告仍占有一定的规模比例。

搜索引擎最主要的一种盈利方式就是关键词广告。它是指用户在搜索引擎中输入需要查询检索的关键词后,这时除了会得到这些关键词内容的链接外,与这些关键词相关的广告也都会出现在页面上。这种区别于传统广告的营销手段有不错的效果,商家可以将广告准确地送达到目标客户群。关键词广告一般是采用按点击收费的计价模式。据比达咨询数据统计,2015—2022 年,中国搜索引擎市场规模从 707.5 亿元增长到 1040 亿元。截至 2023 年 6 月,我国搜索引擎用户规模达 8.41 亿人,较 2022 年 12 月增长 3963 万人,占网民整体的 78.0%。在搜索引擎企业分布中,百度一家独大,占到了整个中国大约 85% 的市场(2023 年数据,百度市场份额为 96.3%)。

以百度为例。百度的关键词广告核心为竞价排名。竞价排名的出现,是根据网民的点击习惯产生的。有研究表明,65%—70% 的网民在点击搜索结果时,只会选择看前 10 条,针对性强的产品关键词能将潜在客户直接带到广告介绍页面。因此,竞价排名是一种按效果付费的网络推广方式,广告主在购买该项服务后,通过注册一定数量的关键词,按照付费最高者排名靠前的原则,购买了同一关键词的网站按不同顺序进行的排名,出现在网民相应的搜索结果中。根据百度公布的财务报告数据显示,2023年度总营收为1346亿元人民币,归属百度的净利润(non-GAAP)287亿元,同比增速达39%,而搜索引擎的广告收入是其最大的来源。

(二) 平台模式

目前全球最大的100家企业里,已有60家左右企业的主要收入源自平台商业模式,其中包括苹果、思科、谷歌、微软、日本电报电话公司、时代华纳、UPS及沃达丰等著名公司。在中国,诸如淘宝、百度、腾讯、京东、上海证券交易所以及盛大游戏等公司,同样也是通过平台商业模式获利并持续扩大市场版图。

所谓平台,目前也有很多种解释,这里主要阐述两种理解。

第一,平台其实就是去中心化的概念。去中心化,可以解决集中模式下计算能力不足的问题。互联网技术的出现,其实搭建了一个交易平台,让所有的需求和供给都在这个平台上自我搜寻和匹配,把集中式匹配变成分布式的"点对点"交易状态,从而解决了集中处理能力不足的问题,最终从总体上优化了资源的匹配效率。

第二,平台就是为合作参与者和客户提供一个合作和交易的软硬件相结合的环境。平台模式是通过双边市场效应和平台的集群效应,形成符合定位的平台分工,为客户提供好的产品,通过聚集人气,扩大用户规模,使参与各方受益,达到平台价值、客户价值和服务最大化。

应该说,以BAT为首的中国互联网企业正是平台商业模式的最大受益者。下面主要来介绍一下BAT这三家巨头公司的平台模式。

1. 百度的搜索平台模式

百度成立于2000年,是全球最大的中文搜索引擎、最大的中文网站,其互联网搜索产品及服务包括:以网络搜索为主的功能性搜索,以贴吧为主的社区搜索,针对各区域、行业所需的垂直搜索,MP3搜索,以及门户频道、IM(即时通讯)等,全面覆盖了中文网络世界所有的搜索需求。2024年5月,百度在中国搜索市场份额为55.85%,排名全国第一。百度的平台模式就是搜索引擎。

在早期的产业链中,搜索引擎商只是扮演了一个提供搜索技术的角色,而门户网站用搜索引擎运营商提供的技术来为自己的用户提供搜索服务,百度刚刚创立的时候只是扮演这个角色以至于百度的人员实际上只是拿到了一些开发技术的费用而已，而搜索引擎也只是为这些网站多了一些增值服务，并没有形成太多真正的商业价值。但在目前，搜索引擎商已经占据了绝对的关键位置。一方面，运营商本身可以直接为用户提供搜索服务，也可为合作网站提供搜索技术支持，来间接为用户提供服务；另一方面通过搜索引擎这个平台，可以将广告主的广告传递到用户，真正地承接了广告主与用户间的桥梁。百度是一个为用户提供搜索的服务平台，同时更是一个商业化的信息检索平台。目前，百度的主要的盈利手段是竞价广告，其次是网盟推广、品牌推广、图片推广等。而其他的一些产品则是为广大的互联网用户提供了一个很好的免费服务平台。

2. 阿里巴巴的电商平台模式

阿里巴巴成立于1999年，主营业务为电子商务，它的平台模式就是建立了电商平台。目前，阿里巴巴旗下拥有中国最大的电商平台，其中包括B2C模式的天猫、C2C模式的淘宝以及B2B模式的阿里巴巴，还有目前中国最大的第三方支付工具支付宝。根据阿里巴巴公布的财务报告显示，2023财年，阿里巴巴集团营收为8686.87亿元，与2022财年的8530.62亿元相比增长2%；净利润为655.73亿元，与2022财年的470.79亿元相比增长39%。阿里巴巴方面表示，其中国消费者业务去年已实现服务10亿中国消费者这一里程碑。2023财年，云智能集团服务全球400多万客户，包括80%的中国科技创新企业、60%的国家级专精特新小巨人企业；国际数字商业集团服务数亿海外消费者，并触达来自全球超过4700万名活跃中小企业买家；菜鸟成功实现跨境和国际业务的日均履约超过400万个包裹；盒马整体GMV超过550亿元。2015年，马云也表示，"阿里集团会在五年内成为世界上第一个平台销售超过1万亿美元的公司，未来十年完成全球电子商务网络建设"。借助强大的电商平台效应，这些年来，阿里巴巴也加快了向非电商领域扩张的步伐，涉足金融、物流、娱乐、生活服务等多个领域，发生了多起并购事件，阿里的商业帝国版图越扩越大。

阿里巴巴已经形成了一个通过自有电商平台沉积以及UC、高德地图、企业微博等端口导流，围绕电商核心业务及支撑电商体系的金融业务，以及配套的本地生活服务、健康医疗等，囊括游戏、视频、音乐等泛娱乐业务和智能终端业务的完整商业生态圈。这一商业生态圈的核心是数据及流量共享，基础是营销服务及云服务,有效数据的整合抓手是支付宝。①

以淘宝网为例。成立于 2003 年 5 月的淘宝网,是亚洲较大的网络零售商圈。在 C2C 市场中,2023 年淘宝天猫占据了 45％的市场份额。随着淘宝网规模的扩大和用户数量的增加,淘宝也从单一的 C2C 网络集市变成了包括 C2C、分销、拍卖、直供、众筹、定制等等多种电子商务模式在内的综合性零售商圈。

可见,阿里巴巴对互联网经济生活的最大贡献在于,它把"基础平台"做活并深化了,围绕 B2B、B2C、C2C 平台,构建了一个电子商务的网商生态系统。在中国,4000 多万中小企业的存在使阿里巴巴得到高速成长。②

3. 腾讯的开放平台模式

腾讯成立于 1998 年,是中国最大的互联网综合服务提供商之一,也是中国服务用户最多的互联网企业之一。腾讯主要的服务包括:社交和通信服务 QQ 及微信/WeChat、社交网络平台 QQ 空间、腾讯游戏旗下 QQ 游戏平台、门户网站腾讯网、腾讯新闻客户端和网络视频服务腾讯视频等。腾讯最大的平台,也是最大的竞争资本从之前的 QQ 到现在的微信,都是在各自领域里具有垄断性的产品,用户规模巨大。在个性化、服务化、产业化的时代大背景下,腾讯启动了全面开放的平台模式。

2011 年 6 月,腾讯公布了腾讯朋友、QQ 空间、腾讯微博、财付通、电子商务、腾讯搜搜、彩贝以及 QQ 八大开放平台,随后平台的数量不断增加,目前已经有大到包括 SNS 形态的 QQ 空间,小到 QQ 电影票这样的细分市场,大大小小近 30 个开放平台。在这些平台上,由腾讯负责基础建设和吸引流量,开发商负责提供应用和内容,然后就收入进行分成。此外,腾讯还根据中国市场特点及自身资源能力,为开放平台开发商提供了账号、推广资源、计费方式、数据分析等一站式服务。多平台开放的战略虽然会带来一定管理协同上的难度,但却会在入口层面发挥很强的协同效应。同时,多平台的战略更让腾讯可以介入产业链的各个环节。在开放之前,腾讯的产品服务多为自有,而转为开放之后,其多个开放平台覆盖了互联网应用的各个环节,采取了全产业链的开放

---

① 新浪财经:《复制阿里巴巴?》,http://finance.sina.com.cn/360desktop/roll/20141014/094520531727.shtml,2014 年 10 月 14 日。

② 刘琦琳:《免费经济——中国新经济的未来》,北京:商务印书馆 2011 年版,第 31 页。

平台战略。[①]

(三) 免费+增值服务模式

1994 年,中国全功能接入国际互联网,从此开启互联网时代。30 年的发展,互联网深刻改变着中国人的生活,并成为国民经济发展的重要驱动力。有一个词一直伴随着中国互联网这些年的快速发展,那就是"免费"。在互联网的世界里,我们已经习惯了众多"免费"的东西,诸如免费邮箱、免费音乐、免费电子书、免费影视、免费搜索引擎……

开放和分享,被很多人认为是互联网发展的原动力,也是"互联网精神"的核心,在其基础之上的互联网经济也被认为是"免费"的繁荣。互联网时代的"免费"展现了根本性的不同:它不再是一种短期的、非理性的竞争手段,而是一种长期的、理性的商业模式——"免费"才能赚钱,"免费"才能长久。在免费模式下,中国出现了很多成功的互联网企业:腾讯、阿里巴巴、百度、盛大、巨人、网易等。它们依托于中国庞大用户数目而构建的基础平台,开发增值服务,取得了巨大成功。[②]

可以说,在互联网经济中,"免费 + 增值服务"的模式已经运用得相当娴熟。如腾讯 QQ 向普通用户提供基础聊天服务,向付费用户提供云端保存聊天记录等增值服务;迅雷在提供基础的下载服务之外,也为 VIP 用户提供离线下载、种子点播等增值服务;Skype 可以提供基本的互联网通话服务,而互联网之外的网络通话则是需要付费的。这样的例子还有很多,这证明,"免费 + 增值服务"可以成为一种成功的商业模式。

1. 奇虎 360 的"Freemium"模式

奇虎 360 于 2005 年 9 月创立,是一家以主营 360 杀毒为代表的免费网络安全平台公司。作为中国最大的互联网安全公司之一,奇虎拥有国内规模领先的高水平安全技术团队,旗下 360 安全卫士、360 杀毒、360 安全浏览器、360 安全桌面、360 手机卫士等系列产品深受用户好评,使 360 成为无可争议的网络安全

---

①　新财富杂志:《腾讯 15 年商业模式变迁》,http://www.huxiu.com/article/26319/1.html,2014 年 1 月 12 日。

②　刘琦琳:《免费经济——中国新经济的未来》,北京:商务印书馆 2011 年版,第 1 页。

领先品牌。在 2017 年，360PC 安全产品的市场占有率已经达到 94.77％，平均月活跃用户数达 5.09 亿，是中国软件行业当之无愧的"安全之王"。根据奇虎 360 公布的财务报告显示，在 2023 年前三个季度，360 的营收为 67.38 亿元，同比下降 2.83％。

360 是免费安全的首倡者，认为互联网安全像即时通信、搜索引擎、电子邮箱一样，是互联网的基础服务，应该免费的。奇虎 360 的董事长兼 CEO 周鸿祎曾提出了 360 的"Freemium"模式，即 Free（免费）+ Premium（增值服务）。免费的安全和杀毒服务是推广手段，用来培养用户忠诚度，在此基础上推出互联网增值服务。通过这一模式，360 获得了近 8 亿的用户，连续五年稳居第一，已经是国内第一大互联网安全公司。可以说用户和流量，正是互联网企业发展的基石。奇虎 360 提供的免费网络安全服务，具有很高的针对性和实用性，积累了数量庞大的用户群。在此基础上，奇虎 360 积极拓展增值服务，主要来自游戏平台业务。根据财报显示，360 公司主要收入构成为互联网广告及服务、互联网增值服务和智能硬件业务。

2. 腾讯的互联网增值服务

如前文所讲，腾讯的发展依靠平台模式在竞争激烈的市场环境中站稳脚跟，成为中国互联网企业的"三足"之一。对于腾讯平台来说，最早期的盈利模式就是互联网的增值服务，也是经验最丰富的一块。

微信是腾讯公司于 2011 年 1 月 21 日推出的一个为智能终端提供即时通信服务的免费应用程序，十几年的快速发展，至今已经成为腾讯公司最核心的平台和产品。根据腾讯的财报显示，截至 2023 年底 6 月底，微信及 WeChat 合并月活数超 13.27 亿，同比增长 2％；而 QQ 月活跃用户为 5.71 亿，同比增长 0.4％。这两款社交软件的用户量还是维持之前的发展趋势，微信保持增长，QQ 继续下降。由此可见，微信的影响力胜过了 QQ。应该说，腾讯的互联网增值服务是建立在微信和 QQ 这些超级即时通信平台的基础上发展起来的，为广大用户提供了丰富多彩的个性化增值服务。主要服务包括电子邮箱、会员特权、网络虚拟形象、个人空间网络社区、网络音乐、交友、游戏娱乐等，腾讯游戏、腾讯视频、QQ 音乐等数字内容业务，以及微信、QQ 等社交网络业务被用户广泛使用。2022 全年，腾讯总营收达到 5545.5 亿元，同比下降 1％。其中互联网增值服务业务的收入为 2875.65 亿元,占比达到 52%;金融科技及企业服务业务收入 1770.64 亿元,占比 32%;网络广告业务收入 827.29 亿元,占比 15%。可见,腾讯的主要营收正是来自互联网增值服务。

3. 盛大游戏的增值服务

盛大游戏是盛大网络的核心业务和产品,它拥有国内最丰富的自主知识产权网络游戏的产品线,向用户提供包括大型多人在线角色扮演游戏、休闲游戏等多样化的网络游戏产品,满足各类用户的娱乐需求。

2005 年网络游戏开始爆发,当时最出名的应该就是盛大游戏。2005 年前三个季度盛大单季度净利一直在 2 亿以上,游戏一开始的收费是花钱买时间,玩游戏要给钱。但好景不长,第四季度突然巨亏 5 亿。2006 年开始盛大抛弃原有的计时收费模式,改为靠销售游戏道具,而玩游戏从此免费。只要玩家肯砸钱,就能享受到在其他游戏中付出大量时间获得装备才等同的快感与成就感。2006年第四季度盛大又开始盈利,而 2007 年连续 4 个季度巨赢 4 亿多。①

从盛大游戏的发展来看,从游戏收费到游戏免费、增值服务(主要指出售游戏道具)收费,这一跨越使盛大游戏的营收扭亏为盈,也改变了之前的商业模式,从中也能够看出"免费 + 增值服务"的模式在网络游戏领域里的作用及发展可能性。

(四) 付费模式

相对于"免费 + 增值服务"的商业模式,付费模式在互联网的世界里看起来有些格格不入;但是随着互联网的深入发展,融媒体产业的不断完善,付费模式正逐渐向我们走来。尤其在视频网站领域里,过去的"免费模式"已经难以支撑视频网站的生存,不管是版权费的支付(一些热门综艺节目的网络版权费均突破亿元),还是带宽成本的提高(国内几家大型视频网站每月在带宽上的支出都在千万元以上),视频网站要"烧钱"的地方太多,光靠单一的广告模式很难实现盈利。此外,再加上视频网站在内容上开始往自制剧方向投入(主要包括获取小

---

① 《腾讯产品总监:社交网络是如何赚钱的》,http://www.chinaz.com/manage/2015/0702/418759. shtml,2015 年 7 月 2 日。

说、游戏等 IP 版权和自制剧制作两方面），同时又在电视盒子、智能电视及其他硬件设备等方面布局，都是需要大笔的开支。如果让视频网站"节流"无望，那么只能走上"开源"的道路。因此，视频网站开拓付费模式势在必行。

目前，根据中美主要视频网站付费情况的对比，可以看出付费模式大致分为"按时间计算"和"按内容量"计算两种。从另一个角度看，如果视频网站能够激发起用户的消费需求和热情，那么未来的市场潜力和想象空间是非常大的。因此，如何吸引付费用户，这应该是未来视频网站发展的关键。通过具体的实例可以发现，产品口碑及优质内容是用户愿意付费的核心，同时内容速度及支付便利也是付费的关键因素。

下面就网络视频、网络游戏的付费模式进行分析。

1. 网络视频的付费观看

应该说 2015 年是网络视频实行付费观看的一个拐点。2015 年 7 月，腾讯视频、爱奇艺等主流视频网站和客户端，集体主推付费内容。而这些付费视频几乎都是各视频网站的优质内容，如爱奇艺的网络自制剧《盗墓笔记》（第一季）、腾讯视频的《权力的游戏》等独家内容。以《盗墓笔记》为例，启动收费后，网站 5 分钟内收到 1.6 亿次播放请求与超过 260 万次的会员开通请求，结果引发服务器宕机，70% 付费会员无法观看，开通会员的请求也无法通过。这一方面可以看出优质的网络视频对用户的吸引力，付费并未成为发展的阻力；但从另一方面也可以看到，国内视频网站收费还任重道远，不仅是软实力方面要继续提升，硬件能力也要加强。

目前，国内几家主流视频网站每月收费 5 元至 30 元不等，就可以点播高清格式的付费内容。以《盗墓笔记》为例，付费可以一次性点播《盗墓笔记》全集的收费模式，260 万新增会员，如果按每人 15 元月会费计算的话，这部网剧的会员费就为爱奇艺带来超 3900 万的收入。① 这无疑能为现在还全面亏损的视频网站带来新的盈利和利润增长点。美国的经验也能为中国视频网站发展带来一些启示。在美国，自制剧取得成功的视频播出方都是靠付费模式生存的。无论是制作《纸牌屋》的 Netflix，靠《透明人生》赢得金球奖的亚马逊，还是一贯华丽精细的 HBO，无一不是靠订阅费而非广告费立足的。

根据相关数据显示，目前我国收费视频仅占业界收入的 5%，这一方面可见付费的增长空间巨大，另一方面也正如前文所提的，国内视频网站收费还任重道远。像《盗墓笔记》能引起视频网站付费观看的热潮，主要还是取决于《盗墓笔记》这部顶级 IP（Intellectual Property 的缩写，意为知识产权，现引申为好的故事和角色）自身强大的号召力，而不是视频作品的内容与制作。而这样的现象也不是"遍地开花"，只是一个特例。因此，网络视频的付费模式想要持续发展下去，对于习惯了"吃免费午餐"的国内网络视频市场，培养持续性的付费习惯是建立收费模式的基础。而付费习惯的植入不能光靠一两部现象级作品的热炒，更需要视频网站整体服务理念的升级。简单来说，观众付了费就成了用户，相应地，视频网站也要将"为观众提供视频"的简单理念升级到"为用户提供服务"①。

2. 网络游戏的付费模式

网络游戏一直是新媒体产业中重要的一环。根据相关数据显示，2023 年中国游戏行业实际销售收入 3029.64 亿元，其中移动游戏市场销售收入 2268.60 亿元，占 74.9%；客户端游戏市场销售收入 662.83 亿元，占 21.9%；网页游戏市场销售收入 47.5 亿元，占 1.6%。

十多年来，网络游戏的发展也经历了从"收费"到"免费"的过程。"免费网游"刚出现时，这种消费模式在收费网游中异军突起，获得了玩家的认同与好感，短时间内吸引了成千上万的用户。但随着时间的推移，网游玩家也早已明白，所谓的"免费网游"也不过是一个噱头而已。目前网游的收费模式主要有三种：时间收费、道具收费和交易收费。每一种收费方式的变革，都是网游厂商的一种新尝试。现今的主流收费方式多为道具收费，也就是所谓的"免费网游"模式。

多年来"免费网游"在韩国大行其道，但对于目前的韩国网游市场来说"免费模式"已经开始无法适应未来游戏市场的大趋势，这个问题正让韩国游戏产业逐渐走向衰退，在过去的几年内，韩国有多达 33 款新老网游遭遇停运，而收购兼并的狂潮也并没有给韩国网游业带来增长趋势。可见免费模式已经将韩国游戏带入了严酷的寒冬。中国市场也一样，虽免费网游仍在大行其道，但却已明显露出颓势。玩家对于充斥在免费网游里的强迫性消费的不满情绪积压已久，并看起

---

① 张祯希：《互联网视频，凭什么开启"付费模式"？》，《文汇报》2015 年 7 月 21 日。

来随时都有可能爆发。曾一时风光无两的免费网游,现已开始显得难以适应新的市场环境。①

因此,网络游戏如何收费成为今后业界需要思考及突破的难题。

(五) O2O 模式

O2O(Online to Offline),解释为:在线到离线或线上到线下。这个概念最早来源于美国,具体是指将线下的商务机会与互联网结合,让互联网成为线下交易的前台。O2O 涉及的范围非常广泛,只要产业链中既可涉及线上,又可涉及线下,就可统称为 O2O 模式。

相关业内人士表示,O2O 模式打开的是一个万亿元级别的市场。国家统计局数据显示,2023 年,中国全国网上零售额超 15 万亿元,同比增长 11%,连续 11 年成为全球第一大网络零售市场。其中,实物商品网络零售额占社会消费品零售总额比重增至 27.6%,创历史新高。随着中国线上消费需求持续增长,在即时配送服务模式下,从生鲜蔬菜到酒水饮料,从鲜花药品到国潮美妆,能够快速送到家门口的商品种类越来越多,即时零售等新消费场景正加速布局并保持发展势头。疫情期间,消费者的活动范围较以前有所收缩,线上消费、本地消费行为明显增加,线上消费习惯进一步养成。美团数据显示,2022 年 1 月至 5 月,商超百货等各类实体零售门店线上订单额增长了 70%。中国连锁经营协会数据显示,2023 年网络零售百强企业销售额总计 20205.17 亿元,同比增长 13.2%。由此可见,将线上客源和实体店消费对接蕴含着巨大商机,生活服务类的网销市场或将比货物网销潜力更大。

下面通过"团购 O2O"及"苏宁 O2O"这两个案例对 O2O 模式进行分析。

1. 团购 O2O

应该说,O2O 模式是在团购中运用比较早的一种方式。从团购网站的发展来看,O2O 模式这种在线支付购买线下的商品或服务,再到线下享受商品或服务的模式也被证实可以很快被消费者接受。因此,团购用低价推销的模式,完成了 O2O 行业的"启蒙教育",之后 O2O 模式的魅力开始显现并逐步增加。中国

---

① 《收费还是免费? 网络游戏付费模式探索》,http://biz.265g.com/product/188490.html。

O2O 市场起步于 2003 年,经历了以点评、口碑、信息发布等方式为主的探索时期,近年来团购网站也从行业刚开始时的"百团大战""千团大战",到现在"大鱼吃小鱼"、大量团购网站倒闭、兼并重组的现状,呈现出"新美大"(美团、大众点评)、百度糯米"两足鼎立"的局面。

艾瑞咨询数据显示,2021 年我国本地生活 O2O 行业规模约为 28327.1 亿元。近年来,O2O 在线生活服务市场的竞争更加激烈,无不在加速开拓市场。随着移动互联网的发展,中国生活服务 O2O 市场将迎来新一轮的暴发。而从大众点评市场份额的增加可以分析出,从最初的点评信息平台一步步向交易平台发展,而后加入了会员卡、团购等业务以及在多个细分品类服务,大众点评"本地生活生态圈"的落地呈现多元化布局。换言之,不只是依赖团购,多元化的业务模式反而带动了团购的成长。

根据易观分析报告数据显示,在过去的几年内,团购仍然是支持本地生活 O2O 市场的最核心业务。但是团购的低价折扣并未实现商户、平台、用户三方价值的最大化,单一的团购模式也无法支撑平台的长远发展。所以,从根本来看,后团购时代,打造 O2O 生态已经非常关键。以大众点评为首的本地生活服务 O2O 平台,开始切入电影、结婚婚庆、到家等更垂直、细分的一些领域,向一站式生活服务平台转型,纵深化发展将成为本地生活 O2O 的未来趋势。而美团也希望通过多元化发展模式淡化团购符号,并最终实现去团购化,变身"本地生活服务平台"的目标。

2. 苏宁 O2O

苏宁是中国商业企业的领先者,经营商品涵盖传统家电、消费电子、百货、日用品、图书、虚拟产品等综合品类,公司成立于 1990 年 12 月,现拥有线下实体门店数千家,线上苏宁易购位居国内 B2C 前三,其线上线下 O2O 的融合发展引领着零售发展的新趋势。根据苏宁易购的财务报告显示,2023 年苏宁易购线上、线下销售规模已破千亿元规模,苏宁易购拥有各类门店近 2 万家。"2023 中国网络零售 TOP100 榜单"中,苏宁易购以 890.4 亿元的销售额位居第四位。从传统的家电卖场,到线上线下齐头发展,这是苏宁转型的成果,也是积极拥抱互联网的结果。苏宁董事长张近东在 2015 年中国互联网大会上作的主题发言中指出,"苏宁转型的第一步是'＋互联网',第二步是'互联网＋'。从'＋互联网'来看,苏宁首先做的是在平台方面的'+渠道',上线苏宁易购,开发 PC 端、移动端和收购 PPTV,并进入 TV 端。其次,是'+商品',不仅是把线下的商品搬上网,还要开拓适应互联网平台的品牌和品类。最后,是'+服务',不仅重新构建了线上的运营服务,还打造了金融云、数据云和物流云。而从'互联网+'的角度来讲,首先,通过'互联网+线下渠道',丰富实体店的商业形态、品类业态。其次,是'互联网+商品',突破了门店品类展示数量、陈列方式的局限。最后,'互联网+服务',使移动支付、场景互联、社交服务成为线下 O2O 的三大方向"。

苏宁打造的云店就是互联网产品。云店,指的就是通过吃喝玩乐的多业态组合满足用户多场景的需求,通过融合线上线下,开设母婴、超市、百货、金融和海外购等体验馆,吸引不同的人群体验,从而提升流量、增强黏性。苏宁易购集团总裁助理、东部片区总裁徐海澜在"上海苏宁易购 2024 战略发布会"上表示,2024 年苏宁易购东部片区将持续聚焦线下市场深耕和拓展,新开 37 家苏宁易家、754 家零售云、80 家苏宁易家甄选店,从而为用户提供丰富的购物场景、套系化的产品和专业 3C 电器消费体验。

苏宁 O2O 的成果不仅仅是云店,转型推出的苏宁消费金融任性付产品,上线 15 天的时间即获得了 400 多万的用户;海外购频道将日本 Laox、美国和中国香港公司的海外商品引入,并在实体店虚拟展示,未来甚至可以把世界各地的产品都汇聚起来。

(六)融合模式

"融合"一词近些年来不绝于耳,正如前文所述,"从互联网企业诞生的那一刻开始,就已经打上了'融合'的烙印"。在新的时代背景下,新媒体和传统媒体不断地融合,我们将之称为融媒体时代。融媒体充分地吸收了新媒体和传统媒体中的优势和精华,实现了创新性的发展。在融媒体产业的发展过程中,产业融合一直都是一大鲜明的特征,也是主要的发展趋势。融合模式也成为融媒体经济有特色的商业模式。

下面重点介绍在融媒体产业中主要运用的三种融合模式,分别为:线上线下融合、台网融合(媒体融合)、技术与营销融合。

1. 线上线下融合

2022 年 1 月 17 日，国家发改委发布的《关于做好近期促进消费工作的通知》提出，推动实体商场、超市、便利店等数字化改造和线上线下协同，发展仓储会员店、"门店到家"服务等零售新业态，加快培育体验式、沉浸式消费新场景，提升消费智慧化、便利化水平。

在江苏江阴市人民路上，银泰百货旗下的银泰云店开了一家名为"intime365 集合店"的新型百货集合店，80 平方米的店内除了供体验的商品外，还设有 3 块数字化"云屏"，用户注册成为会员后，即可通过"云屏"下单消费。

银泰云店利用"云屏"的交互方式，通过银泰百货数字化平台，结合线下各种热门美妆、潮流服饰的试用，帮助消费者收获一站式购物体验。线上线下的商品同价，顾客下单后通过系统后台判断哪里直发最便捷。2021 年"双 11"期间，银泰云店订单同比增长 8 倍。

2023 年春节，参与 2023 年"过年不打烊"的途虎养车工场店已覆盖全国 300 多座城市，通过"线上预约＋线下履约"的创新商业模式，让人们用车养车更便捷、更实惠。

瓜子二手车提供一站式服务，消费者线上下单订车，平台送车上门。瓜子二手车联合创始人、高级副总裁王晓宇表示，线上车源供给多，给消费者充分的比价空间，二手车销量稳步增长。

智能结算、自助售卖、即时配送……近年来，我国各类流通市场主体一方面积极跨界经营、发展综合服务，另一方面加速应用先进信息技术、实现线上线下融合发展，有效提升供给能力，不断拓展便民消费新场景，满足了多样化、便利化、品质化消费需求。未来的商业趋势是走向电子化的，实体经济与互联网经济将基于大数据、云计算等技术实现融合互补，线上线下的融合也是实现实体经济和互联网经济融通的有效途径。

2. 台网融合

台网融合是媒体融合的一种表现形式，是传统媒体与新媒体的融合，简单地讲就是将电视台与互联网进行融合，是电视台融媒体化的路径。这里的"网"指的是互联网，并非某个互联网企业，而是学习、利用互联网思维、互联网的技术和商业模式,使电视台互联网化。因此,台网融合,并不是简单地与互联网视频网站就电视台的内容传播、版权或广告的二次销售等进行合作;而是在整体上,从电视台的节目制作、播出传播以及版权战略、商业模式等与互联网进行一体化的考虑、谋划。

以芒果 TV 为例。芒果 TV 是湖南广播电视台旗下唯一互联网视频平台,独家提供湖南卫视所有栏目高清视频直播点播,并为用户提供各类热门电影、电视剧、综艺、动漫、音乐、娱乐等内容的在线视频网站。2014 年 5 月,湖南卫视对外宣称,自己拥有完整知识产权的自制节目,将由"芒果 TV"独家播出,在互联网版权上一律不分销,不再与其他新媒体合作,以此打造自己的互联网视频平台。此举,"一石激起千层浪",也被视为电视台断供视频网站的开始。经过这些年的践行,芒果 TV 独播和网络自制剧战略,在竞争激烈的视频网站领域,开始显现自身的优势和实力。现在芒果 TV 模式被广泛热议与认可,已成为传统媒体与新兴媒体融合(台网融合)的发展先锋和典型案例。

在台网融合今后的发展中,除了广电系统体制的创新以及版权战略之外,其他两种思维也至关重要。第一,所有电视台的 IPTV 业务、网络电视台业务等所谓的新媒体业务,都要服务于整个电视台的改造与升级,使电视台整体实现互联网化。第二,电视台要运用互联网思维,把观众变成用户,因为在大数据时代,不真正掌握用户,不了解用户,就将失去未来发展的空间;这也可以算是电视台实现融媒体化的目标或判断标准。

3. 技术与营销融合

随着信息技术、数字技术的不断发展和日新月异,云计算、大数据、物联网等一大批新兴技术出现在人们的日常生活中。新技术导致用户需求的改变。新技术开拓了用户的思维,增强了用户的应用能力,使用户不断进化。那么从营销的角度来看,现在数字营销就需要从新技术的角度去重新认识用户、认识消费者,并迅速洞察他们的需求。因此,技术与营销的融合也将是融媒体产业的一大趋势及商业模式。

大数据时代,无处不在的连接成为这个时代的新元素。用户在这个时代中,生活在一个全互联网连接的环境里,用户的行为数据将更加精准和全面,系统收集的海量数据会让营销决策人对用户的了解更加贴近真实情况。同时也能更好地制定策略，实现效果更佳的营销，最终在市场竞争中占据有利地位。

如今，零售、快消、金融、旅游、教育等中国产业经济体已开始主动向移动互联网融合，这也将重新定义数字营销的结构。在新的时代，营销将分为技术营销类和战略营销类，加之大数据真正实现应用化，营销人员是否有能力去掌控新技术、是否有能力去应用它们，都将是数字营销业核心竞争力的基础判断标准。未来的营销领军人应该是这样的一群人，他们有着 marketing 的内核，并且洞悉技术能够带来的所有可能性，将技术与营销实现真正的融合，来促进互联网经济的发展。①

数据来源

1. 第 52 次《中国互联网络发展状况统计报告》
2.《中国传媒产业发展报告（2022）》
3.《中国传媒产业发展报告（2023）》
4.《2023 中国互联网企业百强排行榜》
5.《国民经济行业分类》
6.《文化产业振兴规划》
7.《"十四五"国家战略性新兴产业发展规划》
8.《国务院关于积极推进"互联网＋"行动的指导意见》
9.《中华人民共和国国民经济和社会发展第十四个五年规划纲要》
10.《国家"十四五"时期文化改革发展规划纲要》
11.《关于推动传统媒体和新兴媒体融合发展的指导意见》
12.《2022 年全球数字概览》
13.《2023 年前三季度中国电子商务发展报告》
14.《2022 年度中国数字阅读报告》
15.《2021—2022 中国数字出版产业年度报告》
16.《2021—2022 年中国网络经济年度报告》
17.《2023 年中国互联网企业 100 强》
18.《2023 微博用户发展报告》
19.《2023 电商发展报告》
20.《2022—2028 年中国短视频行业市场研究分析及投资前景评估报告》
21.《2022 中国视频广告行业市场深度及现状规模分析》
22.《2022 年中国游戏产业报告》
23.《2023 年中国移动广告行业发展现状及趋势》
24.《2023 年中国互联网行业发展态势暨景气指数报告》

---

① 《Mega Web 时代：传统与科技融合使营销再升华》，http://tech.qq.com/a/20140902/034598.htm。

25.《全球 OTT 电视及视频预测》

26.《恒者行远,思者常新 2023H1 中国家庭智能大屏行业发展白皮书》

27.《腾讯 2023 年度财务报告》

28.《新浪 2023 年度财务报告》

29.《百度 2023 年度财务报告》

30.《阿里巴巴 2023 年度财务报告》

31.《奇虎 360 2023 年度财务报告》

● 文中主要数据来源于以上各类报告。

● 文中还有部分数据来源:Internet Live Stats 数据、Digi-Capital 市场研究公司数据、WPP 集团与 eMarketer 数据、S&P 数据、Digitimes Research 数据、Digital TV Research 数据、工信部、国家新闻出版广电总局、国家统计局等。

第五章　融媒体广告

近年来,移动互联网的发展对传统媒体产生了猛烈冲击,传统媒体的入口价值大大降低,用户快速流失。5G 时代来临,将会进一步促进移动互联网的发展。据中国互联网络信息中心发布第 52 次《中国互联网络发展状况统计报告》显示,截至 2023 年 6 月,我国网民规模达 10.79 亿,较 2022 年 12 月增长 1109 万人,互联网普及率达 76.4%;此外,我国手机网民规模达 10.76 亿人,较 2022 年 12 月增长 1109 万人,网民使用手机上网的比例为 99.8%;我国网民使用台式电脑、笔记本电脑、电视和平板电脑上网的比例分别为 34.4%、32.4%、26.8% 和 28.6%。[①]从以上数据可以看出,用户流量已经全面转向互联网的新媒体平台,类似抖音、快手、小红书等社交 App 成为主流应用。传统媒体用户大量流失,互联网成为用户获取信息的第一入口。新媒体的兴起带来了盈利模式的变革,极大地颠覆了传统媒体的广告市场,广告主纷纷涌进新媒体平台进行广告信息投放。得益于庞大的年轻用户群体,互联网广告始终保持着高速增长态势,阿里巴巴、字节跳动在 2023 年的广告收入超过上千亿元,不断侵占传统媒体的广告市场。传统媒体的主要收入来源就是广告,在互联网强烈的冲击下,无论是报纸、期刊还是电视广告的收入,都呈现大幅度下滑趋势。

传统媒体与互联网媒体此消彼长,当新媒体发展呈现一派欣欣向荣之际,传统媒体受众流失一日千里,"纸媒已死""电视消亡论"等论断层出不穷。传统媒体要想绝地重生,必须把握时机,抓住用户流量,与新媒体的融合是必然趋势。2016 年,中央电视台率先开始了向着融媒体转型发展的探索。2018 年以来,各地县级融媒体中心建设如火如荼,力争打通"最后一公里"。如今,北京、天津、上海等市区级融媒体中心全部挂牌成立,全国各省区都在以不同进度全面推进融

---

① 　中国互联网络信息中心(CNNIC):第 52 次《中国互联网络发展状况统计报告》,2023 年 6 月。

媒体平台建设。但我国融媒体建设总体上还处于初创期,建设重点在平台建设模式或资源整合模式上,多以传统报纸、广播、电视为支撑,以原有新媒体发布平台和端口为依托,组建新媒体传播矩阵,整合形成的全媒体一体化采编发布网络和工作模式。①对用户需求的关注和研究存在不足,也没有做到针对用户的媒介接触习惯进行科学组建媒体矩阵。随着融媒体建设的持续推进,这些问题将越来越成为融媒体关注的重点。

融媒体平台建设的推进,新旧媒体不断融合发展,广告业也随之发生迭变。但对融媒体平台来说,广告依然是最重要的盈利产品之一,用户的注意力资源才是真正的价值所在,吸引并留住用户,是融媒体广告经营的基础。只有不断适应融媒体的发展趋势,利用好融媒体的理念、技术、发展逻辑,广告才能在创新中谋求发展。当前以融媒体为导向的广告环境,对广告业务的经营、广告作品的创作、广告业务单位的管理都提出了全新的时代课题。广告不管是从创意、设计还是分发、经营上,都要适应融媒体时代发展的要求。本章从探讨融媒体广告概念出发,分析融媒体时代广告发展遇到的变化,在洞察融媒体平台用户特点的基础上,探索融媒体时代广告的发展策略。

第一节　融媒体广告的概念及特征

一、融媒体广告出现的背景

在互联网技术飞速发展的今天,信息传播表现出由工业社会的大众传播转向信息社会的融合传播的形态,即大众传播与社会化小众传播相融合的传播。工业社会的基本特征,是基于机器大生产的规模化的供给和基于地理空间聚集的规模化需求,由此使得信息不对称成为工业社会的基本矛盾。②于是在既定的大众传播技术条件下出现的大众传媒和广告业等传播现象,使信息的大规模生产和快速流动成为可能。同时,在技术进步的支持下,媒体在功能上更加分化,

---

① 田龙过:《县级融媒体中心建设的关键:打通与用户的"最后一公里"》,《中国编辑》2020年第1期。
② 甘世勇、张昆:《媒介融合视域下的广告融合传播探析》,《出版发行研究》2017年第10期,第65－67页。

导致信息传播的方法和工具更加多样化。然而，信息获取渠道的改善也导致了受众注意力稀缺，当受众在不同媒体平台之间来回切换，争夺受众注意力就成了各大平台想要提升平台价值的难题。在当今媒体技术快速发展的时代，解决这一问题的办法是实现融合媒体传播。

数字技术引发了媒介形态边界的消解与融合，融媒体平台诞生。广告主、广告商基于对消费者媒体接触习惯的观察，自然将不同品牌和产品的广告信息通过融合媒体渠道进行最大限度地传播，实现广告信息和消费者之间的即时互动交流，进而引发消费者对融合媒体环境中的广告信息需求。在一个融合媒体的环境中，大量的信息流无处不在、无时不有，需要清晰、简洁、一致性的广告诉求才能引发消费者决策，其本质就是广告融合传播。在媒体融合的背景下，广告融合性传播是指在时空上对广告媒体、广告形态和广告感知方式进行整合和协调，形成结构化的信息流，实现广告信息的聚合性呈现。随着融媒体平台不断发展，广告经营也形成了集约统一的大趋势，基本服务就是打包出售"融媒体广告"的内容、形式、价格。因融媒体平台的入口价值不断提升，及其融合新旧媒体优势为一体，融媒体广告不断被提上日程，成为广告业发展的未来趋势。

二、融媒体广告的概念

随着融媒体平台建设持续取得进展，融媒体的概念已经较为清晰。作为一种运作模式，融媒体旨在通过整合电视、广播、报纸等传统媒体，充分利用现有媒体渠道，利用不同媒体平台在人员、内容、广告等方面的共性和互补性，同时利用新媒体来填补其空白，实现资源、内容、宣传和效益互通的一种新兴传播方式。融媒体体现和概括了媒体融合的本质，其并非一种新的媒体形式，而是一种通过现有媒体融合进而提高效率的运作模式，通过整合新旧媒体，有效促进各类媒体价值手段和功能的全面提升。因此，融媒体广告可以阐述为在融媒体系统中，将不同媒体形式上的广告内容有机融合，整合而成一种新的广告经营模式，以更加高效、便捷并形成统一的传播态势，实现信息传播收益最大化的一种新型广告运营形式。

总体而言，融媒体并不是一种新的媒体，融媒体广告也并非一种创新性的广告形式，而是已有不同媒体平台广告内容和形式的共融。融媒体建设无疑是能够以新媒体、新技术之力带动传统媒体复兴，进而为广告业的发展提供新的机遇。融媒体对于广告来说并不是一个简单的名词或媒体形式，而是一种手段、一个过程，在此过程中融合各个媒体的优势资源进行整合广告传播，并以新媒体技术创造新的广告表现形式和内容。新媒体诞生后，广告经历了传统 4A 广告公司衰落，新媒体广告崛起，广告也不可逆转地向着智能化、程序化、自动化的方向进发，但由此带来的种种问题也成为广告行业良性发展的障碍。新旧媒体的融合，既有助于借用新媒体广告的技术来带动传统媒体广告的二次勃兴，也有助于借鉴传统媒体广告运营的经验克服新媒体广告发展中的问题。新旧媒体融合，带来新旧媒体广告的融合，融媒体广告将以革命性的变革重塑广告的内涵和外延。

三、融媒体广告的发展现状

总体来看，目前我国广告呈增长态势。尤其是 2021 年以来，网络媒体广告收入高速增长，占广告总收入的比重继续保持较大幅度增长。但传统媒体如电视、广播等呈现下降趋势，视听媒体广告经营持续流入腾讯、抖音、快手、小红书等网络媒体。在此种情况下，进行新旧媒体融合广告经营，成为众多传统媒体机构转型发展的方向。广告融媒体经营趋势越来越明显，一些头部卫视如湖南卫视、江苏卫视积极开展全媒体经营，探索"内容＋"营销、大小屏联动，为客户提供全域整合的融合广告营销服务。不少融媒体平台建立起集用户、数据运营、电商等为一体的商业运营体系，从经营单一传统媒体广告转为合经营"电视广告＋互联网广告＋IPTV＋OTT"等。

作为媒体最主要的盈利方式，广告是融媒体运营中的主要产品，在融媒体营销收入中占有最大比重。传统广电媒体作为融媒体平台建设的主力军，已经拥有较为成熟的广告运营体系。相比较而言，融媒体平台在广告招商中尚处于培育期。相比传统广电媒体和互联网平台，融媒体平台的吸引力、影响力、用户忠诚度都处于培养阶段，单纯的硬广投放缺乏对客户的吸引力。客户投放广告时，融媒体常被当作打包投放的渠道之一。然而一些较为知名的大品牌，通常对于硬广告的投放并不看重，更注重新媒体技术互动的效果和场景体验。因此，整合新旧媒体等不同渠道寻求与客户合作，是融媒体广告招商中的重要策略选择。融媒体拥有渠道多元、直达用户等单一媒体不及的优势，从这个角度来说，融媒体可以在精准把脉客户需求的基础上，提供更多的"一揽子"广告整合营销方案。

在以传统媒体为主力的融媒体整合中，在机构内部的机制设计方面，融媒体营销也对内部指标分配和绩效考核的利益分配提出了新的课题。融媒体营销对于打通传统媒体广告部门和融媒体广告部门具有天然的要求，但从目前全国各地的实践来看，广告部门通常是分立而设，这对处于初创阶段、尚在成长的新媒体部门提出了艰巨的挑战。特别是当市场出现动荡时，这样内部竞合关系产生的矛盾会更加凸显。但随着广告市场需求和供给关系的变化，广告主对于广告的渠道、形式组合有着越来越高的要求，这也会加剧融媒体建设之间的媒体互融与合作。在传统广电媒体强势的时候，单纯的硬广告就可以满足多数广告主的需求了。新媒体崛起后，新媒体广告如黑马之势瓜分传统媒体的广告市场，传统媒体一贯的硬广在新媒体的软性广告面前优势不再明显。如今，软硬广告的结合、线上线下的互补、多屏之间的互动几乎成为广告主的刚性需求，这也就对新旧媒体之间的跨平台协作、线上线下的执行力提出更高的要求。根据客户的需求进行各种媒体渠道的排列合作，制定最优方案，成为重要的融媒体发展推动力。

融媒体平台在整合资源时，不仅应实现线上资源的统筹协同，还应该发挥融媒体的独特优势，实现线上线下资源打通，让品牌"贴地飞行"。如江苏网络电视台在精准把脉客户诉求的基础上，打通线上资源的各个环节，为客户定制了很多具有创新性的整合营销方案。而湖南卫视与芒果 TV 深度融合，双平台"融为一体、共同生长"。湖南卫视、芒果 TV 本身就是各自赛道的超级头部玩家，湖南卫视位列省级卫视第一，芒果 TV 领军国内互联网视频行业，双平台深度融合，成为市场新局

湖南卫视 & 芒果 TV 新生态赏鉴会宣传海报

势的破局者，不仅开创了行业全新模式和玩法，进一步重塑中国媒体市场格局，还将通过"全媒一体、迭代共生"的一站式营销解决方案，为品牌增长全方位赋能。

　　融媒体广告不仅需要不同媒体平台之间的融合，也需要融合广告、活动，实现广告推广活动中的信息与流量能够在线上线下融合。商业事件爆发初期，背后可能隐藏着巨大的长期市场，而这样就需要落地服务来维持，因此，线上线下融合的营销方式成为目前融媒体平台融合的趋势之一。其优点在于发挥了线上营销传播广而快的优势，又通过"接地气"的线下活动弥补了线上传播变现能力较弱的缺陷。

　　例如，上好佳 & 东南卫视《地球之极·侣行》IP 深度绑定品牌整合营销，在 Y2Y 品牌年轻节暨第十一届 ADMEN 国际大奖颁奖盛典上，荣获 2021 年度 ADMEN 国际大奖整合营销类实战金奖。作为国内探险旅行真人秀头部 IP，《地球之极·侣行》节目涵盖探险旅行和民间科考的内容，极具社会意义和科研价值，成功垂直深耕探险旅行这个领域，收获了众多观众的追捧。上好佳在《地球之极·侣行》的冠名从第一季延续到第九季，已经形成品牌和节目的深度捆绑关系。为了帮品牌寻求进一步的破圈，东南卫视以《地球之极·侣行》这个 IP 为核心，为上好佳打造出线上线下全链路营销解决方案。线上采用电视平台曝光，联动网络全媒体发酵传播；线下和上好佳一起建设了珊瑚海底公园工程，使节目内容落地，为海洋环境建设贡献力量，形成了良好的社会舆论氛围。在"双十一"

上好佳冠名东南卫视《地球之极·侣行》节目

这一特殊时间节点,节目组和上好佳一起设计"上好佳 & 侣行"联名款进行售卖,实现了电商渠道销售闭环。上好佳在《地球之极·侣行》的冠名,真正实现了广度覆盖、深度影响,促成观众与品牌目标受众相互转换,提升了品牌认知度、好感度和忠诚度,不仅丰富了广告主产品推广形式,也丰富了东南卫视的内容。

第二节　融媒体环境给广告带来的变化

一、融媒体环境为广告带来的发展机遇

在融媒体平台上,将互联网技术与广告创意和设计有机结合,对传播渠道拓展、受众群体增加、广告宣传效果增强具有重要意义。融媒体平台为广告的整合投放,提供了更丰富的渠道和选择,为广告在当前碎片化、移动化、圈层化的媒介环境中找到了有效传播的路径。

(一)新旧媒体各有千秋,行业整合强化优势平台

融媒体时代为广告传播提供了更多机会,"大屏 + 小屏"的趋势,将传统媒体和新媒体进行整合,提升了平台投放价值。在融媒体平台,新旧媒体相互渗透、相互依存,形成一个相对完整的媒介环境。传统媒体在时空上受限被新媒体弥补,而新媒体用户用图片、视频等方式对信息进行接受和参与,可以通过分享等方式实现多级传播。借助融媒体,广告实现了轻而易举的多次传播。融媒体集各种媒介信息制作、传播技术于一身,为广告信息的多样性提供了技术条件。当前融媒体平台的原声广告、短视频广告等等,不仅使得广告信息的表现形式和创意水准起到了根本的提升,种种程序化广告、智能化广告技术已经能够替代人工从事较为简单的广告制作工作,由此必然会刺激广告业对广告设计、制作、投放等工作的探索,刺激广告向着更加省时省力却科学、创新的方向迈进。

媒体融合亦是产业融合,传统媒体融合引入互联网互动、精准、智能化的功能和价值,也带来成千上万的新竞争者和更加市场化的发展模式,加剧了对媒体资源、内容资源、注意力资源的争夺,带来优胜劣汰和行业整合。具有竞争优势的平台,例如一些头部的卫视通过融媒体平台的建设,能够通过建设综合媒体平

台提升盈利能力,吸引人才等更多资源,为后期发展创新带来更多可能性,由此在广告经营中也能获得强势地位,融媒体平台也将呈现出新的广告格局。

(二)智能终端普及,移动客户端的普遍性

在目前 4G 网络基本全覆盖,5G 网络快速建设和普及的情况下,智能终端更加多样化,且在加速全民覆盖,手机等智能终端作为个人通信工具的持有量越来越大。众多智能终端具有便携性、快速性,受众能够利用碎片化时间进行信息接收和发送,转发也十分便利,同时互动性强、传播效果好。智能终端作为传播广告的载体,在手机上接收到的广告更加多样化。

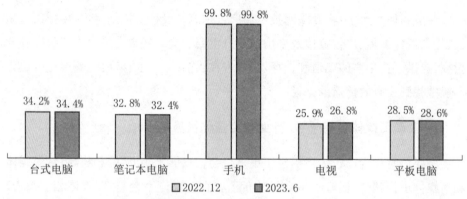

来源:CNNIC 中国互联网络发展状况统计调查

中国互联网网络发展状况统计报告:互联网络接入设备使用情况

《第 52 次中国互联网络发展状况统计报告》显示,我国移动电话用户规模稳中有增,5G 用户数快速增多。截至 2023 年 6 月末,三家基础电信企业的移动电话用户总数达 17.1 亿户。5G 移动电话用户数达 6.76 亿户,占移动电话用户的 39.5%。蜂窝物联网终端用户在移动网络连接终端中占比近半。三家基础电信企业发展蜂窝物联网终端用户数达 21.23 亿户,较 2022 年 12 月净增 2.79 亿户。蜂窝物联网终端用户规模快速超过移动电话用户,占移动网终端连接数(包括移动电话用户和蜂窝物联网终端用户)的比重已达 55.4%。[①]智能终端和蜂窝物联网的大规模普及,使得用户能够随时随地自由接入移动互联网,被移动互联网赋能的用户

---

① 中国互联网络信息中心:第 52 次《中国互联网络发展状况统计报告》,2023 年 6 月。

能够自主地传受信息，从被动的信息接受者，变成了集传受信息于一体的用户。

（三）从精准传播回归大众传播

基于大数据深度挖掘消费者洞察，用数据来选择、创造、优化内容，可以在融媒体平台更精准地派发广告，快速整理信息、精准传播信息，实现融媒体广告的最大化投放效果。智能手机、云计算、平板电脑等飞速发展，能够通过网络轻而易举获得用户的所有数据，使得采用"全数据"进行消费者追踪和分析成为可能。在大数据分析中，"样本即总体"，与传统的抽样调查相比显示出巨大的优越性。从"小样本"到"大数据"，受众测量技术发生的重大变革，推动受众研究呈现出截然不同的变化。以总体为样本进行的研究，不仅可以为消费者进行精准"画像"，还能够追踪用户在不同的社交媒体中的关系交往，为广告运营识别目标消费者群打下坚实基础。但大数据也使信息传播质量变低。纷繁复杂的信息使得受众的注意力变得稀缺，大数据的智能推荐功能以及受众选择信息的自主性，使受众更容易避开广告，因此对广告的创意设计等提出更高要求。

我国企业品牌在改革开放后快速成长和发展，快速完成数量、质量和品牌影响力、竞争力的发展，在全球性市场上有实力的品牌越来越多，推动了从中国制造到中国品牌的巨大转变。随着我国企业产品和品牌的进一步发展，需要有全国乃至全球性影响力的媒体来满足广告信息的传播。能够提供精准传播的互联网，对特定目标消费群的精准传播，虽然提高了广告的精准度，但却无法做到最大程度拓展市场的可能性。对于需要拓展更大市场的企业而言，需要的是针对最广泛的受众进行定制广告信息投放。互联网上各圈层消费者之间的彼此间隔，细分群体之间的圈层化、碎片化和零散性使广告信息无法相互流动，精准投放的广告影响力局限在圈层之间。

广告的本质为广而告之，互联网技术带来的精准传播就成了一个悖论。广告主想要击破圈层，对最广泛的受众进行广告投放，就需要借助传统媒体的影响力，以传统媒体为中心节点批量复制信息给受众，受众之间彼此也能互通交流，一次传播达成广泛到达。从这一点而言，传统媒体在新媒体和新媒体技术日新月异之际，仍然具有彼此不可被替代的受众影响力。只有新旧媒体相互融合，才能既避免精准传播带来的市场份额不断缩小，又能避免大众媒体的即时互动、多级传播有所不足的情况。

二、融媒体广告发展面临的挑战

(一) 传播渠道受限,缺乏整合机制

广告基于融媒体时代的背景不断创新,但也面临着各种各样的挑战。虽然媒体融合,但传统媒体对广告的互动性和转发量始终得不到提升,新媒体具有客户端的普遍性和大数据的高速流动、精准性、沉浸式体验等特点,但其可信度、公信力仍然处于较低的水平。融媒体广告目前尚无法将融媒体的优势彻底发挥,新旧媒体之间仍然缺乏合作,仅仅是经营上的合作并不是融合,同一个广告在不同媒体的展现也不是融媒体传播。融媒体平台需要对不同媒体进行针对性投放对应的广告形式,做到效果融合才是最终的目的。

(二) 缺乏精品创作

随着融媒体的兴起与其功能的发展,公益广告的创作表现、画面表现多种多样。新媒体广告的入门门槛较低,制作简单,导致很多作品粗制滥造,为博人眼球不择手段,传播中的病毒广告、垃圾广告、黄色广告等,使广告较为艰难地发展着。

相对于传统媒体拍"广告大片",融媒体环境下更难出精品,但缺乏精品创作,不仅导致广告行业的业务水平和专业能力受人质疑,也会让受众缺乏关注广告的热情。融媒体的发展使得广告形式上的发展越来越多样化、亲民化,但在制作上还应该精益求精,不能只关注形式而忽视内容,不能只追求视觉上"博人眼球",而忽略融媒体环境下受众的审美需求和精神文化需求。

(三) 从效果可测量到互联网广告流量造假

"我知道我的广告费浪费了一半,但不知道是哪一半。"这是在传统媒体时代,广告界广为流传的一句话。到了互联网时代,互联网广告效果一直被认为可精确测量。然而近年来随着流量造假事件频发,互联网广告效果也备受质疑。美国网络安全公司 WhiteOps 在《2015 年机器人流量(BOT)广告欺诈研究报告》中预测,由于非人类产生的流量,广告商和企业将损失 72 亿美元,其中有49%的广告商因为机器人流量产生的广告欺诈损失在 25 万～4200 万美元。2021 年,中国信息通信研究院和移动、联通、电信、智慧易科技参与编制的《移动

数字广告与流量反欺诈蓝皮报告》也显示,目前中国移动广告规模在 8000 亿左右,其中无效流量占比 30％以上,近年,70％缺乏防御技术能力的互联网 App 遭受过不同程度的黑产欺诈,在被黑产常年紧盯的电商领域,"黑产"已经有非常成熟的欺诈技术,渗透账号注册、身份伪造、宣传导流、借贷支付等多个环节。黑产从业人员已突破 500 万,涉及金额达千亿元。

这些由劣质广告和虚假机器人制造的流量,毫无广告价值。在我国,由于广告法尚不完善,有少数不法广告商、广告媒体只注重经济效益而忽视社会效益,在网站上插播虚假广告,这就导致虚假广告的泛滥,从而损害了消费者的利益。互联网数量巨大而毫无价值的广告让广告主浪费了不止一半的广告费。

对比互联网虚假流量给广告主带来的巨额损失,传统媒体广告在品牌塑造上具有无可比拟的优势。经过多年系统的发展,传统媒体广告效果衡量已经形成了一套稳定且可以被信赖的体系,主流传统媒体尤其是电视的广告效果因其销售转化性强,也一直备受肯定。信息源的信用度取决于信息源的专业性和可信性、吸引力。就专业性而言,中央电视台以及各级省市级媒体依然是信息获取、信息把控最专业的机构,也是最能实现广告大众传播的平台。[1]同时,在传统媒体时代就建立的广泛的影响力,使得人们对强势传统媒体的吸引力从未消退。营销传播关键是传播价值,而有价值的地方才能创造价值。

通过传统媒体和新媒体的融合,传统媒体平台的公信力可以迁移到移动互联网平台,而移动互联网平台的广告则可以作为传统媒体广告的内容拓展和传播的延伸。将两者的优势互补,可以给融媒体广告带来效果提升的同时,也能起到更好的传播效果。

第三节　融媒体环境中的受众研究

一、媒体发展中的受众变迁

受众(audience)一语,最初指演讲的听众,后来也指观看戏剧、体育竞技的

---

[1] 任学安:《媒体融合背景下电视广告经营创新策略——以中央电视台广告经营转型为例》,《电视研究》2017 第 10 期,第 27－30 页。

观众。受众研究结合了媒体功能和媒体效果研究，是广告活动的一个重要的组成部分，代表了媒介功能和广告效果之间的联系，在广告学中占有重要地位。1456年，古腾堡将《圣经》印刷在羊皮纸上，信息被机械几乎无限放大，受众数量大增，不再需要与传播者在同一时空内才能被接收，"受众"一词的含义大大扩展。在大众传播时代，受众是所传播信息的接受者，如书籍和报纸的读者、广播的听众、电视和电影的观众等等。

随着媒介技术的深入发展，受众研究的重心在逐渐从"传者本位"向"受众本位"转移。新媒体诞生后，沉淀了海量的大数据。在融媒体的进程中，随着新旧媒体融合，获取和处理大数据，成为广告业务必不可少的关键一环。大数据成为受众研究的重要工具。所谓大数据，最早由托夫勒在《第三次浪潮》中提出，指所涉及的资料量规模巨大，以至于无法通过现有主流软件工具，在合理的时间内，达到撷取、管理、处理并整理成为帮助企业经营决策等积极目标的各种资讯。具体来说，海量数据、高维数据以及数据记录的非目的性，是大数据的典型特点。传统受众调查由于条件限制，面向受测样本的问题数量常被精简到最少。如今电子设备，可以对受众的媒介使用行为近乎全方位地详细记录。传统受众研究在调查之前有明确的理论框架或商业用途，根据这些既定目标设计相应的需要调查的受众属性。而电子设备访问记录事无巨细地记录受众各种信息和媒介使用行为则并非出于具体目标。但随着数据抓取和分析技术的进步，大数据使互联网上的受众一言一行都展现出来，可以根据广告商的要求进行事无巨细的用户画像，提高了广告投放的精准度。

不过大数据提供了用户的人口统计特征、兴趣、网站使用、社交链接、影响力、购买习惯等等信息，但这也会导致隐私和伦理等问题。信息安全和隐私信息保护，成为用户使用融媒体平台不得不关注的切身问题。大数据在很多受众无意识的时候，跟踪、记录数据，进而推送精准的广告信息。这对受众来说，有便利的一面，以至于很多人愿意放弃隐私保护来换取。但随着大数据在商业使用中的普及，融媒体平台中具有公信力的电视、报纸等平台的介入，肆无忌惮获取大众的数据并使用于各种商业推广，大数据对用户的跟踪将来使得用户毫无隐私可言，这不仅会带来受众的惊恐和反感，也会损伤全媒体的公信力和权威性，带来更严重的伦理问题。

新媒体时代的受众，在接收信息时更注重媒介体验。传统的受众，多是单一媒体或者多个媒体的信息消费者,与单一媒体的信息传播格局相对应。在大数据时代,受众变成了"数字移民",他们从小在电子媒体和网络媒体中成长,对融合了图文、音视频的多媒体信息形成消费偏好,注重信息消费的体验,例如是否具有交互性、易用性、时尚性等等。融媒体时代,受众不再仅仅被动地接受信息,还通过网络、手机终端等及时发布信息,变成了信息传播的中心。社会化媒体的出现,再度使传播路径由知识、信息中心向周边的传播,调整为以社会关系为路径的传播。知识、信息本身的重要性退居次位,而传播者与接收者之间的关系成为传播质量和效果的决定因素。

在传统媒体时代,受众只能被动地接受信息,被称为"消极受众"。在新媒体时代,受众不再是被动的载体,不仅可以与大众媒介进行平等交流,还能主动发布信息、随意使用信息。在这个过程中,传播形态由原来的单向灌输变为传播者与受众的双向互动,受众则从无目的的接收者变为有目的的使用者,对媒介的期望值变高。传受双方泾渭分明的身份界限被瓦解,受众跨媒介使用的开放性及组合性得到加强。"信息就是不确定性的消除。"新媒体和各种智能终端消弭了时空的限制,受众时刻都在获取最新资讯,去寻求更多确定性,提高自我认知。于是受众在新媒体时代,完成了从"消极受众"到"积极受众"以及认知心理由弱变强的转变。

新一代的受众,其线上交往模式呈现出不同的变化。网络受众,尤其是年轻人的社交模式呈现的是线上化的特征,地域、年龄、社会财富不再是将人进行分类的标签,而是以兴趣进行分组。他们基于相同的兴趣爱好,组成社群单位,吸引越来越多的"同类"。新的线上交往方式,一方面让消费者打破了原有的以组织标签凝结为社会圈层的方式,另一方面又鼓励我们在互联网上以个性标签形成大大小小新的圈子。

受众在这个互联网时代,因不同的交往方式,形成不同的社交文化和价值观。受众在当前的媒介环境中,被重新分割、聚拢,形成新的社交方式和社交文化,也形成了不同的价值观形态。在传统媒介环境下,人们对成功的追求无外乎社会地位和财富,并通过媒体不断强化这一价值观。这种传统的身份和财富的定位,对于新一代的网络受众来说,已经不再具备强大的影响力。不同圈层的受众,对价值观的追求和成功人生的定义呈现出不同的变化。对不同爱好和追求的人来说,其圈层中的成功人士,代表了他们的喜好和向往,对他们来说就是成功人士,从而区别于世俗的主流价值观。

二、融媒体时代的受众

融媒体最突出的特点在于即时性、互动性和低门槛性,凸显了受众的主体地位。受众变成了用户,他们既是信息传播者,又是信息接受者。但目前我国的融媒体建设,重在前端平台建设,终端和用户开发则着力不足。但用户在哪里,他们对终端、内容、形式的要求是什么样的? 这些发布平台和端口是否根据移动传播时代用户的需求变化而合理构建,是否根据用户的媒体接触方式、接触类型、兴趣爱好而科学组建? 终端活跃用户有多少,他们的参与程度和满意度如何? 这些都是建立和推广融媒体平台时需要解决的问题。孤立地整合新媒体资源,建立新媒体矩阵,但在用户资源的整合开发和拓展方面却鲜有作为,这往往导致忽视了融媒体平台重要的产品——融媒体广告的运营和发展。

传统媒体尤其是广电媒体,向来只重视前端生产,常对终端传播视而不见。而新媒体则为用户提供了信息选择的自主性和广泛性,也将融媒体演化为一个网络节点和信息入口,融媒体平台只有重视用户,才能在媒体融合中发挥彼此所长,真正吸引用户。

(一) 以用户为中心,重新定义受众

在传统的线性大众传播思维里,传播的对象是"受众",是传者主体时代。在互联网时代,受众可以自主选择终端和信息、与媒体互动,是"用户"主体时代。两者虽然对受众和用户的看法不同,但有一个共同的逻辑,即用户是信息消费的对象。但在融媒体时代,媒体已经从宣传业务功能型向综合服务型转变,用户的概念、作用和功能已发生了深刻变化。媒体与用户的关系不再是单向的服务提供和使用满意,而是相互协作、互惠互利、深度融合的多维度互动关系,媒体与用户通过合作共创价值。

目前融媒体用户中,既有传统的固定终端用户,也有多元化的移动终端用户。随着移动手机的普及,移动群体将逐步成为融媒体的主体用户,这些用户不但面对丰富多彩的终端界面,而且还将面对层出不穷的信息入口,可以根据自己的兴趣爱好和实际需求自主地选择各种信息端口。融媒体平台要及时察觉和适应用户媒体接触方式、接触环境、使用习惯、兴趣爱好的变化,重新认识用户的功

能和价值,满足其多样化需求。

(二) 挖掘终端潜力,实现用户绑定

在移动互联时代,对用户的争夺首先是信息入口的争夺。只有占领移动终端和入口,才能拥有用户、吸引和服务用户。了解移动终端的功能和作用以及用户终端使用偏好,才能最大限度用好移动端,把用户整合进融媒体的传播体系和服务体系之中,使融媒体成为用户的首选。融媒体只有打破自我封闭的发展模式,打破媒体间、区域间的限制,通过不同层级媒体资源的整合连接,将融媒体的影响力拓展到全媒体平台,才能实现跨区域、跨媒介的用户资源有效整合和扩张。

只有了解移动终端的功能和作用,了解用户的使用偏好,才能最大限度地发挥移动终端的作用,将其嵌入大众的生活中,将用户纳入融合媒体的传播和服务体系,使融合媒体成为用户的首选。例如,在各地县级融媒体全力建设“中央厨房”技术平台的同时,一个不容忽视的现实是县域普通用户的手机屏幕已被其他商业终端的 App 占领。县级融媒体平台就需要打破自成一体的发展模式,消除媒体与地区之间的限制,将媒体资源在不同层面上进行整合和链接,才能使得众多媒体平台的用户转化成自身的终端用户。

手机作为一种集成性的移动设备,为传统媒体开辟了多元化的信息传播渠道以及发行、推送渠道,将传统的线性传播转变为多元化、多平台、多区域的传播,其强大的媒介整合能力及包容性、延展性,为融媒体发展提供了前所未有的丰富传播资源。手机终端不但成为传统媒体的主体传播渠道,还可以为传统媒体无限制扩容。旧媒体成了新媒体的内容,传统媒体和微信、微博、QQ 等新媒体成了手机的内容。[1]手机终端的集成性、包容性不但为用户提供了选择的自由,也激活了用户的无穷想象力和参与媒体的激情和冲动。融媒体平台及时整合这些社会资源,吸纳资源入驻融媒体终端,鼓励参与信息生产和传播,才能激起普通用户下载和使用的积极性。

(三) 激活用户资源,凝聚用户力量

科特勒等在《营销革命 4.0:从传统到数字》一书中,提出了营销的 5A

---

[1]　田龙过:《县级融媒体中心建设的关键:打通与用户的“最后一公里”》,《中国编辑》2020 年第 1 期,第 68－73 页。

(Aware、Appeal、Ask、Act、Advocat)模型理论。该理论认为,一个产品或品牌要在市场上获得青睐一般要经历五个阶段,即获知、吸引、询问、使用、拥护。对融媒体来说,要争夺信息端口,将普通大众变成用户,第一步则是让普通大众知晓和了解融媒体,学会使用融媒体的方法。为此要做到开展多种形式的宣传动员活动,增强融媒体与用户的连接。①用户通过接触、使用媒体获得满足后能否再次使用并拥护平台,则取决于融媒体能否为用户提供价值信息、价值体验和价值生活。

用户参与信息的生产与传播,是融媒体时代的最大特点和优势。融媒体平台为广大用户的参与提供了机会,只要加强技术、组织和制度上的管理,充分开发用户信息生产和节目分发、推送的自主权、积极性和主动性,用户资源将会给融媒体带来更多价值。用户不仅可以不受时空和软硬件条件的限制,随时随地接收广告信息,还能利用自身的智慧和体验扩散广告信息,并进行及时反馈,对优质的广告信息传播起到推波助澜的作用。

第四节　融媒体平台上广告与内容的融合传播

每一次媒介技术发展带来的广告环境变化,都使得广告从外延到内涵、从外显到本质发生相应的变化,同时伴随着新消费文化的形成。麦克卢汉曾说:"有什么样的媒介,就有什么样的感知方式和认知方式,就有什么样的文化,就有什么样的社会结构。"②新媒体广告诞生后,极大地冲击了传统媒体的广告市场。但两种广告形态并不是非要通过残酷竞争,达到此消彼长之势。而是可以通过融媒体平台上相互合作,实现融合互补,让我国的广告产业既能够享受到媒介技术带来的红利,又能够推动媒介产业的良性发展。融媒体中的广告活动,将新媒体与传统媒体的优势强强联合后,电视广告的生动、报纸广告的权威、杂志广告的精美,结合新媒体的广告创意和制作技术,建立起新旧媒体的系统联动,形成了融媒体广告的最初形态。

---

① 〔美〕菲利普·科特勒、〔印度尼西亚〕何麻温·卡塔加雅、伊万·塞蒂亚万:《营销革命4.0:从传统到数字》,王赛译,北京:机械工业出版社2018年版。
② 董建义:《符号视域下融媒体广告"STORYTELLING"的创新形态》,《传媒》2021年第6期,第70-72页。

融媒体平台信息的丰富性,对广告如何降低受众的抗拒心理提出了更高要求。融媒体在现有广告形态的基础上,对广告的创意和表现也提出了更高要求。当今受众已经不再是通过物质消费获得满足的传统消费者,他们从消费事物变成了文化和符号消费。人们重视产品或品牌符号及其传达出来的文化意义,并通过消费符号来获得自我认同和满足。融媒体平台广告,作为一种符号消费的最佳对象,需要一种全新的广告形态,以突破大众媒介时代对符号消费的种种限制,来满足受众对于符号消费的需求。

当前我国在融媒体中心建设进程中,产生了媒介融合的新思维、新模式以及新业态。其中,媒介内容采编和媒介广告经营两个部门,在发展和演进过程中也表现出明显的融合趋势,产生了如内容付费推广、原生广告等兼具内容与广告两种属性的数字化信息产品,形成了"内容广告化"与"广告内容化"的媒介融合新景观。虽然传统广告经营中也存在增值服务,在广告发布中增加组织活动、多种广告信息呈现等,但融媒体广告作为融媒体市场经营的主要产品,其经营依然充满挑战。在传统的媒介工作板块中,内容采编和广告经营是相对独立的两个部分,各自执行自身职能,输出截然不同的内容。但随着媒介平台融合趋势的加快,媒介内容和广告信息逐渐发生融合,形成了"内容广告化"和"广告内容化"的媒介新景观。

一、内容即广告

在泛媒介化的时代,媒介内容生产由组织化生产转变为社会化生产,媒介内容的聚合与传播也从传统的媒介机构分散到了更广泛的多元组织和海量用户手中。

(一) 内容产品的广告化现象

媒体产业化的趋势意味着大量的电视节目、电影、报纸和杂志等媒介内容都具有明显的商业性质,因此构成了内容产品、内容商品和更广泛的内容产业。这些内容产品的营销和跨屏传播本身具有明显的广告和促销特征,甚至在某些方面可以被看作是一种内容产品的广告化运作。例如,许多上映的新电影,都是通过播放试映片,在移动电视、户外屏幕和其他媒体上进行宣传。电影公司还会组织演职人员参加各种电视节目、网综以及地推活动,有意无意制造演员绯闻等进行炒作,在电影院提前进行海报和先导片展示,种种手段都指向让电影提前成为大众热议的焦点。例如吴京的《战狼》在播出之前,就已经在注册社交媒体官方账号,开始放送拍摄花絮等物料,还未上映已经通过此种方式提高电影的知名度和关注度,点燃了大众观影的好奇心,可以说是"内容即广告"的成功案例。而在《唐人街探案》这样成熟的 IP 中植入广告,在电影拍摄之前就成为各品牌商们争抢的资源。

除了部分明确的新闻内容之外,部分新闻产品也存在广告化的倾向。尤其是当前融媒体平台在大力开展内容多元化之余,除去部分打着新闻的幌子却收取"车马费"为企业做广告的新闻乱象,一些区域品牌展销或企业的公益行动本身就成了新闻内容。这种趋势并非当前融媒体时代独有,在以电视为主导的传统媒体时代就已经司空见惯,企业借用新闻手段进行形象宣传,是一种惯用的公关手段。这种新闻打着客观公正的幌子,因传统媒体的权威性备受信赖,但却在发挥广告的功能。这种"新闻"既破坏了新闻客观公正的立场,又对受众产生误导而备受谴责。在融媒体时代,因为新旧媒体的融合,这种以公益性质或经济发展议题下的新闻,虽然附带了广告推广的功能,但因其新闻内容的主导性,以及公益性或公共服务的属性,本身并不会被误解。

(二) 广告化的新闻产品

随着媒介融合趋势加剧,传统新闻机构的话语权正在日益消解,媒体专业主义下的内容生产、传播和消费方式被彻底改变。新闻产品"去新闻机构化"之际,新闻产品的生产者和传播者也获得了巨大的自由,拥有了更多决定产品利益的权利。这样,一方面分化出了一种纯粹、客观、中立的新闻产品,另一方面分化出了一种商业化、娱乐化、广告化的新闻产品。越来越多的受众个人可以成为某种意义上的媒体,他们可以通过移动自媒体和社交媒体获取、生产和传播大量的内容。

时尚博主的微信公众号、企业品牌的官方微博、知名大 V 的个人频道等,在聚集了大规模的粉丝群后,就相当于一个小型媒体,有些影响较大的个人账号其影响力甚至是一些地方媒体无法比拟的。这些平台就具备了面向特定用户群体生产并传播具有广告属性的内容的资本,例如时尚博主黎贝卡的微信公众号"黎贝卡的异想世界",凭借其时尚内容独树一帜,积累了大量粉丝。其公众号的广告有机融入时尚主张和都市时尚生活方式的内容中,通过广告融入内容的方式向粉丝推荐自有品牌,并承接了大量的商品或品牌广告。因为广告和内容的有机融合,不仅不令受众反感,反而丰富了公众号的时尚内容资源,众多时尚产品和品牌的广告植入,奠定了公众号时尚圈的地位,成为受众获取时尚资讯的重要来源。而类似于苹果公司的新品发布会,每次都会成为媒体关注的对象,从发布会的形式到内容都变成了备受关注的科技新闻资讯。

在当前信息爆炸的时代,为了吸引用户的注意力,一些媒体也会在其他数字媒体上发布自身的内容以达成引流效果。在这种状况下,媒体不仅是其他广告商需要付费的广告媒体,也变成了需要付费给其他媒体的广告主。广告不再是用文字、印刷品或视频形式明确呈现出来的广告信息,而是媒体付费去推广的媒介内容,这也诠释了"内容即广告"的另一层含义。

二、广告即内容

(一) 广告内容化的背景和发展趋势

在传统的广告信息呈现中,媒体刻意将内容和广告以不同的方式呈现,以便用户可以清楚地分辨出哪些信息是内容信息。大众广告传播借助于暴露度较高的大众媒体,但很难满足广告主针对每个媒体用户进行精准、深度传播的要求,广告传播效果不强,也无法被准确量化。在数字技术推动媒体行业变革的大环境中,受众被技术赋能能够主动接受、选择信息;也被技术赋能能够生产信息,越来越多的受众成为数字媒体内容的生产者。广告想要获取对受众的强效果,这取决于广告本身要获得受众的青睐。于是如何在融媒体平台,获取用户的关注就成了一个无法回避的难题。

无论是在传统媒体还是新兴媒体中,尤其是在移动设备等相对较小的屏幕上,如果不相关的广告和内容信息同时相对独立地呈现,会大大降低用户体验,甚至会强化用户对广告的厌恶,形成广告传播的反效果。在这个关键问题上,广告内容化的趋势无疑提供了一条可行的前进道路。在媒体行业实践层面提出"原生广告"概念后,利用互联网领域强调的相关性思维,将高度相关的广告信息与内容信息进行整合,实现了内容与广告的统一制作或整体呈现,并将广告信息完美转化为可读、实用且具有娱乐性的信息,真正实现了"广告即内容"的融合传播。

（二）原生广告形态

比较初级的原生广告,有在社交媒体呈现的信息流广告,以及在搜索引擎页面呈现的搜索广告等形式。例如,当在百度搜索相关品牌名称时,最先跳出来的信息就可能是各种各样的品牌广告,甚至可以直接跳转到官方旗舰店进行购买。而微信朋友圈最早是没有广告的,如今精准推送的广告随处可见,广告主可以通过程序化购买的方式将推广信息以朋友圈内容的形式呈现在用户的信息流中,大量中小型企业则通过微信公众平台的特色内容编辑和群发实现了广告的内容化传播。搜索广告在某种程度上也是一个变相的信息流广告,用户搜索一个特定的关键词,广告由这个明确的查询触发。搜索结果以信息流的形式呈现给用户,其中有一部分广告信息就是在与搜索词高度相关的基础上呈现给受众的。它们要么出现在搜索界面的顶部、右侧和底部,要么被更隐蔽地整合到用户搜索产生的整体信息流中,成为内容结果的一个组成部分。

在某种程度上,信息广告和搜索引擎广告更像是基于内容的广告信息,其本质上是"作为内容的广告",但当用户点击阅读、查看或直接进入登录页面时,他们看到的仍然是相对明显的广告信息。比较成熟的"广告即内容"的方式是,广告信息的制作和传播与内容信息的制作和传播相同,广告目的被有机地整合到正在呈现的内容中,因此,虽然广告在形式上不可见,但广告的目的已经达到。

当今越来越多的用户正在从传统媒体转向数字媒体,他们花大量时间阅读、观看、评论和逗留在数字媒体上,这就为大量内容化广告提供了被关注的机会。例如,目前备受年轻人喜爱的应用程序"小红书",将许多广告信息有机地融入内容提供中,为受众提供有趣、有料的原创内容,根据用户的喜好,向他们推荐产品、服务、电影、应用程序等相关内容。这种将广告作为内容的传播方式,不仅提高了广告的传播有效性,而且还为用户提供了愉快的浏览体验。

三、故事即广告

所有的消费行为在"物"的表面消费主义下,总是包含着"意义"的成分,并表现出强烈的二元消费结构,如对奢侈品的渴望,既有物质消费的一面也有象征性意义消费的一面。媒体融合带来对消费群体认知的改变,不可避免地导致广告商在传达品牌形象时更加注重符号和意义的构建。根据符号学的理论,品牌形象的有形形象是品牌的"能指",即可见的、可直接感知的;无形形象是品牌的"所指",即由能指构建的"意义"。品牌是两者的集合,建立品牌形象的过程也是创造品牌符号的过程,所以品牌建设本质上是一个符号构造的过程。融媒体广告已成为构建品牌符号体系重要的途径和形式,通过将产品符号无形地融入故事中,以一种全新的诉求——故事化的诉求进行广告传播。

故事性诉求的广告是一种基于原剧符号基础上,以剧情高契合度为表征,以满足受众全方位的情感移植为手段,最终实现受众"主动"接受品牌符号诉求的广告新形式。这种类型的广告在唤起注意的同时,也强化了广告产品或服务与剧集的联系,广告所倡导的文化和价值观念会产生与剧情捆绑记忆的效果,从而使得广告在受众记忆中停留的时间更为长久。如此建构起来的品牌喜好和独特的品牌印象,能与消费者在一定程度上产生情感共鸣,可以消除消费者的抵触情绪,培养起一种良好的品牌态度,为购买和使用行为的发生奠定了基础。因此,与其说故事性诉求的广告推送的是一种商品,不如说它是推崇一种生活方式、一种生活态度,更为准确。这种广告类型无疑正吻合了融媒体广告将内容和广告有机融合的趋势,迎合了融媒体受众接受信息的偏好。

热播剧《三十而已》中,女主角顾佳为融入高档小区的"太太圈",不惜筹款重金购买了爱马仕限量版的 Kelly 包,获得了太太们的认同。在剧中,顾佳一开始背着香奈儿和太太们合影,发现自己从照片中被裁掉了。当她背着限量版的爱马仕 Kelly 包后,终于获得太太们认可。由此可以看出,爱马仕和香奈儿都成为

电视剧《三十而已》中女主角和太太圈的合影

一种代表身份的符号,并且这种符号体系是特定"圈子"和"身份"的认证。随着电视剧的热播,爱马仕也无形中完成了品牌作为富太太设置的一种观念传播。

四、品牌符号即广告

广告求关注、求新颖的本质使自身总与媒体新趋势相伴相随,广告主、广告商、媒体经营商总会高度关注消费者媒介接触习惯。利用融合广告的优势,在融合的媒体渠道上最大限度地实现广告信息与消费者之间的直接互动,已经成为广告业的一个新趋势,它反映了媒体、信息和消费者之间的联系。

由融媒体具有曝光跨屏接触性、劝服多维性、求证追溯便利性所决定,广告虽然依托于融媒体平台进行投放,但其实广告形态已经实现了去广告化。因为融媒体多元化结构上呈现的广告信息,已经变身成新闻、排序、"心灵鸡汤"、娱乐段子等,它们在产品品牌符号下形成全新聚合。在这种广告语境中,消费者不再是被动接受,而是根据自身主体性需要,主动搜寻产品、品牌信息,这就促成融媒体广告信息碎片因人而异地重新接触、比对与接受,并聚合成对品牌的符号认知与信赖。随着媒介环境变化,现代广告的概念内涵也随之改变。先前的学者对现代广告的界定较为明确,"现代广告即是指一种由广告主付出某种代价的,通过传播媒介将经过科学提炼和艺术加工的特定信息传达给目标受众,以达到改变或强化人们观念和行为为目的的、公开的、非面对面的信息传播活动"[1]。这一概念以大众传播理论为基础,从广义广告的角度全面概括了融媒体时代到来之前的广告,即广告是一种付费的信息传播,指向特定的目标受众。目标受众传递特定的信息,而且这种特定的信息由广告主付费,广告主是广告行为的主体,也是广告活动的发起者。广告信息的说服性传播,具有强烈的商业目标,力图通过强化或改变人们的认知和行为,获得特定的回报。

但随着融媒体平台的全面推进,广告的定义也发生了新的变化。广告变成了由一个可确定的来源,通过生产和发布有沟通力的内容,与受众进行交流互动,旨在使受众发生认知、情感和行为改变的传播活动。在这种论述中,将广告的本质内涵简洁而清晰地揭示为品牌通过信息与用户的沟通,而传统的"广告

---

[1] 陈培爱主编:《广告学概论》,北京:高等教育出版社2010年版,第6页。

主"的身份则被"可确定的来源"代替。这一定义揭示了在融媒体广告业务中显示出的一种倾向,即带着确定商业目的的信息传播已经不复存在,广告在传播中更像一种品牌与用户沟通的交流行为。

在主流融媒体平台的运作中,广告经营与公共服务的融合非常明显。在其广告经营中,公益广告、城市形象广告、旅游广告等公共服务类内容的比重明显增加,更多的是以公益、教育、政务为核心,体现了公益传播、政务传播、正能量导向的公共服务属性。同时,又对富有社会公信力的品牌加大广告及传播力度。无论从经济角度或文化角度,融媒体平台的品牌传播就是一种正向价值,是对消费者、经营者乃至社会高度认可的产品符号或企业组织机构符号的传播,并由此认为"品牌是一种合同,是一种关系,是一种保证"。品牌是实践主体信誉的正向性信息凝结,是特色创新、品质价值的聚合认知。虽然也适用于各类事业主体乃至于个人,但更多指向产品和企业,强调品牌产品及企业信誉得到社会信任。2016 年,央视推出"国家品牌计划",其内涵就是通过定向传播、推动中国各产业最具有国家代表性的产品与企业,塑造良好的品牌形象。在这一计划中,推出了诸如"国家品牌行动、国家品牌盛典、国家品牌课堂"等多项创新性的品牌传播服务,依托《新闻联播》等核心节目,通过"固定配套 + 自选配套"的方式将多种内容资源打包,契合了品牌聚合传播的需求。"国家品牌计划"中的品牌传播服务虽然始于广告,但却走向了全方位、多形式的品牌传播服务。央视还成立"国家品牌研究院",为品牌传播发展提供专业化服务和策略支持。央视的这一品牌计划,获得了业界的高度认可,并在 2017 年"澳门国际广告盛典"中获得"2016—2017 年度中国内地最佳创新营销大奖"。2017 年 6 月,戛纳广告节 Shots 特刊发表题为"国家品牌计划:为中国品牌提供更大舞台"的文章,高度评价"国家品牌计划"对我国本土品牌传播作出的巨大贡献。

随着媒介技术的进一步发展,不同的媒介之间会进一步融合,融媒体平台的种类将更加丰富,平台之间的融合会更加紧密,融媒体广告也将随之突破单一媒介平台的束缚,建构出全新的广告形态,广告业借助融媒体平台必将迎来新的勃发。

第五节　内容与广告融合发展的关键问题

尽管在当前的数字环境下,媒介内容与广告信息的相互渗透在实践层面已经发生,但这并不代表二者的融合有了普遍可循的参考路径。在内容与广告融合发展过程中,很多环节都存在着矛盾和冲突。理解这些关键问题,有助于理解内容与广告融合发展的逻辑与规则。

一、内容与广告的融合标准

虽然关于内容和广告能否融合的争论一直存在,但毫无疑问,内容和广告融合的客观需要非常强烈,媒体融合的趋势是不可阻挡的。只有优质的内容才能吸引更多的用户流量,而广告是将流量变现的主要方式,广告主、媒介和用户在某种程度上都产生了内容与广告融合发展的需求。①但目前大量媒体机构对内容和广告的管理,仍然是大众传媒时代的割裂性思维,这就导致了目前对内容和广告是否应该在融媒体平台上进行融合的争论。事实上,对内容和广告整合的要求针对的是文化娱乐等内容产品中经济性较强的部分,而拒绝两者整合的原因,主要是将客观性和中立性原则从新闻产品扩展到媒体提供的所有内容产品上。关键问题在于要明确区分可以整合的内容和广告,而不是关于内容和广告是否应该整合。哪些应该被整合,哪些不应该被整合?哪些应该强化公共价值属性,哪些应该强化广告信息属性?这些问题才是内容与广告融合发展的关键,其解决方法就是站在产业顶层设计的角度,对内容产品的基本属性进行明确界定,探索出内容产品和广告信息的融合机制,提供给业界可以明确操作的融合标准,建立一个衡量两者融合发展的量化指标体系,以促进和规范融合的程度。

二、技术与数据的融合路径

虽然内容和广告之间的融合需求由来已久,但随着机器学习、人工智能、大数据和云计算等信息和数据技术的根本性突破,个性化内容的精准付费推广或大规模定制生产及匹配的原生广告才逐渐成为现实。技术和数据是数字环境中实现内容和广告融合的主要驱动力及手段。特别是当需要处理指令来创建、匹配和分发数千万甚至数亿的融合内容或广告时,就需要掌握大数据处理技术和

---

① 刘庆振:《媒介融合新业态:数字化内容与广告融合发展研究》,《新闻界》2016 年第 10 期。

计算机技术,以及结合最新的信息传播技术自动化操作系统。我们还需要将融合发展过程中建立的定性和定量系统和规则,编入自动化流程,以确保大量的内容和广告指令在没有人工干预的情况下得到处理。人的角色正逐渐从过程的参与者转变为过程的管理者,确保内容生产、匹配和分发以及广告融合的整个过程正确运作,并能及时处理过程中意外情况的发生。

发展自动化、智能化和个性化的"内容即广告"或"广告即内容"的整合,需要信息和数据技术的革命性创新。虽然将内容和广告各自的流程完全自动化的流程开发出来,还需要一些时间,但目前媒体行业已经开辟了一条探索自动化流程的新途径,程序化广告、机器人新闻、计算机辅助广告等都是技术和数据驱动下的新产品。例如,移动广告部门已经在探索如何以具有成本经济效益的方式将程序化创意和程序化商务与原生广告进行互补。

三、市场与业态的融合影响

事实上,内容和广告的融合正在很大程度上推动着媒体行业的变革。首先,传统媒体和新媒体都没取消通过广告和流量产生盈利的基本运营模式。对于互联网媒体来说,广告仍是主要的收入来源。互联网产品聚合信息,寻找目标群体进行分发,这也是非常符合媒体运作规律的。其次,利用新的数据和技术来生产个性化、自动化和智能化的内容产品将成为未来内容生产的主要趋势。用户对个性化产品的需求已经从物质层面扩展到内容层面,他们对符合自己喜好的内容产品更感兴趣。融媒体平台可以通过大数据分析用户的兴趣和偏好,并向特定用户推送专属的个性化内容。这种内容生产环境,无疑可以为原生广告生产提供土壤。个性化的媒体内容和原生广告融合生产,不仅在理论上可行,也具备现实操作性。如何以大规模、智能化、程序化的方式生产和协调这种融合,不仅是媒体行业面临的挑战,也是影响其变革路径的关键问题。再次,用户免费获得内容产品之际,就要有人为这种"免费"产品买单。在融媒体环境中,具有明确营销意图的广告信息或嵌入广告的内容产品,直接免费甚至付费给用户,以鼓励用户观看和转发。无论是付费还是免费,无论内容与广告相融还是分离,用户的注意力资源是融媒体应关注的焦点,用户价值是内容和广告融合的根本。

当前,传统传媒业赖以运作的基础,正逐渐被新一轮的媒体融合所瓦解,传统的媒体机构变成了融媒体行业的一部分。更产业化、社会化和多元化的组织和个人参与,进一步打破了中立性和客观性对各类内容产品的价值规则约束,使内容和广告的融合发展在一定程度上不再受传统媒体监管体系的制约。

从根本上说,内容和广告都是媒体机构提供给用户的信息产品,特别是当用户需求成为所有传播活动的价值起点时,使用价值和用户体验成为评价这些信息产品的更基本的标准。归根结底,用户需要的是与他们相关的事实、娱乐和意见等利益和价值。如果广告能够实现这些价值,用户就会对其产生强烈的需求。如果内容能够提供这些价值,用户会把注意力集中在相应的内容上。而当整合了内容和广告的信息产品能够为用户在阅读、感知、娱乐和购物便利方面创造终极体验时,那么这种融合的发展就值得肯定。

第六节　融媒体时代广告的新变化

新媒体崛起后,传统媒体的节目内容进行网络播放时,会有去广告制作的过程。当受众付费成为会员时,也能够在观看内容时跳过广告。这种现象导致新旧媒体的广告业务,在市场上的割裂和此消彼长。但随着媒体融合发展,平台提供一揽子"融媒体广告"打包服务,已经成为投放广告时的常见方式。其方式是将传统媒体和新媒体广告一起保留下来,完成在不同场景、不同媒体上对受众的碎片化传播。通过多次传播,使受众接收到的广告"信息碎片"能够拼凑成完整的品牌或产品信息。不同的媒体在"融媒体"平台成为利益共同体,"融媒体"广告成为整合营销的延续和体现。

一、传播环境变化

新媒体是通过计算机网络、数字信息技术、无线通信等为受众群体传播信息的新兴媒介形态,不管是性能上、传播上、主题上、技术上都为广告的表现和传播提供了助力。新媒体广告呈现出多种多样的互动形式,参与性更强,时效性更强,表现手法和创意形式丰富多彩。传统媒体广告重投放轻创意等问题,难以受到受众的认同。

随着融媒体时代,技术的变革和信息的创新,如何利用新媒体创作出更多喜闻乐见的广告形式和创造良好的受众体验,成为当前融媒体环境下,广告需要作出的探索。

二、表现形式变化

早期的广告创作形式比较单一,多以平面广告和影视广告为主。随着融媒体时代的到来,广告的形式越来越多样,纪录片、微电影、短视频、H5 等广告表现形式应运而生,甚至可以通过综艺、影视、动画等进行巧妙植入广告。利用信息技术的数字化和艺术相辅相成,丰富了广告的表现形式,令受众耳目一新。

三、创作内容变化

以前的广告内容创作上比较简单直接,叙述上缺乏创意,刻板的内容表现不能给受众太多吸引力。对于广告内容而言,应该结合更多广告创意元素,发挥感性思维,使受众不仅能在欣赏的时候加强记忆,还能更好地获得文化和审美享受,做到广告的经济效益和社会效益的双赢。

在传统媒体时代,广告更多通过明星代言、美好生活愿景等方式获得消费者青睐,进而达成流量转化,但是如今更多的是通过展示普通人的生活来达成美好生活方式提案的展现,从而促使消费者购买。例如方太推出了带着时尚和摩登

方太广告片《重构厨房想象》截图

气质的广告片《重构厨房想象》讲述都市大众的"厨房想象",力求建构一个充满高级感、科技感的场景,展示都市年轻家庭充满生活感、亲切感的生活方式。

随着融媒体的发展,受众不再喜欢单一的形式宣传,也不喜欢被动的信息接受,因此很难从中获取情感上的共鸣。融媒体时代,要针对不同类型的广告采取不同程度的挖掘、升华,激起受众共鸣,以情感吸引受众,并获取大众认同,从而带动融媒体平台的二次传播甚至多级传播。

四、创作手法变化

由于媒体技术的发展和智能终端的普及,广告的传播载体日益多元化,播放的时长也不再受限制,可以为突出主题而灵活控制时间。另外,在广告制作中,可以通过多种形式了解受众喜好并征集建议,使内容更加贴近受众生活和大众文化,减少距离感,增加认同感。而融媒体提供了多种手段来展现广告内容,也给了广告创作更多的创意手段和方法。

第七节　融媒体广告的创意策略

随着媒介技术的发展,"元宇宙""赛博朋克"等新概念层出不穷,融媒体环境下的广告也将面临更多创意的可能与挑战。为融媒体的受众搭建更具参与感、互动性的场景,在内容创作中更关注受众的心理感受和特征,增强适应性和趣味性,为受众提供切实可行的信息以及情感和符号的消费需求,都是融媒体广告中常用的策略。

一、充分利用融媒体优势

目前传统媒体都在争相转型,主动与新媒体融合。电视媒体、报纸、杂志等都有了自己的官方网站、社交媒体账号,在广告的创作和发布中,短视频、直播等方式更容易受到受众的喜爱,以渠道融合之势拓展广告信息的传播路径。在广告传播中,融媒体不仅能够整合新旧媒体打造强势媒介组合,还能联动线上线下,实现全媒体闭环传播。例如通过地铁、公交等交通媒体,契合受众生活轨迹,以不同渠道、不同方式来传达同样的信息,有效利用受众无聊的碎片化时间,传递广告信息。契合受众的生活场景,在不同场景中针对性进行场景传播,强化传播效果的同时,又能引发受众的认同和消费行动转化。而广告中相关的热点话题,还能引发受众的自动转发和分享,形成"社交货币",起到意想不到的效果。

我有我"魔"样,百丽时尚 TEENMIX 邀你共赴奇妙魔法世界

例如百丽时尚集团旗下品牌天美意 TEENMIX 联名"哈利·波特",推出了一系列联名产品,展开了我有我"魔"样主题的创意推广。以年轻女孩的成长为切入口,突出勇敢、自信、活泼、快乐的品牌特性,借助多种媒体平台,引爆线上线下的"魔法大事件",打造优质内容种草闭合链路。其中的"魔法巴士"在活动期间,在全国部分城市巡游,所到之处获得了诸多路人的打卡拍照,同步在线上打造的"魔法巴士入学 H5"吸引受众参加系列挑战,获得专属定制"魔样"形象以及"未来魔性事件簿"趣味预言,链接联名产品,打开销售通路。多种媒体形式的融合使用,线上线下活动的有序展开,不仅传播了品牌的知名度,也将推广活动的热度直接转化成了销量。由此可见,充分利用融媒体的优势,为受众提供喜闻乐见的融媒体广告形式,更容易获得情感上的共鸣,提升广告的传播力和促销力。

二、坚持内容为王,创意制胜

不论媒体形势如何发展,受众接受广告信息的终端如何变迁,广告的形式如何演化,优质的内容始终是广告能够蓬勃发展的基础。融媒体时代的受众接受信息的途径更加多元,可以短时间内得到来自世界各地、新旧媒体的各种内容,对广告的内容、审美等要求也会变得"刁钻"。数字媒体交互艺术指导下的广告内容必须更加贴近受众生活、具有更好的创意品质和内容质量,才能真正被认同,进而达到真正的传播效果。

但在融媒体平台上作为建构融媒体的主要力量的传统媒体单位,承担着内容服务和引领舆论的重任,随着融媒体内容与广告的融合,以及"去广告化"趋势,融媒体广告的经营上也要去除"唯商业化"的思想,广告媒体的最终属性还是媒体,既要追求经济效益,也要追求社会效益,以服务于国家、社会文化建设、经济建设为指导。因此,当面对蜂拥而至的广告客户,面对商业资本诱惑,融媒体平台要甄选优质客户,选择能够契合平台属性、符合社会主流价值观的客户。

因此,广告作品在创作时,首先坚持以内容为王,以创意取胜。在信息爆炸性增长的媒体时代,制作出令受众耳目一新、印象深刻、满意度高的广告,才能符合融媒体平台对内容的要求。其次,广告要建立在深刻洞察目标受众的需求上,结合新元素、新技术,使其更符合当前大众的审美要求,进而达到传播目的。最后,遵循真实原则,融媒体平台融合了传统媒体的公信力和新媒体的创新形式,承担着传递信息、引导舆论的重任,只有坚持真实原则,才能与融媒体平台的其他内容形成合力,共同促进优质品牌的建设和传播,同时丰富融媒体平台的内容。

三、创新表达方式

互动性和娱乐性成为融媒体时代受众的首要需求。受众的需求更多,能获得信息的途径更多,自然也能够在现实发展的基础上获得更多的审美体验和观看要求,因此要求广告能够提供给受众更多的形式,而不是只看广告自己的效果。针对当前垃圾广告盛行、自制小广告层出不穷的状况,专业的广告从业机构可以借助大数据精准把握受众,精确分析出受众的年龄、性别、职业、受教育程度等,进一步探析喜闻乐见的表达方式,创作出真正打动受众的广告作品,同时再通过大数据针对性分发广告,做到品效合一。为更好地发挥融媒体的作用,专业机构在制作广告时,还可以深度把握数字媒体的感官功能,通过色彩、图像、声音等满足用户需求,丰富感官体验。

四、发展跨媒体传播

融媒体时代的广告,相比整合营销时代有了更多的要求,媒体不能只是自娱自乐,广告也不能只是看如何省钱和方便。而是要在大数据的帮助下,精准掌握受众的需求,针对性进行新旧媒体的组合式投放,新旧互补,扬长避短,才能获得最好的广告效果。随着媒体技术的发展,未来还会衍生出更多的新媒体成为融媒体系统的一部分,未来的广告创意手段将会更加丰富,受众文化需求和审美要求更加"苛刻",感官交互的多元化也会使人机交互的体验更趋真实,广告的表现形式和展现面貌也将更加智能,竖屏化、多元化的风格将成为广告的常态。

第八节　融媒体广告的优势

融媒体时代下,媒体格局和传播方式发生了深刻的变化。融媒体渠道多、用户多、互动性强等特点,赋予广告创作更多的空间和可能。在融媒体平台,公众获得信息的渠道更加多样化。要想在融媒体平台上开拓广告业务,就必须深刻理解和全面把握媒体融合发展的趋势和规律,与时俱进,创新传播思维,完善不同环节的广告创作技术和手段,为受众构建更加有效、精准的传播模式。

一、曝光接触跨屏性

广告曝光和广告接触,从不同的角度来看是广告信息"传递—接受"的量化单位,但两者都是广告效果转化的源头。在融媒体广告中,对这些信息接触和曝光频率的量化统计必须建立在"跨屏"的明确前提下。广告信息的跨屏联动是指在融合媒介空间,广告信息以内的一致结构,但在不同的现实世界界面终端中呈现,使广告信息和消费者直接接触并即时互动。

在当前信息时代,消费者接受信息环境是一种碎片化的存在,信息转化成各类符号,对于接触者而言则是碎片化地化为一系列永恒的当下片段。广告信息也随着碎片化,且以不间断曝光的方式希望引发消费者对广告信息的关注,从而促使消费者通过碎片化的广告接触,实现对产品、品牌的聚合接受。不同的信息,在不同的媒体,随时随地击中消费者形成一种跨屏的碎片化拼图,最后又将信息进行聚合。于是,传统媒体和新媒体的终端界面,往往同时推送同一个产品或品牌的广告信息,跨屏不断冲击受众的注意力,如同不同的信息碎片从不同的角度击中受众,受众通过这种跨屏联动的广告信息传播,拼凑出完整的产品或品牌信息。从广告受众的角度看,便利的媒介条件使用也成为广告跨屏接触、实现广告信息融合接受的前提。

在工业社会的文明中,碎片化成为常态,广告的碎片化也必然随之成为人们生活中的常态。随着 5G 时代到来,无所不连的物联网将实现让人们目不暇接的信息关联,融媒体广告曝光接触的跨屏性也将越来越凸显。

二、信息传播创新性

进入信息时代后,科技进步驱动新媒体发展,新旧媒体融合成为主流趋势。广告的传播理念与方式也发生了较大变化,传播模式的重心从传播者向受众转变。创作者只有站在受众角度进行广告创意设计,才可创作出符合时代潮流、满足受众需求的优秀广告作品。

在互联网飞速发展的背景下,手机等智能终端成为人们生活的必需品,为广告设计带来更多可能。尤其是在 VR、H5 等先进技术诞生后,用户体验更加独特,仿佛身临其境一般,传播效果大大增强。广告创新除了要优化技术之外,还应关注设计理念、视听语言,创作者要不断挖掘和创造最佳视听语言来表达创作思想,将作品的特色充分体现出来,取得理想的宣传效果。2020 年 4 月 30 日起,NIKE 将新款产品 AIR ZOOM PEGSUS 37 化身为卡通的形式,在微信小程序平台推出了"AIR ZOOM"人偶定制程序。用户选择完人偶的形体属性后,即可选择卡通化的 NIKE 最新单品,主打产品 PEGSUS 37 第一时间以 C 位出现,更有 Apple Watch Nike+、新款服装、配件满足用户搭配需求。在完成了人偶的定制后,用户可以在个人中心点击"继续海报定制"选择制作单人或多人海报。多人海报中用户可以与朋友们组建团队,通过扫描朋友的二维码将朋友定制的小人偶与自己同框,用户在为多人同框海报取个团队名称后,即可保存海报并与他人分享。在用户体验完线上的个性定制服务后,用户的二维码还将成为一张线下服务的通行证,前往小程序中列明的 NIKE 各大门店,即可享受贴纸定制或

NIKE 在微信小程序平台推出的"AIR ZOOM"人偶定制程序界面

T恤定制的服务。该活动以新颖的形式激发受众对广告的参与及分享热情,实现了推广新产品的广告传播目标。

在融媒体时代,先进技术的应用为广告带来无限可能,广告制作、传播和受传主体间的界限日益模糊,公众渴望有更多机会参与其中。这就要求创作者站在受众视角,更加准确地洞察公众心理,真实反映社会现实,针对不同群体的需求进行广告设计,并充分发挥媒体融合的优势,依托更多传播渠道扩大广告覆盖范围,增强社会影响力,促使广告传播效果大大增强。

三、劝服角度多维性

霍夫兰在传播劝服理论中,讨论了"信源变量"中说服的意图、信源的吸引力、信源和信宿的相似性、信源的力量、信源的可信度等均对受众态度变化的劝服产生影响。在传统媒介的环境中,广告信息通过媒体进行传播,多是可识别的信息形态。无论是多么精美的广告,都会给人以"广告主"视角的问题,成为人们眼中赤裸裸宣传消费文化的符号系统或社会行为模式。广告是不择手段地诱导消费的手段,连带广告人都成为为了生存不择手段的从业者,很多斥巨资制作而成的精美广告成为消费者眼中鼓动消费的骗局,广告在改变人们的消费习惯方面收效甚微。

传统媒体因其在广告中展现的说服角度，使广告效果有限。在融媒体广告中因其跨屏性，发生了广告形态去表层化，即广告信息内容变身为新闻与娱乐作品、受众的意见等形式，使劝服角度出现多维性，提高了广告的传播效果。当线下的媒体事件服务或公关活动产生新闻源，以新闻或软文形式呈现的广告就显得较有说服力。传播学者保罗·莱文森（Paul Levinson）说："使用因特网中的人也是其内容。"网民本身在互联网的言行就能够组成互联网有机内容的一部分，不论他们做什么，都在为互联网内容的丰富性奉献。因此，融媒体的受众在信息的传受中，本身也是在创造广告内容，从受众角度起着劝服的作用。社交媒体上关于广告信息的转发、点赞、正向评论等，以及受众争相呼应的大数据智能统计，均可以视作从受众角度参与融媒体的劝服。

如二十一世纪出版社在《大中华寻宝记》推出之际，依托于融媒体开展创意营销，为《大中华寻宝记》拍摄了多个趣味小视频，在抖音平台推广，赢得更多受众关注。同时在全国书店启动"中华寻宝大会"百场地推宣传，配合线下举行公益校园行、百城千店大促销、主题知识竞赛等一系列活动。《大中华寻宝记》联合不同的主体进行线上直播、有奖征集等，又通过与学校、实体书店在线下进行公益活动，掀起"大中华寻宝系列"营销高潮。

《大中华寻宝记》通过多种途径和小读者互动

四、广告信息可追溯性

因为传统媒体的权威性远高于网络媒体,所以传统媒体广告的公信力也常常高于网络媒体。因为网络广告数量多、分布广,其信源质量参差不齐,内容鱼龙混杂。尤其是近年来,网络广告常被冠以"垃圾广告""诈骗广告"之名,备受舆论谴责。如"百度竞价广告"曾因将外包民营机构当成公立医疗机构进行推广,导致"魏则西事件"而备受公众质疑。这种为了盈利而罔顾真实性的虚假广告事件,在网络上屡见不鲜。因网络广告的形态多变,且信息真假难辨又量多如牛毛,导致监管缺位,成为网络广告发展的一道顽疾。同时,不少 MCN 公司、流量网红甚至广告公司等,为了商业利益,不惜流量造假,刷好评、刷销量等更是层出不穷。这种现象不仅在我国存在,在世界范围内也具有一定的普遍性。例如美国 Facebook 公司发现平台上 75％以上的流量都是不良的,这些劣质广告和虚假机器人组成的流量毫无广告价值,为此该公司表示将不再进行全平台广告推送产品研发。

融媒体广告中,因为传统媒体公信力能够迁移到同一系统网络媒体平台,实现内容互融的同时,社会公信力也能够得到提升。融媒体广告的"一键链接"功能可以让受众通过一键点击广告主提供的相关链接,进入广告主提供的信息网络矩阵。在这一过程中,融媒体矩阵中的各个平台都有可能涉及,受众可以根据自己需要的信息进入不同的界面。而"同屏搜索"功能则让受众能够根据融媒体广告的关键词进行搜索,消费者能够便捷地进行网络信息的检索、分享与比较,有选择地获取自己需要也更信赖的广告信息,且可以在同一屏幕进行信息比对。这两大功能能够有助于受众在便捷的求证溯源中,消除内心的疑虑、增加对广告信源的信任。

结　语

不管是传统媒体、新媒体,还是当前的融媒体,作为一个经营实体,其生产内容的根本动力是盈利和发展。传统媒体的盈利变现渠道主要依靠广告,新媒体平台诞生后,整个广告行业的收益向融媒体广告倾斜。在融媒体平台,广告依然是主要的盈利产品。随着媒介融合的深入发展,融媒体的存在必然导致其广告经营向"融媒体广告"形态演进。由于融媒体广告面临着全新的媒介环境,具备完全不同于传统广告的特性,传统的广告理论也已不适合指导融媒体广告经营,而新广告传播观念也将随着融媒体广告的发展和演进慢慢浮现和完善。

融媒体的广告经营,融合了传统的电视、纸媒和广播的所有优势,同时扬长避短,舍弃了新旧媒体单独发展广告业务时的局限。未来,融媒体平台将成为整个广告市场上的主流投放平台。人们在融媒体上进行内容信息消费形成的流量,就是融媒体最基本的竞争力和运营广告的资本。但融媒体时代的用户对节目的收视已经有了绝对的自主权,在这个信息饱和的时代,能够吸引用户的注意力才是传播成功的关键,广告也将面临越来越严峻的挑战。广告需要与时俱进,不断迎合融媒体时代的发展特色以及用户需求,创新内容与形式,建构新的广告文化消费形态,引领融媒体时代的用户成为广告的目标消费群。

第六章　融媒体文化

第一节　融媒体时代的参与式文化

伴随着各种媒体技术的发展,我们进入了一个全新的融媒体时代。各种形式的媒体融合之后凭借其在内容的制作、传播以及与受众联系等方面的优势,在社会生活中扮演着日趋重要的角色。我们的生活不断受到其影响,无论是工作、学习还是人际交往都离不开对多种形式媒体的使用。各种媒体成为当下人们频繁使用的信息载体,它们的融合使得信息的生产、扩散、分享变得更加便利。在融媒体环境下,普通人被赋予了更多的权利和机会,人们可以根据自己的爱好、需要参与到内容的创造、分享过程当中。他们不再仅仅是用户,越来越多的个人通过各种媒体的使用成为更积极主动的生产者、创造者。"媒介技术的发展,极大地增强了信息传播的互动性;给公众通过参与媒介进而参与社会,提供了更多表达的机会和方式。"[1]

而大众这种积极的参与也为文化的创造提供了新的活力,促进了媒体文化的变革。由此,参与式文化成为融媒体环境下的一种重要文化样态。随着媒体融合的不断发展,参与式文化的影响力也在持续扩张与深化,各种媒体平台都在不同程度地强调、鼓励大众的参与,这使得"各种各样的受众参与方式、异彩纷呈的参与文化景观充斥于虚拟与现实的双重世界"[2]。

一、参与式文化的理论来源

法国哲学家、后现代文化理论家米歇尔·德塞都(Michel De Certeau)在对

---

① 陆晔:《媒介素养的全球视野与中国语境》,《今传媒》2008 年第 2 期,第 11 - 14 页。
② 蔡骐、黄瑶瑛:《新媒体传播与受众参与式文化的发展》,《新闻记者》2011 年第 8 期,第 28 - 33 页。

小说读者的阅读行为进行研究时提出了"盗猎者"的概念。他将受众积极的阅读行为描述成"盗猎",受众在解读文本时"如同游牧者一般,在他人的文本中漫游,掠走那些对自身有用的或者愉悦的东西"①。这体现的是受众和作者之间"一种争夺文本所有权和意义控制的持续斗争"②。受众并不是被动地接受,他们在接触文本时会从自己的偏好、需要出发对文本进行解读,使文本能够"为我所用",他们会对文本进行重组,最终生产出与文本相关的意义,这甚至会偏离文本作者的本意。德塞都关于文本"盗猎者"的描述揭示出在受众接受媒体产品的过程中,其对文本意义的理解并不是被固定的,它具有流动性,被受众自身的生活经验所影响。而在德塞都的描述中,受众彼此之间是没有联系的,他们对文本"盗猎"并生产出的意义只能被他们自身所使用,并且这种意义的获得也是暂时的。

在德塞都之后,美国传播学家詹金斯(Henry Jenkins)对"文本盗猎"的概念进行了延伸,他将研究的视野拓展到电视剧及电影观众的文本接受过程。他提出,受众对媒体产品的接受是一种"社会性"的过程,其中,个体会与他人就文本应该如何被理解不断地进行讨论。通过讨论,文本的解读不再是一种个体的消费过程,对文本的解读是被塑造的并且会被巩固下来。

詹金斯提出,"尽管在媒介文化产品的最初生产及分配步骤中,受众是无权干涉的,是依赖于文化工业、大众媒体和精英生产模式的,但是在产品的消费过程中,受众却有着强大的自主权,不仅可以依照自己的经验和理解去解读文本,而且,受众还可以基于兴趣而形成不稳定的粉丝群体乃至更稳定的社区联盟,用他们对某些媒介产品的共同兴趣作为讨论和友谊的基础"③。由此,受众对媒体产品的接受就由个体的行为变成社会的互动,在这一过程中,参与式文化得以产生。

"参与式文化"这一词强调的是受众和媒体之间的互动,它将媒体的信息传播描述成与作为参与者的受众进行互动的过程。"传统的传播模式是从媒介生产者到媒介消费者的单向传播,参与式文化颠覆了这种单向传播模式,受众从以往被动的信息接受者转变成为主动的信息接受者和传播者。"④这意味着以往传

---

① ② 谢新洲、赵珞琳:《网络参与式文化研究进展综述》,《新闻与写作》2017 年第 5 期,第 27－33 页。

③ 陶东风:《粉丝文化读本》,北京:北京大学出版社 2009 年版,第 40 页。

④ 李德刚、何玉:《新媒介素养:参与式文化背景下媒介素养教育的转向》,《中国广播电视学刊》2007 年第 12 期,第 39－40 页。

者和受众截然分开、泾渭分明的状况发生了改变,传受之间能够产生积极的互动
交流,从而共同参与到文本传播的过程中。具体来说,詹金斯认为参与式文化具
有五个方面的重要特征:"第一,在参与式文化中人们接触媒介的机会大大增加,
拥有借由媒介进行自我表达的权利和自由。第二,参与式文化鼓励人们进行媒
介作品的创作,并在公共社区中与他人分享自己的成果。第三,参与式文化可以
促进知识的交流,知识丰富的人能够给予其他人帮助和指导,教学相长,共同进
步。第四,参与式文化中强化了个人力量的作用,个人的媒介素养水平和媒介行
为对整个社会的发展都是有影响力的。第五,参与式文化加强了人际之间的互
动交往,人与人之间的联系更密切,交流更频繁,沟通更有效。"[1]

在詹金斯看来,受众"参与"的范围是非常广泛的,涉及知识采集、日常生活、
社会民主进程等各个方面。参与式文化是一种"自由、平等、公开、包容、共享的
新型媒介文化样式",[2]它体现出的是个体与他者、媒体乃至社会之间的互动交
往状况。在参与式文化影响下,受众抛却以往的消极被动,以更加积极主动的姿
态参与到信息的传播活动中,于是,对于普通民众而言,他们可以掌握媒体渠道,
使它们为自己所用,并通过媒体内容的再生产来塑造、影响我们的文化与社会。

二、融媒体环境下参与式文化的兴起

媒体融合的发展,各种媒体技术的普及使得众多的媒体服务和应用融入大
众的日常生活,"这些媒介具有人际传播所没有的跨地域性和超时间性、具有群
体传播所没有的广泛性和协同性、具有组织传播所没有的平等性和直接性、具有
大众传播所没有的迅捷性和离散性"[3]。多元化的媒体运用使得受众得以更便
利地摆脱被"训示"的地位,他们可以广泛地浏览信息,自由地发表评论,实时地
互动交流,进而自主地进行内容的创造并通过转发、分享等方式将这些成果传播
给他人,促使了信息的传播模式在更大程度上实现了由"点对面"的广播向"多点

---

[1] 谢曼妮:《参与式文化背景下的新媒介素养研究》,广西大学 2011 年。

[2] 李德刚、何玉:《新媒介素养:参与式文化背景下媒介素养教育的转向》,《中国广播电视学刊》2007 年
第 12 期,第 39 - 40 页。

[3] 周荣庭、管华骥:《参与式文化:一种全新的媒介文化样式》,《新闻爱好者》2010 年第 12 期,第 16 -
17 页。

对多点"的互播的转变。

由此,媒体中心地位的建构被极大地弱化和消解,"去中心化"的趋向明显,信息的生产和传播不再是由传者主导、自上而下,而是变得更加分众化、个性化。通过广泛地接触媒体、应用媒体,受众的参与热情受到激励,形成更加积极自主的创作意识。他们自发、平等地表达意见、发表观点、展示自我,在受众共同参与的氛围下,媒体生产者与受众互动交流、受众彼此之间及时分享,激发起无限的创造力、生产力。人们不再关注谁发布了信息,因为自己就可以随时充当信息生产者、发布者的角色。

时至今日,随着各种媒体的迅猛发展,不断普及,参与式文化已成为一种日益兴起的文化潮流,其含义也得到了更为广泛的讨论与关注,代表了融媒体传播时代的媒介文化生态。诚如詹金斯所指出的:随着传播技术的不断发展,受众参与的门槛会进一步降低,这将激励更多的受众参与到信息传播活动,受众不再只是内容的接受者、被动的消费者,他们会被纳入媒体内容生产的链条当中,成为其中一环,于是,"普通公民也能参与到媒介内容的存档、评论、挪用、转换和再传播中来,媒介消费者通过对媒介内容的积极参与而一跃成为媒介生产者"[1]。可以说,媒体融合的发展态势强力推动了参与式文化的发展,参与式文化的兴起是融媒体变革的必然产物。

融媒体空间的包容性促使受众的参与活动日趋活跃,积极找寻信息、生产信息、分享信息已经成为受众内在于心的理念。传播环境的变化使得媒体文化整体上呈现出参与、互动等特征。伴随着参与式文化的兴起,无论是对个人还是社会生活而言其影响力都在不断显现。

(一) 对于个人来说,在参与式文化的影响下,彼此之间的关系受到了重视,促进了人们的交往与互动

早在网络媒体刚出现的时期,网民们就基于兴趣爱好、情感共鸣、认知需求等因素自发地聚集在一起,形成了众多虚拟社区,成员们也会开展一些共同参与的活动。到了融媒体时代,随着参与式文化的盛行,这种参与者之间互动交流的趋势被进一步强化,参与者彼此的联系更加紧密,基于各种关系网络创立了多元

---

[1] 蔡骐、黄瑶瑛:《新媒体传播与受众参与式文化的发展》,《新闻记者》2011年第8期,第28—33页。

化的圈群,具有了更强的凝聚力。

参与者数量的持续增长及其所构建的公共空间使得参与者之间的关系更具有价值。而依托于各种圈群的成员间的互动交流,使得以往只是虚拟空间的交往具有了更强烈的真实感。之前成员们在虚拟空间的交往只是发展出一种虚拟的关系,他们在现实生活中大多是互不相识,没有交集,而在参与式文化的推动下,成员间的关系得以超出虚拟层面,与现实中的互动交往相勾连。可以说,"对关系的注重和对身份的认同塑造了参与式文化的原生交往形态,即人取代了信息重新成为网络的节点"①。现实社会中的人际关系网络得以在融媒体空间中被模拟和重建,而在融媒体空间的交往又进一步强化了现实的人际关系。参与者实现了在融媒体平台和现实世界的双重互动交流。

由此,伴随着各种媒体用户参与性的提升,人们的社会交往也更加频繁。依托各种媒体平台,人们在积极参与中形成了回归真实的交往联系,在获得更丰富信息的同时,认识志同道合的朋友,扩大自己的社交网络,充实自己的人脉资源。总之,"参与式文化中的这种个体交往是对当前'原子化'的现实社会的一种超越,它不仅使人与人的联系突破了时间、地域的限制,更重要的是使人们的现实生活与网络生活彼此融合,从而更好地完善人际关系,推动社会互动"②。

(二)融媒体环境下,参与式文化的兴起必然有社会因素的推动,而与此同时参与式文化也会对社会生活形成影响。就社会层面而言,这种影响主要表现为它对于推动社会的民主进程具有重要的意义

参与式文化的兴起带来的绝不仅仅是媒体信息传播形式的改变,它还解决了普通民众表达面临的困境。在以往的传播环境中,传播的权利由专业的媒介机构组织所把控,传播模式是由媒体占据主导地位的自上而下的单向度模式,受众处于较为被动的地位。他们大多缺乏表达、参与的机会,即使有所反馈,也往往是延时的、间接的,只能形成较为微弱的表达力量。而伴随着融媒体时代参与式文化的兴起,这一状况得到了改变,话语权、表达权被赋予了各种媒体的普通用户,每个人都有可能成为自媒体,各种融媒体平台成了他们与外界进行沟通和

---

① 周荣庭、管华骥:《参与式文化:一种全新的媒介文化样式》,《新闻爱好者》2010 年第 12 期,第 16 - 17 页。

② 蔡骐、黄瑶瑛:《新媒体传播与受众参与式文化的发展》,《新闻记者》2011 年第 8 期,第 28 - 33 页。

交流的阵地,媒体由宰制者变成了为受众提供参与机会的公共空间。在这里,他们的信息得以及时发布,反馈得到实时回应,彼此之间的交流更加直接、公开,这使得他们能够自主地就公共事务、社会问题进行平等的交流、讨论和协商。这样一种改变对当下的社会发展产生了重要的影响。在处于转型期的当下中国社会,独立的话语权是每个阶层都渴望拥有的。融媒体环境下,参与式文化的兴起为缺乏表达机会的草根阶层带来了希望,公众参与的力量得以充分地体现,更多的人积极主动地参与到信息的生产、传播当中,对公共事务发表意见、提出看法,推动了社会的民主化进程。

三、融媒体环境下参与式文化的主要形态

(一) 新闻传播活动的参与

随着各种融媒体平台的不断涌现,普通民众利用多样化的媒体渠道可以越来越便捷地发布新闻信息,"只要你有进行新闻报道的意愿和能力,就可以参与新闻内容的制作,并通过网络传播给其他用户。人们只需利用简单的设备和软件进行加工,就可以轻松地与广大网民分享信息和资源"①。这使得公民新闻开始不断涌现,诸多普通民众开始从传统的新闻传播的受众成为新闻传播的主体。"每个公民都是记者"已不再只停留在口号层面,而是在融媒体空间中得以真正践行。

普通民众参与新闻传播,其非专业化和草根化的主体身份决定了公民新闻必然在内容、取材、报道角度等方面都与传统新闻报道有所区别。

1. 更加快速地进行新闻报道

很多新闻事件的发生是突发的,因为事出突然,所以在新闻事件发生时,传统媒体需要临时调派人手、安排设备才能到现场进行报道。从获取新闻线索到最终前往现场这需要花费一定的时间,往往也因此无法抓取到事件的关键之处进行报道,这是传统媒体新闻报道的弱势之一。对于融媒体时代公众参与的新闻报道来说,却不存在这样的困境,而且这恰是能够体现公民新闻的优势之处。

---

① 丁林:《自媒体时代的公民新闻研究》,渤海大学 2012 年。

对于公民新闻而言,其发布主体是分布于社会各个角落的普通民众,他们在数量上要远远多于传统媒体的工作人员。因此,当新闻事件发生时,这些公民记者们比专业的媒体工作人员更有可能身处现场。他们或是亲身经历,或是亲眼目睹,从而使得他们能够比专业媒体更快地对新闻事件进行报道。同时,随着技术的进步,从数码相机到当下的智能手机,各种拍摄、录制的设备已经广为普及,而各种新媒体的应用也为民众所广泛熟悉,这为普通民众对新闻事件的及时记录及发布提供了极大的便利。在新闻事件发生时,他们凭借手中拥有的设备就可以实时地进行报道并传播出去。这些都使得普通民众能够在很多新闻事件发生的现场发出自己的声音,他们利用手中的设备,借助各种融媒体平台,在第一时间捕捉到现场的最新动态,全面展现现场场景,成为专业记者的重要补充。

2. 更富有个性

公民新闻的传播主体是普通民众,专业新闻机构的记者都接受过专业的职业训练,而普通民众在参与新闻报道时则没有专业知识的约束,条条框框束缚的减少使得他们的新闻报道更加自由,往往都是自己怎么想就怎么报。而每个人的思维方式、性格偏好自然都有着很大的不同,这就造成了公众参与报道的新闻呈现出鲜明的个性化特征。个性化内容是公民新闻有别于传统媒体新闻报道的一个重要方面。这种个性化主要体现在新闻素材的选择以及新闻报道方式的选择等方面。

对于没有接受过专业训练的普通民众来说,选择什么样的新闻素材主要取决于他们依据自身的背景、经历对新闻价值的权衡和判断。而公民新闻的发布者遍布各个不同的地域、各种不同的行业,呈现出普遍性和广泛性的特点,这使得公民新闻的报道内容必然涉及广泛,既有严肃的时政、经济题材,又有偏软性的文化娱乐报道,只要对于新闻发布主体来说,觉得这是有报道价值的,就会被选中进行报道。这些普通民众立足于自己的地域优势、行业优势、时间优势等,随时随地发布自己青睐的新闻信息。在一定程度上可以说,公民新闻的报道是出于自己的兴趣爱好与他人的信息分享,从而得以满足自身的表达欲望,进而与他人形成深度交往。

而在新闻的报道方式方面,公民新闻的发布者并不是按照专业的科班化要求对新闻信息进行生产传播。他们同样是从自己的偏好出发,用极具个性化的方式生产新闻、发布信息。公民新闻以一种不受束缚的自然状态呈现在公众面前，这样的新闻作品虽然可能不如专业媒体机构的新闻报道那样严谨、细致，但"这种平民的甚至是不加修饰的新闻写作方式更实在、更富有人情味也更加具有人文关怀的精神，这比那些一大片空洞的模式化的行文更鲜活，更能得到广大民众的认可和接受"①。

3. 更加平民化

平民化视角是普通民众参与新闻传播活动之后给新闻报道带来的另一个变化。普通民众所报道的新闻，多是围绕着自身的生活而展开，从平民化的角度来关注身边发生的大事小情，这样的报道视角极大地赋予了公民新闻以亲和力和感染力。平民化的视角表现为"以普通大众的角度来观察新闻事实、选择新闻素材，编辑新闻文本，传播的内容更多地倾向于普通民众感兴趣的话题和事件"②。所以，在普通民众发布的新闻中，你可能不会发现诸如经济发展状况、重要会议召开、领导人访问这样关系国计民生的大事，却会获知社区发生的治安事件、邻里之间的家长里短、生活中的趣闻轶事等身边的信息。

由此，公民新闻成为民众传播信息、反映自身生活状态的重要渠道。各种家长里短、情感纠纷、生活疑难都可能在融媒体空间中被普通民众当作新闻发布出来。从一定程度上说，公民新闻就是对民众日常生活信息的汇总。这些由普通民众发布的丰富的信息，真实又立体地反映着民众的生活，体现着民众的需求与关注点。在强调平等参与的文化背景下，这样的新闻报道无疑是具有强烈吸引力的。

（二）知识生产的参与

技术的变革和民众参与意识的提升使得融媒体环境下知识生产的方式也发生了很大的变化，形成一种协同知识生产模式。"多人协同知识生产模式是奠定在 Web2.0 基础之上的，通过相关协作软件，借助于众人的力量生产知识的一种知识生产模式，它所倡导的核心理念是'开放、平等、协作、共享'。"③"与传统知

---

① 余颖：《网络传播中的草根新闻初探》，江西师范大学 2010 年。
② 丁林：《自媒体时代的公民新闻研究》，渤海大学 2012 年。
③ 夏云峰：《基于 Web2.0 的多人协同知识生产机制研究》，北京印刷学院 2010 年。

识生产模式相比,多人协同知识生产模式更看重大众的力量,依赖于众人的'小智'生产出具有较高社会价值的'大智'。"①

在协同知识生产模式的运作过程中,融媒体主要起到了平台的作用,以供众多参与者在其中协作生产,而不会在知识生产的过程中介入太多,把主动权完全交给了知识生产的参与者。而且,这样一种模式的知识生产是一个随着参与者的行为而不断延续的过程,知识信息会被持续地添加、修改。知识生产的动态演进使得被生产出来的知识信息质量得以不断提高。

作为一种新型的知识生产模式,协同知识生产在运作过程中特别注重两个方面的问题:

1. 平等参与理念的明确

协同知识生产过程中遵循的是"人人平等"的生产原则,这与以往知识生产只是由少数拥有话语权的社会精英所主导的情况截然不同。在以往的知识生产模式中,普通大众并不被信任,他们被认为并不具备知识生产的能力,只有各个专业领域的精英人士才能生产出高质量的知识信息,由此知识生产成为少数人的特权,众多普通民众被阻挠在知识生产体系之外。而在协同知识生产模式中却给予了普通民众高度的信任,这一模式秉持的理念是:虽然就个体而言,每个普通民众的知识才能是有限的,但如果能够将数量庞大的个体聚集起来共同参与到知识生产的过程中,就可以凭借规模效应取得良好的效果。

以此理念为基础,协同知识生产模式将知识生产的权力下放给所有有志参与其中的民众,这使得社会大众都能够获得参与知识生产的机会,知识生产已不再是少数人的特权。而在知识生产的实践过程中,所有的参与者也都是平等的,不存在绝对的主导者,谁都不会比他人拥有更多的权利。于是,人人都可以随时补充新的知识点,对已生产出来的知识成果进行修改,甚至是删除其他人提出的观点,当然他们自己的贡献也会被同等对待。编辑修改的过程没有被设置任何障碍,对于有争议的内容,参与者们可以借助融媒体提供的平台进行充分讨论,形成思想的碰撞。这种平等氛围的营造,使得知识生产过程得以吸引

---

① 夏云峰:《基于 Web2.0 的多人协同知识生产机制研究》,北京印刷学院 2010 年。

众多个体参与。

2. 开放的生产体系的设置

在"平等"理念明确之后,还必须要为这种平等的知识生产提供一种开放的生产体系,才能够使"平等"理念落到实处,而不是成为"一纸空谈"。基于此,协同知识生产模式构建起了高度开放的生产体系,打破了以往知识生产的封闭环境,使得普通大众能够真正参与其中。

比如各种知识生产的融媒体平台,采取了一系列措施来降低参与的门槛,往往只要简单注册,就能拥有自己的账户进而不受限制地参与到知识的生产,甚至是一些非注册用户都能够参与进来,对知识内容进行编辑修改。

另外,为了真正实现民众广泛、平等的参与,使得知识生产得以向最大多数的民众开放,各种融媒体平台还着意选用了简单、易操作的支持技术和工具。以当下公众参与知识生产过程中常用的编辑工具——Wiki 系统为例。Wiki 实质上是一种开放的超文本系统。使用者可以通过 Wiki 编辑器的界面创建、浏览、保存以及修改文本。在 Wiki 系统内,这些操作都能够很便利地完成。Wiki 系统没有使用 HTML 的复杂格式标记,代之以简单的格式标记,这就避免了使用者要熟记 HTML 语法才能进行编辑,降低了内容管理的难度。而在页面进行编辑时,用户只要输入纯文字并点击按钮就能按自己的心意设置文本样式和风格。另外,在 Wiki 系统中,还可以便捷地创建、存储超文本页面,直接通过简单的标记建立各种链接。在操作过程中,用户遇到问题可以随时查询帮助页面,页面里对 Wiki 系统的功能和操作方法有详尽的说明,从而能够为使用者顺利地完成文本编辑提供很大的帮助。

"技术和工具的简单化,大大降低了知识生产的门槛,从而为'平等、开放'理念从理想走向现实铺平了道路,促使知识生产真正向所有人敞开大门。"[1]基于"平等、开放"的理念,众多普通民众有机会广泛参与到知识生产的过程中,大众的集体智慧被充分挖掘和利用,参与者们积极主动地将分散的个人资源、专业才能汇集在一起,群策群力,协同生产,促进文本的不断完善,推动知识信息质量的进一步提升。

---

[1] 夏云峰:《基于 Web2.0 的多人协同知识生产机制研究》,北京印刷学院 2010 年。

（三）政策议程设置的参与

政策议程设置是决策过程的首要环节,在整个决策过程中扮演着关键角色,决定了在诸多社会公共问题中究竟哪些问题能够被决策者察觉和认定为政策问题并着手通过政策制定加以解决。伴随着融媒体的发展,公众开始凭借各种媒体手段,更加积极地参与到政策议程设置的过程之中。

1. 充分运用话语权,主动参与政策问题的建构

公共政策的重要意义在于当现实生活中人们面临诸多问题时,通过政策的制定能够及时和有效地解决这些问题。因此,问题就是公共政策的逻辑起点,没有问题不可能会采取政策行动。在现实生活中,人类面临的问题总是纷繁复杂、不胜枚举,并不是所有的问题都能为决策者所关注,被列入政策议程,成为决策者决定动用公共资源与公共权力加以解决的政策问题。

长久以来在我国,政策问题的建构都属于典型的精英模式,只有政策精英(政府内部人员、专家学者等)拥有话语权,发现、界定问题并向决策系统进行诉说主要是由他们完成的。但实际上,遍布于社会各个角落的需要政府决策行为加以解决的诸多社会公共问题往往同人民大众的生产和生活息息相关,因此,普通民众往往是问题的直接感受者,他们对众多问题有着深刻的感触和体会。然而,由于表达途径的稀少、表达渠道的局限,使得普通民众虽然对问题有着更为切身的体会和感受,能够及时、敏锐地察觉、发现问题的存在,但他们通常只能向身边数量极为有限而且社会身份、地位与自己差不多的人进行诉说,难以向大量公众发言,更遑论向决策系统进行有效表达,这使得普通民众的感受往往难以上传至决策层,不能进入政府决策部门的视线。因此,在政策问题建构的过程中,普通公众通常只是一个被动接受的角色,很难在其中主动发出自己的声音。

而融媒体的兴起,为普通公众拓展自己的话语权提供了一种有效的渠道。凭借更低的准入门槛,更小的信息生产成本,更开放的空间,融媒体大大改变了话语权为精英阶层所掌控的格局,将更多的话语权释放到民间。表达自主化的实现、话语权的获取,大大地方便了公众意见的表达,改善了公众公开表达观点、意见的被动局面,这使得他们不再单纯是信息的接收者,而是同样也拥有信息发

布的权利。在融媒体空间，每一个用户都能够自主地发布信息，为他们的言论寻找到更大的发布空间。

媒体的融合对普通民众话语权的拓展为他们向社会公众及决策系统表述、反映问题提供了极大的便利。当直接面对社会问题、掌握第一手信息的公众根据自己的判断，认为某些问题有必要通过政府政策加以解决时，他们可以依托融媒体直接成为政策问题的发起者，将自己对问题的体验和感悟通过各种融媒体平台传播扩散出去，出现在不可胜数的用户的电脑里、手机上，促使社会公众和决策系统知晓、察觉问题的存在，了解问题的性质、危害、产生的原因等种种信息，从而为这些问题进入政策议程提供了机会。

2. 多元化主体参与政策备选方案的设计

当问题被识别并得到很多人关注时，并不保证这一问题一定能排上决策者的决策议程。要使得大家所关注的问题最终成为政策问题，还需要有充满吸引力的解决问题的政策备选方案。而要为政策议程的建立尽可能多地提供符合技术可行性和价值可行性等标准的备选方案，就不能仅靠一小部分人的参与，而是需要动员尽可能多的力量参与到政策方案设计过程中来。因为，保证政策方案符合社会不同方面的利益要求、符合客观实际的重要前提就是拥有全面的信息和知识储备。而通过多元化力量的参与，能够最大程度地避免因知识和信息的不完备而导致的政策方案的局限性和片面性。

融媒体的出现为多元化主体参与到政策方案设计过程提供了有效的渠道。融媒体的空间具有极大的开放性，从而吸引了来自各个领域、各个阶层、各个群体的使用者，这充分体现了一种多元化的参与。这些数量众多、来源广泛的融媒体用户加入政策方案的讨论之中，集思广益，各抒己见，根据自己的经验和知识储备提出不同的、丰富的解决方案，从而能够为政策方案的出台提供一个十分宽广的选择空间。同时，每个使用者还可以方便地运用融媒体提供的各种开放的互动功能对其他人的看法进行深入和广泛的讨论，彼此之间自由交换对问题的理解、认识，多种声音代替了单一的意见。随着众多参与者互动讨论的进行，会不断深化、拓展对问题的见解、看法，使问题越辩越明，这将有助于形成更多成熟的备选方案，从而极大地促进了政策议程的建构。

3. 营造强大舆论声势,推动政策议程设置进程

巨大的公众舆论压力和氛围会迫使政策制定者充分认识到问题的重要性,进而将问题上升到政策问题的高度。而多种媒体的运用正是激发公众情绪、形成公众舆论的有效手段。

在融媒体空间中,用户之间的关系往往会与现实生活中的关系类似,比如他们会根据地域、兴趣、职业等不同取向主动建构起联系,由此融媒体用户之间会形成若干个群体。群内成员同样的兴趣爱好、相似的生活经历及职业背景等会让群体成员对群体圈子产生一种认同和归属感,这意味着在群体内进行信息传播会具有较高的接受度。因此,当个体针对某一问题形成一种意见、态度并在群内进行传播之后,这种高接受度能够促使意见产生交融,迅速形成指向明确的群体舆论。

而接受舆论信息的群体成员因为多元化的选择往往并不只是归属单一的群体圈子,这意味着最初在某一群体圈内接受舆论信息的群体成员往往会在他所归属的其他群体圈子中继续传播这一舆论信息。如此循环,通过不同群体的勾连、套叠,舆论得以在不同群体间以高接受度和高再传率进行传播,并能够以爆炸式的速度进行扩散。这种影响的不断叠加将会促使舆论持续升温,最终形成于某一群体的舆论能够扩大到更多的群体圈子中,短时间内即可营造出强大的舆论声势。

4. 促使焦点事件出现,为政策窗口的开启提供契机

所谓焦点事件,简而言之,就是具有"聚焦能力",能够引起广泛关注的事件。通过人们对焦点事件的关注,能够加剧政策问题的暴露,使政策问题显性化,进而促使政策之窗开启。每天生活中都会发生无数事件,并不是所有的社会事件都能成为大家所关注的焦点。一个社会事件能否成为焦点事件,在很大程度上要依赖于能否对该事件信息进行广泛扩散,从而使这一事件引起足够多的人重视、关注。而通过融媒体空间的公众参与就能够起到这样一种扩散事件信息、促使焦点事件出现的重要作用。

融媒体的一个突出特征就是带来了一场信源革命。所谓"信源"也就是信息发布来源。在现实世界中,信息是分散在各个角落的,因此,从理论上来讲,人人都是潜在的信源。但是在传统媒体时代,广大的普通民众很难展现自己信源的角色,更多的时候他们都只是单纯接受信息的"沉默受众",只有个别的人或组织

才能够成为为媒体提供信息的信源。而在融媒体空间中,信息发布准入门槛的降低和操作的简单化,使得每一个信源都能够便捷地利用融媒体平台进行信息的发布。由此融媒体空间中信源的数量不再有限,每个人都有可能成为某一事件信息的发布者。这种信源的扩张使得融媒体成为很多焦点事件原始信息快速公开传播的重要平台,往往某一事件刚刚发生,就能最先做出反应,避免了单一媒体状态下因为种种原因而缺席对事件信息的传播或者信息传播活动较为迟缓的情况。数量庞大的信源可以利用融媒体所提供的便利条件,随时随地进行相关信息的发布,促使这一事件的诸多信息在第一时间内通过多种媒体平台得到及时呈现。

融媒体信源的广泛性不仅促使事件信息得以最迅速地传播,而且其"核裂变式"传播特点还能够增强事件的可见度、扩大事件影响的范围和强度。融媒体空间中传播者与受众身份的随时转变与重合使得信息传播呈现出"One to N to N"的裂变式过程。当某一个信息发布之后,"已不再是单一的中心发散式传播或一般性的串联型传播,而是新媒体与传统媒体、新媒体与新媒体之间的交融互动,它以最快速度实现最大范围扩散"①,形成滚雪球般的传播效应。凭借这种传播特点,融媒体构建的信息传播场域拥有了其他媒体难以比拟的扩散优势。它使得事件信息的传播半径得以扩大,交换频率得以加快,从而促使事件在短时间内就能为相当多的公众所察觉,引起强烈反响,成为社会关注的焦点。

随着融媒体空间中公众参与日益兴起,它对政策议程的设置也将呈现出越来越大的影响力。这无疑能够极大提高政策议程的质量,推动我国政府决策更趋民主化、科学化。

第二节　融媒体时代的消费文化

一、消费主义的兴起

当下中国社会的发展面临着一个现实的社会语境——愈演愈烈的全球化发展趋势。虽然全球化进程是由西方发达国家所主宰,在很大程度上是为它们的

---

① 武汉大学媒体发展研究中心:《中国网络舆情新趋势》,https://mp.weixin.qq.com/s?__biz=MzIzMjc1OTM2OQ。

利益服务的,但"'全球化'是世界不可逃脱的命运,是无法逆转的过程。它也是以同样程度和同样方式影响我们所有人的一个过程"①,即"在一种世界范围和基础上运行的经济与文化网络之增长与加速过程"②。对于当下的中国社会而言,方方面面的发展都被裹挟到这一浪潮之中,各个领域所呈现出的全球化趋势成为影响社会发展的重要因素。

　　全球化所带来的影响是多方面的,而其中重要的一项就是消费主义理念的全球化蔓延。正如安东尼·史密斯所言,全球化"既要求有跨国的资本运动,又要求有强大的全球化意识形态和大众消费主义文化,这种文化的思想和实践是人们所熟悉的:大众广告、包装与物质诱惑,这些东西把越来越多的人口和国家吸引到跨国领域中来"③。

　　消费主义的出现源于19世纪末美国社会的高速发展。虽然美国不如其他老牌资本主义国家历史悠久,但第二次工业革命之后,其发展的势头却是异常迅猛。至19世纪80年代,其工业生产总值已跃居世界第一位。伴随着生产水平的提升、经济的发展,美国社会一直所信奉的新教伦理原则开始受到冲击,民众长久以来所持有的节俭、朴素生活的理念开始动摇,随之而来的是消费行为日益受到重视,赚更多的钱,然后更加频繁、奢侈地消费成为很多美国人新的生活模式。对于当时美国社会出现的这种新变化,凡布伦在《有闲阶级论》一书中曾经将其称为"炫耀式消费"。而到了20世纪之后,美国社会的消费风气更是愈演愈烈,越来越多的美国民众被卷入进来,消费已成为美国民众生活的重要组成部分。其中福特主义的推行起到了关键作用,它打造了一种普通大众能够广泛参与的消费模式,直接促进了消费主义在美国社会的全面兴起。20世纪50年代之后,经历了两次世界大战的美国经济获得了更快的发展,物质财富迅猛增长,经济的发展、商品的异常丰富都进一步推动了消费的兴起,随之而来的是消费主义也成为美国社会发展、运行的一个核心原则,人们在消费行为中寻求满足感和寄托。由此,"人们在休闲、消费和感官满足中接受了新的消费方式和生活方式……现代消费主义文化悄然形成"④。在消费主义泛滥的情况下,社会发展也

①② ［英］齐格蒙特·鲍曼:《全球化:人类的后果》,郭国良、徐建华译,北京:商务印书馆2001年版,第20页。

③ ［英］安东尼·史密斯:《全球化时代的民族主义》,龚维斌、良警宇译,北京:中央编译出版社2002年版,第17页。

④ 杨魁、董雅丽:《消费文化——从现代到后现代》,北京:中国社会科学出版社2003年版,第131页。

进入消费社会阶段。而这种消费主义理念也很快在西方社会获得了广泛的认同和接受。弗·杰姆逊就提出,在当下的资本主义社会现实中,"已经没有旧式意识形态,只有商品消费,而商品消费同时就是其自身的意识形态"①。汤林森也指出:"资本主义的文化重点就是消费的行为过程与经验的商品化……资本主义文化的扩散,实质就是消费主义文化的张扬,而这样一种文化,会使所有文化体验都卷入到商品化的漩涡之中。"②

消费主义的兴起,使得人们认知世界、日常生活的方式都发生了改变。"消费主义是指这样一种生活方式:消费的目的不是为了实际需求的满足,而是不断追求被制造出来、被刺激起来的欲望的满足。换句话说,人们所消费的,不是商品和服务的使用价值,而是它们的符号象征意义。"③因此,伴随着消费主义兴起而来的,是人们对物质享受的热切追求和对感官享乐的极度沉迷。消费成为人们生活中最重要的目标。

当下,消费主义作为一种价值理念已经伴随着全球化的进程而在世界范围内广泛传播。马克思曾经对资本的全球扩张作出了预言:"不断扩大产品销路的需要,驱使资产阶级奔走于全球各地。它必须到处落户,到处创业,到处建立联系。资产阶级,由于开拓了世界市场,使一切国家的生产和消费都成为世界性的了……它们的产品不仅供本国消费,而且同时供世界各地消费。"④当下,马克思的这种预言已然成为真实的状况,而随着资本的不断输出、扩张,消费主义也随之传播到世界各地,其中也包括当下的中国。

消费主义在中国的传播、渗透,既是全球化背景之下发达国家在经济方面优势体现的结果,同时也是中国市场化转型过程中积极寻求与世界同步的需求。对于当下的中国而言,社会日益体现出明显的消费主义特征。

二、消费主义对融媒体的影响

消费主义的兴起必然会给媒体行业的发展带来影响。当下,随着融媒体的

① [美]弗·杰姆逊:《后现代主义与文化理论》,唐小兵译,北京:北京大学出版社 2005 年版,第 29 页。
② [英]汤林森:《文化帝国主义》,冯建三译,上海:上海人民出版社 1999 年版,第 6 页。
③ 黄平文:《救赎与消费——当代中国日常生活中的消费主义》,南京:江苏人民出版社 2003 年版,第 7 页。
④ 《马克思恩格斯选集第 1 卷》,北京:人民出版社 2012 年版,第 254 页。

迅猛发展,其产业化特征也日益明显,"现代传播技术的迅猛发展不仅带来了迅捷便利的传播过程,而且创造了一个以规模化生产和巨大的扩张能力为特征的文化产业"①。对于融媒体行业而言,它不可避免地会被纳入整个社会生产和消费体系之中,深度参与社会生产与消费进程,进而成为现代社会文化消费的重要内容和不可或缺的环节。

一方面,对于融媒体而言,为了获得更多的广告收入,必须先吸引数量众多的受众群体,因此各种融媒体要千方百计地为受众提供他们所乐于接受的产品和服务。而受众在这一过程中也就拥有了另一种身份——消费者。在科技高速发展的今天,融媒体借助越来越发达的技术手段向人们提供着无所不包的海量信息,使人们时刻都被它们的信息所"轰炸"。融媒体产品构建起了人们日常生活中不可逃避的信息环境,刺激着人们的感官,影响着人们的认知,驱动着人们的思考,主导着人们的选择。这使得融媒体的产品和服务能够直接作用于大众的消费行为,激发起人们的消费需求,使他们对其产生强烈的购买欲望。面对融媒体的凌厉攻势,人们没有别的选择,只能是不断地去购买、去消费。

另一方面,除了提供产品和服务、直接促成人们的消费行为之外,融媒体还成为消费主义自我合理化的场域和工具。

实际上,"消费主义文化往往把与消费主义相联系的消费方式标榜为'生活水平的提高和消费质量的改善'。除了人类健康生存的生物性客观标准之外,富裕社会的所谓生活水平或生活质量经常是建立在个体意识与社会评价的基础之上的。作为个体或社会欲望满足的意识(除了纯粹生理需要)是在一种文化价值系统那里获得的,而满足社会评价更是涉及以社会制度或意识形态为基础的价值判断"②。所以,对于消费主义来说,其通常的运作手法是将人们的欲望融入具体的消费行为之中,使社会身份的获取与人们对产品的消费联系起来。这使得人们对商品的需要、渴求在很大程度上是被创造、建构出来的,并对它们加以道德化和制度化,进而形成一种特定的价值体系,人们身处其中,受其影响,被其驯化。而在这种消费主义理念建构、兴起的过程中,除了资本力量、商家的推波助澜,媒体在其中也起到了重要的作用。

对于融媒体而言,它们可以通过各种渠道深度介入人们的生活,因此它所传

①② 葛彬超:《媒介文化与当代生活境遇》,武汉大学 2010 年。

播的价值规范、思维观念和行为准则等能够对人们产生有效的教化作用,规定了人们的意识。这使得融媒体能够凭借自身的优势无所不在地传递跟消费有关的信息,调动起大众的消费欲望,制造出种种需求。这些被建构起来的有关消费的符号、形象等以快捷的速度和空前的规模进行传播。它们能够冲破地域的限制、克服语言的障碍,被推送、传递给分布于五湖四海、不同身份、不同背景的社会人群。融媒体越发达,消费观念的散播越广泛。在这一过程中,人们获得的不仅仅是某一次消费行为的正当性,更是为人们提供了如何理解消费、看待消费的意义体系。

由此,融媒体的强大影响力使得热衷于消费、追逐炫目的商品逐渐成为当下社会中流行的价值理念。它驱动了"人们互相攀比,进入一个跟风跟潮的消费主义状态,这种从众消费的心理和行为是媒介文化助长消费主义的真实写照。融媒体所营造出来的消费文化,不仅仅意味着对商品的无限制的追求与获取,更是将消费主义扩展为人们的生活方式本身"①。

三、融媒体时代的网红经济

融媒体的普及与发展使得其日益全方位地渗透到人们的生活中,对人们的消费行为、消费理念进行着变革和改造。在这一过程中,诸多消费文化形态依托于各种媒体的共同发力而成长、壮大。其中,网红及其带动的网红经济就是其中极具特色的一种消费文化现象。

所谓"网红",宽泛地来说指的就是那些被诸多网民追捧而走红的人。在消费主义时代,网红不再仅仅是某一类型的文化符号,在网民的热情关注、媒体的广泛传播推动之下,资本带着对利益追逐的野心介入其中,"网红经济、网红产业俨然成为当下人人都想来尝一口的诱人蛋糕,代表了在注意力经济体系内掘金的全新热点"②。

(一)网红的发展历程

每个时代都会出现诸多备受关注的风云人物或者红人,而网红作为依托于

---

① 葛彬超:《媒介文化与当代生活境遇》,武汉大学 2010 年。
② 敖鹏:《网红为什么这样红?——基于网红现象的解读和思考》,《当代传播》2016 年第 4 期,第 40-44 页。

媒体传播技术而出现的特定产物,其从出现到成长、兴起都深深打上了新媒体的烙印,从而与以往其他时代的红人及其生产机制都有着很大的区别。而网红发展到今天,其成长历程也始终与新媒体的发展齐头并进,新媒体技术的变革推动了网红的演变。

从最初的论坛、空间到以微博为代表的移动社交网络应用的兴起,再到微信、直播平台的流行,从文字、静态图片到动图、视频甚至直播交互,这些日新月异的新媒体应用、多元丰富的表现方式和层出不穷的新鲜功能降低了网红们使用技术的成本,给予了更多草根平民展现自我、施展技能的通道,促进了他们的自我表达和创造力,也提供了更多可以"红"的途径。同时,随着各种新媒体日益兴起,它们渗透、融入并改造着人们的日常生活,这使得各种信息能够借助新媒体平台在短时间内迅速传播。如通过微信朋友圈的病毒式传播,某一篇文章能够迅速达到 10 万以上的阅读量。喜欢观看视频的受众也能够快捷地通过新媒体平台找到观看目标。网络红人的各种表现、举动也通过广泛普及、覆盖率高的新媒体平台为更多的人所关注、了解,他们不需要再如同传统公众人物成名那样付出高额的代价换取曝光率的增加,也不必经过漫长的时间积累。只要操作得当,本身有亮点,他们能够在很短的时间里就为大众所知晓,使得这些以往被视为非主流的"小众"能够迅速活跃在大众视野内。可以说,新媒体的兴起,为网红的广泛传播提供了良好途径,网红群体由此得以快速发展,涌现出了大批具有影响力的网红。

如网红李子柒选择的是以短视频的方式来呈现自制内容。她依托微博、微信等新媒体平台进行视频的发布。短视频是新媒体环境下为众多用户所喜爱的内容呈现方式,它极大地契合了碎片化时代人们的信息接受需求。短视频的制作,微博、微信平台的大范围传播,使得李子柒自制内容的影响不断扩大,吸引了众多的受众。而为了提升视频的效果,李子柒也非常重视对各种新媒体技术的运用。包括通过各种编辑软件对视频进行精心的剪辑以使内容更富有可视性,借助鲜明的人物形象、强烈的中国传统文化内核等不断提升传播影响力。李子柒从 2015 年开始拍摄美食短视频,很快成为热搜榜的常客。她所发布的短视频很多都能达到百万以上的点击量,热门视频也经常有过万的转发量,微博上获得了 2000 多万的粉丝,2021 年 2 月,李子柒以 1410 万的 YouTube 订阅量刷新了由其创下的"YouTube 中文频道最多订阅量"的吉尼斯世界纪录。

网红李佳琦同样也是借力新媒体技术和平台推广自身。李佳琦的内容推介主要是通过在直播平台上进行直播来实现,"带宽的提高以及摄影摄像的使用成本、操作成本的降低使得实时直播只需要一部智能手机就可以完成,更不用说简单的图文操作"①,这些都使得他得以不断扩大自身的影响,吸引受众的关注。2020 年双十一首场预售直播,李佳琦直播间观看人次达 1.6 亿,打破了直播带货观看人次的历史纪录。

而随着融媒体的发展,网红一词所指涉的对象也日趋多元化,从颜值呈现、知识分享到提供服务,出现了各种类型的网红,在公众脑海中不断刷新着对这一群体的认知。这使得在融媒体迅猛发展的背景下,融媒体平台已成为很多人眼中成名的捷径,网红不再被视为只是个别人的标新立异,更代表着一种竞相追逐的群体现象和趋势,"人人都在寻找网红,人人都想成为网红"。

(二) 网红经济的兴起

在网红越来越为人熟知,成为一种现象级的文化潮流的同时,他们也成为一种非常重要的经济力量。"公开数据显示,2022 年中国网红经济市场规模达到 1.3 万亿元,同比增长 26.9%;预计到 2023 年中国网红经济市场规模将超过 1.6 万亿元,同比增长 23.8%。"②网红群体所展现出来的超强"变现"能力使得资本市场对他们青睐有加,争相网罗,成为一种新的媒体经济。因此,在网红群体不断扩大、日趋火爆的背后,其动因已经不能仅从文化发展的规律来解释,更需要考虑到其中所体现的经济因素。

1. 网红的产业化发展

网红发展到当下,不能仅仅是把它视为一种文化现象,它已经成为经济链条中富有吸引力的一环,能够为资本提供极高的回报率。各种直观的经济利益呈现在面前,促使资本纷纷介入,从而极大地鼓励和推动了网红的发展。

在这种追逐经济利益导向的刺激下,网红的发展已形成一种产业,通过对他们进行系统的开发、打造,力求获得最大的经济效益。"最初的采用零散时间利

① 吴小飞:《网红经济的内容生产研究》,安徽大学 2017 年。

② 新华社:《瞭望 | 网红主播正起飞》,https://baijiahao.baidu.com/s?id = 1785131418925822978&wfr = spider&for = pc,2023 年 12 月 13 日。

用个人才艺特长来变现的分享经济模式逐渐被专业化程度更高的职业化服务所替代,即所谓的谋生者挤出分享者,在宏观层面由资本推动形成了网红经济的产业化链条,在微观层面,网红的传播策略也由零散随意走向整合专业。"①于是,在资本的运作之下,网红们不再是单兵作战,更多的是采用团队运营的方式进行更符合市场规律的经营,谋得更加专业化的发展路径。"一个个人化 IP 背后其实有一整个团队来负责策划、运营、粉丝互动、产品开发、商业合作等各项事宜;网红的内容生产也从初始的 UGC 进入到 PGC 的阶段,配备一系列成熟的运作方案和专业的运作人员,保证内容源源不断地供应。"②通过资本的介入和驱动,诸多的网红被打造出来以更好地满足市场的需求,甚至出现了网红商学院等网红孵化器,还涌现了各种以"帮助你学会如何做网红"主题的教程攻略。资本的力量使得网红的影响进一步提升,"网红愈来愈发展成为集合眼球效应和规模经济于一体的产物,网红潜在的商业价值由此被急速放大"③。

2. 粉丝推动网红经济的盈利

作为一种文化产品,从网红到网红经济的演变,其中的一个核心元素就在于粉丝的力量。在融媒体环境下,网红借助传统媒体与新媒体融合平台的不断拓展,唤起众多粉丝的关注从而实现商业变现。

"粉丝"最初源于拉丁文,其含义是指"疯狂但是受到神灵启示的"。而在当下,这一带有宗教意味的概念被引入对偶像追逐的过程中,因此,还有一些与它有类似含义的称呼,如"迷""追星族"等。这些称呼虽然在名称上不同,但它们都共同强调了对某一对象的痴迷,意味着对其积极、主动地追捧。

媒体是大众彼此联系的重要纽带,也是人们获取信息的重要渠道。因此,对于粉丝文化而言,媒体也是对其产生重要影响的因素。伴随媒体的发展,媒体技术的进步,能够赋予粉丝更强烈的视觉、听觉感受,拉近与追捧对象的距离,方便粉丝们将注意力集中到自己所喜欢的对象身上,从中获得更多的乐趣。因此可以说粉丝文化的发展状况和趋向在很大程度上是由媒体的发展所决定的。

而网红经济就其盈利模式而言,正是粉丝经济在媒介化时代的一种特定的

---

①②③ 敖鹏:《网红为什么这样红?——基于网红现象的解读和思考》,《当代传播》2016 年第 4 期,第 40-44 页。

表现形式。所谓的粉丝经济"指的是粉丝对人物或品牌等的狂热而产生的一种经济模式"①,粉丝是对网红经济价值进行衡量和估价的重要依据,网红经济价值的实现正是建立在其拥有一定的粉丝规模的前提之上,可以说,网红经济价值的高低和其粉丝群体的大小、构成以及粉丝黏性的强弱密切相关。数据显示,"截至2018年5月,中国网红粉丝总人数达到5.88亿人"②。数量巨大的粉丝推动了网红及相关产业的迅猛发展。

因此,网红经济运作的核心要务就在于促使网红最大程度地吸引粉丝,进而促使他们围绕网红实施各种消费行为。这使得当下的网红经济运作往往采取"线上+后台"的运作模式。"网红们负责在线上吸引粉丝的关注,依靠强内容输出一定名气和流量聚拢粉丝,并维持黏合度,背后的团队则在后台负责整体的运营、设计产品以及提供产品。运作团队将网红吸引的流量变现,让粉丝自愿'剁手'。"③

3. 被引导的粉丝消费行为

消费主义的影响,使得网红文化从诞生伊始就如同其他媒体产品一样既具有文化属性又具有商业特质,它既是一种文化现象也是一种深受市场欢迎的消费品。在网红经济的发展过程中,粉丝们对各种网络红人的追捧,表面上看是粉丝们的主动消费行为,但实际上却体现了市场的操纵、资本的运作,是一种被引导的行为。"这一切都摆脱不了商业经济对粉丝文化的圈地运动,商家抓住粉丝的心理需求来刺激粉丝的消费欲望。"④"网红经济是消费文化社会的重要产物,从某种程度上说,网红是一种用来被消费的符号。"⑤具体而言,粉丝之所以会如此疯狂地追捧、消费这些文化符号主要受到以下三方面因素的引导和推动。

（1）权利的获取

詹金斯曾经提出,粉丝在消费过程中能够感受到一种赋权的快感,"赋权指的是能量和激情的产生,指的是可能性的建构"。"与消费者不同,粉丝对于

---

①　向阳:《论粉丝经济》,《经济》2014年第7期,第84-86页。

②　艾瑞咨询:《2018年中国网红经济发展研究报告》http://report.iresearch.cn/report/201806/3231.shtml。

③⑤　肖倩倩:《网红经济初探》,温州大学2017年。

④　陈庆婷:《媒介环境下中国粉丝文化的变迁及其演变规律研究(1978年—今)》,兰州大学2015年。

某些实践的能量投入总是通过各种赋权关系获得投资利息,要么是以进一步生产能量的形式,要么是通过把粉丝置于某个位置让粉丝感觉到能对自己的生活有某种控制力,或者争抢粉丝的存在感。"①而粉丝们在对某些对象狂热地付出之后能够获得的拥有诸多权利的美好感觉,将进一步驱使他们对特定对象进行更进一步的投入,以使自己能够持续地规避生活中的种种负面、悲观情绪。

对于网红的追捧同样也是如此,比如在直播时,粉丝们如果给出了价格较高的打赏物,就能够提出比一般受众更多、更高的要求,包括与网红互加微信、与网红进行单独的一对一交流、指定某首歌曲让网红演唱等。而对于网红而言,这些打赏金额较高的"忠诚"粉丝所提出的要求往往都会被满足。于是在直播间里粉丝就会被区别对待,在大的粉丝群里形成地位的区隔,乐于消费的粉丝为自己赢得了不一样的身份,获得了更多驱使别人按自己要求做事的权利以及由此带来的满足感。

(2) 粉丝群体的兴起

在媒体融合的环境下,对于粉丝的发展而言一个重要的变化是粉丝群的壮大,这成为粉丝实现全体狂欢的基础,促使粉丝文化快速传播。粉丝群体的发展,使得粉丝不再如散沙般各自为政,他们日益倾向有组织地聚集,打破地域的局限,随时随地进行交流互动,紧密联系在一起。而"围绕在我们热爱的事物周围并且与别人分享它,使得我们更容易深化这个爱好,并且寻找更多有关的东西"②。这也就使我们能够理解为何网红们可以在很短的时间内就获得众多的关注,围绕网红又如何迅速地集结起众多的粉丝。狂热的粉丝们以网红为中心聚集在一起,他们往往有"统一的规范或者仪式,或者统一的名号,大家通过一些彼此熟知而外人一知半解的言论和符号来强化对彼此的认同"③。而要想进入某一个核心粉丝群体,围绕网红进行消费通常是有效的方式,这也成为粉丝忠诚与否的筛选机制。

同时,粉丝们在各种融媒体平台上聚集在一起,相互交流与合作能够释放出

① 陶东风:《粉丝文化读本》,北京:北京大学出版社 2009 年版,第 7 页。
② [美]詹姆斯·哈金:《小众行为学——为什么主流的不再受市场喜爱》,张家卫译,北京:时代华文书局 2015 年版,第 163 页。
③ 吴小飞:《网红经济的内容生产研究》,安徽大学 2017 年。

强大的粉丝能量。"以前只是稍微痴迷的粉丝情感,在社群动力的作用下,粉丝展现出了后现代的创造力——蕴藏在大众草根中的个体创造力和微型自助式生产社群的集体智慧。"①于是就会出现粉丝们对网红动态了如指掌、对网红信息的发布迅速及时、对带有网红标志的商品积极购买、对网红的消费建议全盘接纳。

（3）"情绪化"消费习惯的培养

约翰·费斯克(John Fiske)曾指出"与一般消费者不同,粉丝是愿意花钱的群体,粉丝的消费不是为了占有使用价值,而是一种情绪消费,每当这种情绪出现,尽管一些推荐带有商业目的,且某些商品的质量没有超出同一品类,但是由于对偶像的信任,购买行为就随之产生"②。

基于此,在普通人看来不能理解甚至是匪夷所思的粉丝消费行为就变得有理可循。粉丝们各种私人性的偏好、隐秘的个人情感都使得他们对网红的种种消费有了合适的理由。对于粉丝们而言,只要满足了他们的情感要求,他们就认为是最合理的,也是最值得付出的。

如在直播间,有的主播单单只凭颜值就能得到粉丝青睐,有的则通过个人才艺展示甚至某一次的操作、一段搞笑的解说引得粉丝纷纷打赏,因此,在直播过程中,屏幕上会不断地出现礼物。"这些因为一时间喜好、兴奋或者短暂的愉悦产生的消费行为,没有直接的商品,更没有所谓的使用价值,是典型的情绪化消费。"③

所以网红经济的实现"其实是网红群体以用户心理需求为导向所进行的表演输出,与用户在认同与狂欢的情感基础上所进行的注意力消费的等价交换过程,网红获得物质性报酬,而用户获得情感性报酬"④。而这种"网红—媒体—粉丝"产业链条的实现有赖于资本从生产到传播各个环节的精心打造与设计。这意味着,在网红经济中,包括粉丝的情绪在内的一切消费因素都是受到商业操控的,粉丝们的喜好都是商家通过市场调查收集数据精心策划的结果。诚如黛博

① 陈或:《从文本再生产到文化再生产——新媒体粉丝的后现代创造力》,《学术论坛》2014 年第 2 期,第 129－132 页。
② 李增云:《消费主义视野中的粉丝消费行为研究》,中国传媒大学 2008 年。
③ 吴小飞:《网红经济的内容生产研究》,安徽大学 2017 年。
④ 周冬敏:《网红的影响力生成机制研究》,暨南大学 2017 年。

拉·鲁特所指出的:"消费场域里的真实性是一个带有欺骗意味的概念,这个词可以被操纵,用来说服人们相信:当他们购买商品后,能从中获得一些更加深刻的东西。"①而让·鲍德里亚(Jean Baudrillard)在《消费社会》中也提出,"消费的目的不是为了实际需要的满足,而是不断追求被制造出来、被刺激起来的欲望的满足。换句话说,人们所消费的,不是商品和服务的使用价值,而是它们的'符号象征意义'。"②于是,每一个网红都被建构成具有独特卖点的角色,他们或是具有出众的外貌身材,或是掌握实用的技能、具有高超的本领,或是言辞犀利、见解独到,或是生活方式与众不同、价值观念新颖前卫,这些由商业资本所精心设计出来的网红特质,被用来和粉丝们在情感上形成默契,推动彼此的情感交流。

于是,"商家通过抹杀明星产品的商业性质,不断提升产品的感情价值,降低粉丝经济中赤裸裸的商业利益而被温馨的情感呼唤所取代,刺激用户的特定情感"③,使得活跃于各类媒体平台的网红群体,能够掌握传播的主动性,一次次地迅速集合粉丝,与粉丝们及时互动,共同参与到狂欢当中,用情感能量维系群体源源不断的狂欢动力。最终粉丝能够获得种种快感,便是网红与粉丝们互动的最佳结果,因为这些快感将会扩大网红的影响力,实现注意力的变现。"通过解码传播的符号获得满足,用户已经和网红主体建立起情感纽带,作为卖力表演的回报,他们愿意对特定的网红投入可持续性的注意力以及稳定的人际资本,具体表现在通过媒体平台进行点赞、打赏、付费、送礼物、购买虚拟货币、内容和商品消费等行为。"④而当粉丝们在情绪、欲望的支配下最终实施了消费行为之后,网红文化的商业内涵也随着这些粉丝的狂热显现无遗。

第三节　融媒体时代的青少年亚文化

伴随着媒体融合趋势的快速发展,各种融媒体已成为当下日常生活中必不可少的社会交往和信息传输的渠道,它们更新了人们的生活方式,影响了人们的

---

① 王斌:《网络时代的名人文化、"粉丝"消费与情感劳动——我国网红现象研究的三重议题》,《天府新论》2018年第3期,第144-151页。
② 李增云:《消费主义视野中的粉丝消费行为研究》,中国传媒大学2008年。
③ 陈庆婷:《媒介环境下中国粉丝文化的变迁及其演变规律研究(1978年—今)》,兰州大学2015年。
④ 周冬敏:《网红的影响力生成机制研究》,暨南大学2017年。

思维观念、行为准则，尤其是对青少年群体产生了重要的影响。当下，对于青少年群体而言，媒体在他们日常生活中是不可缺少的。青少年对媒体的广泛使用，媒体融合趋势的不断加强，必然会对青少年的文化生活造成冲击。这使得在融媒体环境下青少年亚文化呈现出与以往不一样的面貌。

一、青少年亚文化理论的流变

"亚文化并非独立存在，而是存在于整个大文化体系之中、相对于主流文化而言的，属于某一个区域或某个群体所持有的意识观念和生活方式，由于其中蕴含着对社会主流文化的偏离和颠覆，因而在文化系统中处于边缘及从属的位置。"①一直以来，对青少年亚文化的讨论和争议都没有停止过。总体而言，青少年亚文化的研究大致可以分为三个阶段。

（一）芝加哥学派的研究

20世纪20年代，伴随着美国经济的快速增长和社会的不断繁荣，犯罪率却持续上升，尤其是青少年的犯罪行为显著增加，从而成为当时美国社会重要的问题，并引起了广泛的关注。基于此，美国芝加哥学派针对青少年亚文化问题展开了系统、深入的研究并取得了丰硕的研究成果。如其代表性人物罗伯特·帕克（Robert Ezra Park）以城市社会学的研究为基础，对边缘人群的生活进行了大量的实证调查，涉及种族、移民等社会问题，着重研究了其中产生的青少年亚文化现象，进而提出了社会学界闻名的"越轨"理论。在芝加哥学派的学者们看来，青少年们在文化压力之下会行为异常，他们无法在主流文化设定的合理区域内寻找合适的位置，就只能做出不能被人们所普遍接受的异常行为以应对这种困境。

除了罗伯特·帕克之外，阿尔伯特·科恩（Albert Cohen）也从"问题解决"的角度解释了青少年亚文化的形成。科恩指出，每个人的行为都对应着要试图去解决自身所遇到的各种问题，而身处社会底层的青少年，所遇到的关键问题就是没有稳定的收入、体面的生活和光明的前途，从而被绝望、愤懑、沮丧等情绪所困扰，为了摆脱这些负面情绪、抛却挫折感，种种越轨行为由此产生，越轨亚文化

---

① 李琦：《网络亚文化视域下的草根狂欢现象研究》，华中师范大学2016年。

行为成为他们解决自身面临问题的特有方式："一些孩子由于无法满足体面社会阶级地位体系的标准,他们的地位就被体面社会所否定。越轨亚文化通过向下层孩子提供他们可以适应的地位标准来应对以上这些被排斥的问题。"①"面对资产阶级有关工作、成功和金钱的价值观产生的'地位受挫',青年的'解决办法'就是拒绝或反抗,包括越轨和犯罪。"②由此,境遇相同的青少年们便基于共同的反叛行为结成特定的文化群体,他们认同的是与占据主流地位文化截然不同的价值理念和行为准则。

总体而言,在芝加哥学派学者的研究视野里,青少年亚文化代表的是消极的理念,它们与主流的思想、道德规范背道而驰,行为极端,是一种负面的存在。芝加哥学派从结构功能视角出发对青少年亚文化的研究无疑是一种有效的解读方式,也为后来的青少年亚文化研究提供了有益的经验。

(二) 伯明翰学派的研究

在芝加哥学派之后,英国伯明翰学派从不同的角度和方向也展开了对青少年亚文化的研究。

20 世纪 50 年代后期,英国社会出现了与之前美国社会相似的情况,青少年亚文化以其叛逆、颠覆的风格对社会规范、道德秩序提出了挑战,成为备受关注的社会问题。伯明翰学派的学者们综合了跨学科的研究方法、视角对青少年亚文化进行了解读,认为青少年亚文化"是一种独特的文化形式,标志战后英国时代共识的破裂和权威系统的危机,具有非常重要的意义"③。

到了 20 世纪 60 年代,伯明翰学派代表人物理查德·霍加特(Herbert Richard Hoggart)在其著作中对英国工人阶级青少年亚文化进行了详细剖析。之后,伯明翰学派另一位领军人物斯图亚特·霍尔(Stuart Hall)也对青少年亚文化进行了探讨。1964 年,伯明翰大学成立了"当代文化研究中心",以此为基地,对 20 世纪 50 年代以来的英国青少年亚文化现象进行了系统的研究,形成了一系列的理论成果,包括《仪式反抗:战后英国的青年亚文化》《亚文化:风格的意

---

① ［英］斯图亚特·霍尔、［英］托尼·杰斐逊:《通过仪式抵抗》,孟登迎、胡疆缝、王惠译,北京:中国青年出版社 2015 年版,第 2 页。
② 陶东风、胡疆锋:《亚文化读本》,北京:北京大学出版社 2011 年版,第 3 页。
③ 姜楠:《文化研究与亚文化》,《求索》2006 年第 3 期,第 47－50 页。

义》《女性主义与青年亚文化》等。

随后的 20 世纪 70 年代，"当代文化研究中心"对青少年亚文化进行了持续的研究，摇滚、朋克等诸多青少年亚文化行为都成为他们研究的对象。研究者们将青少年亚文化视为底层民众对统治阶层进行反抗的重要手段。他们认为，亚文化不能因为与主流文化不同就被看作是颓废和堕落的，它们实际上是底层民众阶级意识的体现，通过各种亚文化手段实现了对统治阶级的意识形态、权威的抵抗和挑战，其目的在于打破固有的文化霸权统治，从而也由此具备了存在的合理性。借助于亚文化行为，底层民众试图在现有的统治阶级领域内为自己赢得一席之地，体现了其对话语权的争夺。

虽然，伯明翰学派的研究为我们提供了诸多有益的成果，提出了抵抗、仪式、风格等亚文化研究的关键词，但其单一的二元对立视角，使得他们对亚文化的研究受到了局限，固化了亚文化和占据主导地位文化之间的关系。

（三）后亚文化理论的兴起

美国芝加哥学派以结构主义理论视角建构起"问题解决的思路"，提出青少年亚文化出现的根源在于不合理的社会结构。而之后的伯明翰学派则从马克思主义、葛兰西霸权主义等理论出发，对英国青少年亚文化现象进行了富有力度的解读，提出了具有启发性的研究成果。随着时代的变迁，青少年亚文化也在不断发展，对青少年亚文化的研究也随之推进。20 世纪 90 年代，后亚文化理论开始兴起，学者们力图对之前的亚文化研究进行突破，创新。

在后亚文化研究者看来，伯明翰学派学者的研究过于狭隘，他们单一地将阶级视为亚文化行为的决定因素，将研究视角局限在二元对立的框架之下，这将很难对亚文化现象进行准确、全面的解读。因此，他们试图构建新的亚文化研究的思路来推动亚文化研究的发展。

他们发现亚文化虽然与处于中心的主流文化保持着距离，但却不是如伯明翰学派所描述的那样对处于统治阶层的文化充满了敌视和有意识的抵抗，更多的是疏远和游离。在后亚文化研究者看来，亚文化并不像之前被描述的那样充满了阶级对抗，它们不再是基于阶级差别而导致的选择。后亚文化研究者们倾向于借助法国社会学家马福索利（Maffesoli）的"新部落"概念来描述亚文化群体。马福索利所谓的"新部落"是"相互熟悉的人之间建立的一种没有固定形式的组织,依靠一种具体的气氛,一种思想状态,更确切地说是通过一种由共同喜欢的外观和形式所规定的生活方式来形成"①。这一概念淡化了阶级的意味,代之以生活方式作为亚文化形成的缘由。这使得亚文化没有表现出对主流文化的明确抵抗,而更多的是游离于主流文化之外自得其乐。

同时,后亚文化研究者也对伯明翰学派所提出的亚文化群体是以紧密的团体形式存在、成员之间具有高度凝聚力的观点提出了质疑。他们在研究中发现,亚文化的形态是丰富多样的、流动变化的,不具有固定的形式,各种亚文化群体也是松散的,对个体而言并不具有团队强大的压力。

伴随着社会环境的变化,后亚文化理论进一步推进了亚文化的研究,更新的理论视角、更多元化的理论观点丰富了亚文化的研究成果,勾勒出与以往不同的青少年亚文化研究图景。

二、融媒体环境下青少年亚文化的发展

随着社会的进步和诸多新兴媒体的不断涌现,受众获得了更多元化的获取信息的渠道,同时也为各种文化的发展提供了更为自由的空间,不同的审美追求、生活理念在其中碰撞、交织,这也为亚文化的兴起提供了便利条件。作为各种媒体的积极使用者,青少年们立足于融媒体平台,不断创造新的文化表达方式,并通过融媒体平台扩大辐射范围,这使得青少年亚文化较之以往更加活跃,影响力也更大。

(一) 融媒体推动了青少年亚文化的发展

伴随着新兴媒体与传统媒体的融合,传播体现出强烈的平等交流特征,在各种融媒体平台上,信息的发布和传递不再只是为个别人所拥有的权利,传播信息的成本被大大降低,众多的使用者都可以在其间表达自己的观点、发布特定的信息。由此,融媒体传播突破了传统传播环境下传者和受者之间的界限,人们可以通过诸多媒介形式不受现实身份的制约进行跨越时空的信息传播、交流,大家既接受

---

① 聂莉:《主流文化在青年社群传播中的裂变与再建构——当传统纪录片遇上二次元 B 站》,《青年探索》2020 年第 4 期,第 31 - 39 页。

信息,又传播信息,每个人都可以表达自己的意见和见解,平等参与。可以说,融媒体为普通民众提供了诸多话语表达的渠道,赋予了他们更多的话语表达权利。

这使得传播生态得以重构,以往自上而下的单向度传播转变成互动的平等主体之间的交往,普通受众的权利受到尊重,他们获得了更多的机会,以往无法发出的声音得以在融媒体空间中自由传播。这种强大的吸引力使得分散在社会各个角落的受众在融媒体空间中聚集。媒体的融合"将一种傲慢的知识态度还原为一种平等的知识对话,将一种中心主义的自大迷恋还原为平等对话中的新意义产生,将一种过分精英主义的态度还原为普适性的大众文化。它提供了一个可贵的平台,那就是最大可能的平民化、圆桌会议化、多元声音化"①。

由此,在融媒体环境中,青少年们也获得了更大的表达空间,拥有了平等表达的地位,占据了展示自我的平台,具备了与成人对话的条件。这使得他们不仅能够积极地从各种媒体中获取信息,而且可以自由地在接受者和传播者之间进行身份的切换,掌握了极大的话语权,而这在单一的传统媒体环境下是被长期剥夺和忽视的。于是青少年们借助融媒体渠道,凭着自己的兴趣和爱好,创造、传播着他们的文化。可以说,融媒体的发展引领着青少年们越来越主动、深度地参与文化的创造和传播,从单一传统媒体时代的"旁观者"变身为主动的"参与者"。作为融媒体的积极用户,他们能够充分发挥融媒体的优势,自由地书写、创作、表达,参与到社会文化的建构中来。

同时,融媒体的发展还为青少年亚文化的传播带来了新的方式——"互动式"传播。在传统媒体情境下,文化传播大多遵循的是"文本—接受"的单向度模式,仅是传者向受者的输出,反馈渠道匮乏,互动性较差,人与人的交往具有局限性。而到了融媒体阶段,为社会交往方式带来了全新的变革,融媒体使用者之间联系更加紧密,人们可以随时随地与他人进行交流,从而即时获取大量的信息,加强与同伴之间的联系,实时地就重要问题展开协商。这种变化为广大的青少年所推崇,也成为青少年亚文化发展的重要推动力。

(二)融媒体环境下青少年亚文化的突破改变

青少年亚文化借助各种融媒体传播平台挥洒自己的感受、表达自己的渴望、

---

① 陈卫东、韩雪峰:《网络文化解读》,《现代远距离教育》2006年第6期,第69-71页。

释放自己的情绪,融媒体的特征和优势与亚文化的表达契合在一起,开放、互动、平等的空间使得融媒体环境下青少年亚文化呈现出与以往不同的面貌。

1. 更加积极的表达

在单一的传统媒体环境下,无论是纸媒还是广播、电视等电子媒介,信息的传播方式是单向的,内容是被把关人严格筛选过的,处于社会边缘地位的青少年更多地只能被动地接受主导文化输出的信息。亚文化群体的青少年们大多埋首于自己的一方小天地里,根本谈不上文化创造。而在融媒体的影响下,传统的社会文化资源分配格局被打破,对于与各种新媒体同步成长起来的青少年而言,融媒体是他们熟悉的领域,容易掌控的空间。这使得青少年不再满足于只是欣赏别人的文化,而是更有勇气地积极表达自己的体验,成为文化的创造者。

凭借媒体融合带来的技术优势,青少年拓宽了他们表达的空间,他们不再仅仅是一小群人的自得其乐或者是躲起来的顾影自怜,除了诉说成长的烦恼,舒缓自己的压力之外,他们还会通过各种方式主动出击,强烈而清晰地传递出他们的生活理念,表明自己的态度,使得更多的人认识到:原来还可以有这样的生活方式,生活的意义我们还可以这样理解。融媒体俨然成了青少年亚文化参与社会的重要阵地。借助融媒体,青少年已不安于只是安静地以受众的身份存在,而是越来越积极地将自己的诉求表达出来,试图构建起与父辈文化不同的一种力量,并用他们的这种力量影响、改变社会生活,从而使得他们的个性得以张扬,生活方式得以践行,他们要用自己的观念冲击成人社会,向成人文化进行渗透,以“反哺”的姿态彰显自己文化的鲜活生命力。

由此,青少年从以往被动消极的受众变成富有创造力的参与者,融媒体空间也成为青少年创造自己文化、展示自我的平台。“青少年作为社会生活的参与者,他们试图突破社会给予常人的一般框架,打破社会的既定制度和生活常规,按照自己的想法创造自我、塑造自我,从而用自己的能力和方式真实地拥有自己。”[1]

2. 更富有个性的创造

个性一直是与青少年亚文化紧密相连的特质,从嬉皮士、光头党到街头青

---

[1]　李凡卓:《青少年 hip-hop 文化流行的社会学分析》,《青年探索》2004 年第 4 期,第 3－6 页。

年,每个时代的青少年亚文化都体现出对个性的追求。在社会心理学看来,"人们之所以追求个性,尤其是青少年亚文化更是突出地表达自己的个性,是青少年在适应社会过程中,有一种希望区别于他人的'差别性愿望'",①"青年群体崇尚个性化和独特化,希望引领时尚热点,争做潮流先锋,青少年亚文化通过其富于个性的思想、行为和趣味表达出与前几代人的差别"②。

而融媒体的兴起,使得青少年有了更大的便利去追求、展现属于这一群体的独特文化风貌。一方面,媒体技术的进步使这种目标更容易实现,各种媒体平台使青少年获得了更为丰富的信息来源,视频拍摄、声音录制、文字编辑……"多媒体化"的表达方式为青少年们提供了更多元化的表达可能。在融媒体空间中,可以用文字塑造想象的空间、寄托自己的情绪,可以用音乐承载自己的梦想,倾诉心声,可以用视频制作表达对社会的关注、传达自己的思考,这些都大大促进了青少年亚文化中个性的展现。对于青少年而言,在融媒体空间中,无处不是他们的舞台,他们以极大的热情积极创造着融媒体时代的亚文化。

三、弹幕文化

(一) 弹幕的由来

"弹幕"最早是军事领域的用词,含义是"幕布下落般倾泻而来的子弹","指用密集的炮弹在短时间内集中射击目标,以巨大的杀伤力将其摧毁","用于发射子弹的武器往往'射速高、火力密度大',一旦发射便如同在火力控制区内编织了一层致命的弹幕"③。这一战术最早是在第一次世界大战期间由英国军队使用。后来,这一概念被引入游戏中,"玩家通过操控角色,攻击并打败敌人,其中敌我双方的子弹在屏幕上停留的时间较长且密度很高,形成'幕状',因此也得名'弹幕射击游戏'"④。

视频中首次出现弹幕源于日本动漫书评网站 niconico。2007 年在投稿到该网站的视频《粉雪》中第一次出现了弹幕,引发了众多观看者的讨论,由此在视频

① 乔丽华:《论新媒体环境下青少年亚文化及其价值意义》,河南师范大学 2010 年。
② 胡瓅:《网络传播的青年亚文化批判》,重庆工商大学 2013 年。
③④ 盛淮瑾:《亚文化视角下的弹幕研究》,南京师范大学 2016 年。

中发布"弹幕"开始日益流行。

国内诸多学者也对弹幕展开了研究，他们从不同的角度对弹幕的含义提出了自己的观点，如有学者提出："所谓弹幕，从形式上看，指的是通过一定的网络技术，将评论性的文字逐条发送到视频页面上，文字内容、字体、颜色、字号等可由弹幕发出人自由选择。弹幕通常随着视频节目的播出，以滚动状态出现在屏幕上。从内容上看，弹幕内容与视频本身紧密相关，多属于即时评论或吐槽。"[①]还有学者认为："弹幕是指直接在视频上显示的评论，可以以滚动、停留等多种动作方式出现在影片上，是观看者发布的简短评论。"[②]总体而言，所谓弹幕也就是受众在观看视频的过程中，利用后台的播放和编辑技术，随时将自己的感受或者评论以文字或者符号的形式附着在视频上发送出去。而这些受众所发的字幕会被保存，当同一视频再次被点击观看时，这些字幕就会和视频文件同时被加载，然后在视频播放时出现在内容所对应的时间点。这就使得某一视频如果有众多观看者进行评论，那么在视频播放时，这些字幕就会连续不断地从屏幕上横穿过去，就像无数子弹飞出一样。而在某一时间点同时有众多受众发表评论时，视频画面更是会被这些字幕所叠加、遮蔽，宛若枪林弹雨扑面而来。

(二) 弹幕的亚文化特征

作为受众对原视频文本的再创作，弹幕逐渐衍生出了自己的表达风格、传播特点、内容价值等。由此，弹幕不再只是单纯的受众吐槽评论，也成为一种引人注目的亚文化现象。

1. 群体的狂欢

狂欢理论是 20 世纪俄罗斯思想家、文论家和文学批评家巴赫金学说的重要组成部分。巴赫金在他的两本著作《陀思妥耶夫斯基诗学问题》和《弗朗索瓦·拉伯雷的创作与中世纪和文艺复兴时期的民间文化》中系统深入地探讨了复调诗学理论和狂欢化诗学理论。他认为中世纪的人们同时身处于两种生活状态之

---

① 张聪、常听、陈颖：《浅析弹幕对大众传播模式的革新与影响》，《东南传播》2014 年 12 期，第 12 - 14 页。
② 王颖：《对弹幕视频网站受众的主动性分析——以 AcFan 和 bilibili 为例》，《新闻研究导刊》2015 年第 1 期，第 54 - 55 页。

中：一种称之为常规的生活，另一种则被称为狂欢化的生活。前者受到官方、教会等层面的严格的等级秩序的约束和控制，服从于一定的权威性。这使得在这种生活中充满了禁律、虔诚和敬畏，生活方式是严肃的；而在狂欢化的生活中，上述的种种等级、禁律和权威等都被取消了，于是人与人之间回归到平等、随性的关系当中。不管你是国王还是平民，是长辈还是晚辈，彼此之间是没有高低贵贱之分的，于是人们不再恐惧不安、不再诚惶诚恐，而是自由、快乐地生活，狂欢的笑声随处可以听见，人人都获得了一种根本性的解放。但是这种快乐的生活和日常生活相比并不具有持久性，人们只能是短暂的获取。

而对于弹幕的发布、传播来说，很大程度上也可以被视为是一种群体狂欢。传播者、受众以弹幕为纽带，实现了游戏式的自由。

以弹幕中的刷屏弹幕为例，其所呈现的内容大多并无实际意义，只是闲聊或者是自说自话，比如对自己出生时间、地点或者是所居住城市的介绍，彼此交流观看的时间、次数等信息，表述对视频内容、演员表演的热爱之情，诸如"哈哈哈哈哈……"之类的直接情绪表达等。这些刷屏弹幕彼此跟风，前一条刚出现，后面马上就会跟来大量的同类型弹幕，形成了一片众声喧哗的狂欢场域。甚至于，有时弹幕都可以完全与视频文本脱离，比如某位用户发了一条弹幕"现在好想吃……"，后面很有可能就会出现诸多"想吃……"的与视频内容毫无关联的弹幕。

在这种狂欢的情境中，"弹幕本身的内容已经不再重要，它的意义就在于'刷屏'、在于破坏视频画面的完整性，同时情绪的狂欢带动着意义的消解与建构，改变着原来的意义或增加新的见解，将原有单一的观看模式转化为一个特殊的、不在乎意义只在乎获得狂欢快感的空间"[1]。

2. 身份认同的获取

美国心理学家埃里克森提出"认同"指的是"个人独特性的意识感"，"经验连续性的潜意识追求"，"集体理想一致"，"简言之就是人对自我身份的确认，回答'我是谁''立于何处''何去何从'等问题"，[2]而亚文化的产生就是因为"青年人

---

① 姚婕：《传播学视角下的弹幕亚文化研究》，南京大学 2016 年。

② ［美］埃里克·H.埃里克森：《同一性：青少年与危机》，孙名之译，杭州：浙江教育出版社 1998 年版，第198 页。

在青春期堆积的待解决与整合的认同危机,为了追求认同感,他们创造出了各种风格,制造了自己的圈子,并以此寻找认同"。"亚文化是试图解决认同危机的象征性行动。"①

认同有两种类型:"自我认同"和"社会认同"。"自我认同""是个人在和他人的交往中形成的,突出的是个人对每一个社会行动所持的独特感受,对自我现况、以往经验、现实情境、社会期待、未来希望等各层面统合的觉知"。"社会认同""是一种属于群体的集体感受,一种人们把自己确认为群体中的其他人相似的或有共同性的共同感受"②。对于弹幕使用者而言,他们在发送、分享弹幕的过程中,除了获得脱离规训的狂欢式的快乐之外,也能寻找到强烈的认同感。

弹幕族有着特定的语言体系,这已成为具有表征意义的文化符号,是弹幕文化与其他文化形式相区别的特征之一。弹幕使用者们通过对文化符号的占有,得以自由地进行表达,进而建构起特定的身份。对于他们而言,一些独特的语言、符号代表着他们拥有共同的价值理念和行为准则,因此弹幕的制作和传播能够解决"我是谁"的问题。弹幕族在运用这种语言符号体系进行创造、复制、再生产的过程中,也完成了身份的识别和定位。

而且,弹幕文化也为用户们提供了一种群体归属感。弹幕族们可以通过弹幕与其他人即时交流、互动,找到志同道合者,获得明确的存在感。对于弹幕使用者来说,通过发送弹幕,就是在群体内部展开了一次又一次的交流,当他们在屏幕上漂浮的弹幕中发现了与自己一致的观点、类似的想法时,就会产生一种"共鸣",而技术条件的便利,使得他们能够以"共鸣"为基础,进行及时的互动反馈,将"共鸣"的情绪不断加强、放大,最终使弹幕族们获得更为强烈的融入感、认同感。

同时,身份的认同也是建立在"他者"存在的基础之上的,因此,要确认"我是谁"除了要了解"我属于什么",还要明晰"我不属于什么"。弹幕文化的特质正可以将这种"我"与"他者"的不同明确地区分开来。对于弹幕文化而言,很多圈群之外的人往往会直接表现出不理解、不接受的态度,比如认为弹幕会影响视频的画面效果,干扰观看,或者认为弹幕的文字是毫无逻辑、不可理喻的,这种与弹幕

---

① 杜裕琳:《亚文化视角下的弹幕视频研究》,重庆大学 2016 年。
② 盛淮瑾:《亚文化视角下的弹幕研究》,南京师范大学 2016 年。

爱好者对弹幕截然不同的态度既能够将"我们"与"他者"相互分离,确定了圈内和圈外的界限,同时又能够在心领神会、相互默契的基础之上使"我们"这一群体联系更加紧密,群内成员的身份被进一步强化。

于是,弹幕族在围观和狂欢的娱乐氛围中获得了独特的群体性体验,展现出了其群体的内部同一性以及相对于外部社会的完全个别化,进而获得了个人的身份认同感和群体归属感。

3. 温和的抵抗

亚文化与主导文化相比呈现出极大的偏离性,伯明翰学派研究者将此称为"抵抗",这也成为他们开展青少年亚文化研究的关键词之一,"亚文化是与身处的阶级语境相联系的,青少年亚文化产生于社会结构和文化之间的一个特别的紧张点。它们可能反对或抵制主导的价值和文化"①。这种偏离性或者说抵抗性的形成来源于青少年所拥有的社会地位和自身所具备的特性。科尔曼形象地把青少年亚文化形容为是在成年人鼻子底下生存的另类文化,"它拥有不同的语言,特殊的象征符号以及更为重要的价值系统……所有这些使它远离了主体社会所建立的体系和目标"②。

而对于亚文化群体来说,这种抵抗通常是通过仪式化或者符号化的方式体现的。德塞都在《日常生活的实践》中描述了社会中弱势或边缘群体的抵抗状态,他提出:"这些弱势或边缘群体在日常生活中总是小心翼翼地寻求各种势力的平衡,采取迂回战术,利用表面的驯服麻痹统治者的神经,以一定的技巧或策略在统治者最不易察觉的地方进行抵制,从而取得局部的胜利。"③而在文化消费领域,德塞都也提到了抵抗的存在,他认为消费者并不是只能被动地消费,他们同样也有着抵抗,通过抵抗,"消费者不再对文化产品照单全收,而是将其变为生产资料,依照自己的爱好、兴趣等对其进行改制、组装,使其符合自己的消费意图"④。在德塞都理论的影响下,约翰·费斯克同样也认为"弱势群体在接受文化产品的过程中,往往会以一种为我所用的方式去解读,弱势者通过利用那剥夺

---

① ［英］阿雷恩·鲍尔德温:《文化研究导论》,陶东风译,北京:高等教育出版社2004年版,第330页。

② ［英］伯尼斯·马丁:《当代文化流变的社会学》,李中泽译,成都:四川人民出版社2000年版,第169页。

③④ 练玉春:《论米歇尔·德塞都的抵抗理论——避让但不逃离》,《河北学刊》2004年第2期,第80-84页。

了他们权利的体制所提供的资源,并拒绝最终屈从于那一方,从而展现出创造力,在被提供的产品中创造出自己的意义"①。

作为一种亚文化形态,弹幕同样体现出了这种弱者的抵抗,如在发送的弹幕中,经常会出现"×××发来贺电"这样的语言表述,这显然是对传统媒体中常用的具有政治色彩语言的有意识的戏谑模仿,它们被用于弹幕之中,在特定的语境中获得了新的意义。

然而不难发现,在当下的媒体环境下娱乐氛围日趋浓厚,娱乐性的凸显极大地削弱了弹幕文化对占据主导地位文化的颠覆和抵抗。弹幕创作中这些"巧心思"的设计在效果上是温和和柔弱的。娱乐特质不断消解了弹幕亚文化中暗含的反叛的可能,弹幕使用者们更多的是自我沉浸在媒体为他们建构的虚拟世界中进行情绪的发泄、寻求感官刺激,偶有的反讽、调侃只是彼此之间的自娱自乐,而回避、放弃了对权威文化的反叛抗争。在他们身上已经不太能看到奋起抗争的勇气,"抵抗作为原初的内核,仿佛助燃剂在燃烧开始后它即消耗殆尽,在火焰之中依稀可辨"②。最终抵抗的精神被消融于娱乐化的表达当中。

---

① ［美］约翰·费斯克:《理解大众文化》,王晓珏、宋伟杰译,北京:中央编译出版社 2006 年版,第 58 页。
② 马中红、陈霖:《无法忽视的另一种力量——新媒介与青年亚文化研究》,北京:清华大学出版社 2015 年版,第 140 页。

主要参考文献

一、中文部分

[1] 刘颖悟、汪丽：《媒介融合的概念界定与内涵解析》，《传媒》2012 年第 1 期，第 73－75 页。

[2] 刘鹏飞、周文慧：《跨界融合，协同共治，多维联动：我国县级融媒体中心建设进展、问题及建议》，人民网——舆情频道，http://yuqing.people.com.cn/n1/2020/0325/c209043-31647740.html，2020 年 3 月 25 日。

[3] 唐绪军、黄处新：《中国新媒体发展报告 2021》，北京：社科文献出版社 2021 年版。

[4] 蔡雯：《媒介融合前景下的新闻传播变革——试论"融合新闻"及其挑战》，《国际新闻界》2006 年第 5 期，第 31－35 页。

[5] [美]亨利·詹金斯：《融合文化：新媒体和旧媒体的冲突地带》，杜永明译，北京：商务印书馆 2012 年版。

[6] 李玮：《跨媒体·全媒体·融媒体——媒体融合相关概念变迁与实践演进》，《新闻与写作》2017 年第 6 期，第 38－40 页。

[7] 栾轶玫、杨宏生：《从全媒体到融媒体：媒介融合理念嬗变研究》，《新闻爱好者》2017 年第 9 期，第 28－31 页。

[8] 雷蔚真：《转机：从全媒体到跨媒体》，《中国广播电视学刊》2012 年第 11 期，第 3 页。

[9] 罗鑫：《什么是"全媒体"》，《中国记者》2010 年第 3 期，第 82－83 页。

[10] 彭兰：《媒介融合方向下的四个关键变革》，《青年记者》2009 年第 6 期，第 22－24 页。

[11] 刘平：《融媒体时代——广播发展新阶段》，《新闻爱好者（理论版）》2008 年第 9 期，第 34 页。

[12] 庄勇：《从"融媒体"中寻求生机的思考与探索》，《当代电视》2009 年第 4 期，第 18－19 页。

[13] 栾轶玫：《建议用"融媒体"代替"全媒体"》，《光明日报》，http://epaper.gmw.cn/gmrb/html/2014-12/27/nw.D110000gmrb_20141227_2-10.htm，2014 年 12 月 27 日。

[14] 何东平：《融媒体：缔造新型主流媒体》，光明网《光明日报》，https://share.gmw.cn/about/2014-11/03/content_13740461_2.htm，2014 年 11 月 3 日。

[15] 周珏：《从全媒体到融媒体的转变与提升——关于城市广电媒体转型升级策略的思考》，《当代电视》2010 年第 12 期，第 78－79 页。

[16] 陈龙：《媒体融合背景下媒介文化发展的国家意志和逻辑》，《传媒观察》2019 年第 5 期，第 5－14＋2 页。

[17] 刘海龙：《生活在媒介中：传播学 100 讲》，https://shop.vistopia.com.cn。

[18] [美]伊丽莎白·爱森斯坦：《作为变革动因的印刷机：早期近代欧洲的传播与文化变革》，

何道宽译,北京:北京大学出版社 2010 年版。

[19] 黄旦:《试说"融媒体":历史的视角》,《新闻记者》2019 年第 3 期,第 20 - 26 页。

[20] 邓德花:《融媒体时代国际传播策略研究——以中央广播电视总台大阪 G20 峰会报道为例》,《传媒》2019 年第 20 期,第 83 - 86 页。

[21] 江飞、俞凡:《37 ℃:紫金山视频的用户思维》,《新闻战线》2018 年第 5 期,第 26 - 28 页。

[22] 《全球媒体积极布局 VR 产品"下注"VR 能否寻到宝?》,人民网,http://media. people. com. cn/n1/2017/0315/c40606-29147167. html, 2017 年 3 月 15 日。

[23] 《新闻客户端:开启人工智能时代》,中国出版传媒网,http://www. cbbr. com. cn/article/116117. html, 2017 年 11 月 1 日。

[24] 段鹏:《5G 技术语境下媒介环境融合性转向探析——兼论我国媒体行业的未来发展路径》,《现代出版》2022 年第 3 期,第 5 - 10 页。

[25] 朱春阳:《县级融媒体中心建设:经验坐标、发展机遇与路径创新》,《新闻界》2018 年第 9 期,第 21 - 27 页。

[26] 于毓蓝、王宏宇:《平台思维与融媒体建设的逻辑理路》,《传媒》2022 年第 11 期,第 94 - 96 页。

[27] 虞嘉:《项目制下融媒体人才培养模式创新初探——以江苏广电总台融媒体新闻中心为例》,《中国记者》2017 年第 1 期,第 11 - 13 页。

[28] 黄鹏:《从"借船出海"到"造船出海"——中央广播电视总台短视频发展战略》,《新闻战线》2019 年第 11 期,第 36 - 39 页。

[29] 彭兰:《从老三网融合到新三网融合:新技术推动下三网融合的重定向》,《国际新闻界》2014 年第 12 期,第 130 - 148 页。

[30] 党东耀:《互联网进化路径与媒介融合模式的变迁》,《编辑之友》2015 年第 11 期,第 72 - 76 页。

[31] [美]曼纽尔·卡斯特:《传播力》,汤景泰,星辰译,北京:社会科学文献出版社 2018 年版。

[32] [美]道格拉斯·凯尔纳:《媒体文化——介于现代与后现代之间的文化研究、认同性与政治》,丁宁译,北京:商务印书馆 2013 年版。

[33] 宫承波:《新媒体概论》,北京:中国广播电视出版社 2009 年版。

[34] [英]约翰·斯道雷:《文化理论与大众文化导论》,常江译,北京:北京大学出版社 2010 年版。

[35] [加]哈罗德·伊尼斯:《传播的偏向》,何道宽译,北京:中国人民大学出版社 2003 年版。

[36] [加]马歇尔·麦克卢汉:《理解媒介——论人的延伸》,何道宽译,北京:商务印书馆 2004 年版。

[37] 邵培仁主编:《政治传播学》,南京:江苏人民出版社 1991 年版。

[38] 王沪宁:《比较政治分析》,上海:上海人民出版社 1987 年版。

[39] 彭凤仪:《论新闻传播的意外后果》,《当代传播》2013 年第 6 期。

[40] 韩旭阳:《习近平访韩如何影响你的生活》,《新京报》,2014 年 7 月 5 日。

[41] 搜狐新闻:《习近平与都教授,不止长得像》,http://news. sohu. com/20140707/n401867917. shtml, 2014 年 7 月 7 日。

[42] 张昆、熊少翀:《政治戏剧化与政治传播的艺术》,《新闻界》2014 年第 5 期。

[43]《台湾政客的政治表演应该适可而止了》,网易,http://news.163.com/14/0904/14/A55AAM6EI00014AEE.html,2014年9月4日。

[44] 周宪:《微民主与现代公民性建构难题》,《探索与争鸣》2014年第7期。

[45] [英]詹姆斯·库兰、[美]米切尔·古尔维奇:《大众媒介与社会》,杨击译,北京:华夏出版社2006年版。

[46] [美]丹尼尔·戴扬、伊莱休·卡茨:《媒介事件:历史的现场直播》,麻争旗译,北京:北京广播学院出版社2000年版。

[47] 常江:《互联网、怀旧与集体记忆》,《青年记者》2019年第16期。

[48] 蔡雄山:《网络世界里如何被遗忘——欧盟网络环境下个人数据保护最新进展及对网规的启示》,《网络法律评论》2012年第2期。

[49] 吴飞:《名词定义试拟:被遗忘权(Right to Be Forgotten)》,《新闻与传播研究》2014年第7期。

[50] 周宪:《微民主与现代公民性建构难题》,《探索与争鸣》2014年第7期。

[51] 陈曦:《浅析台湾政治秀化之成因》,《新西部》2010年第10期。

[52] 张涛甫、赵静:《媒体融合的政治逻辑——基于意识形态安全的视角》,《新闻与传播研究》2021年第11期,第69-83+127-128页。

[53] [英]詹姆斯·卡伦:《媒体与权力》,史安斌、董关鹏译,北京:清华大学出版社2006年版。

[54] 闫文捷、张军芳、朱烊枢:《"高选择媒体环境"下的媒介素养及其社会影响——基于新冠疫情期间中国城市居民的问卷调查》,《新闻与写作》2020年第8期,第31-42页。

[55] 荆学民、于淑婧:《自媒体时代的政治传播秩序及中国调适》,《政治学研究》2020年第2期。

[56] 李良荣、袁鸣徽:《锻造中国新型主流媒体》,《新闻大学》2018年第5期。

[57] 中国互联网信息中心(CNNIC)第52次《中国互联网络发展状况统计报告》,https://cnnic.cn/n4/2023/0828/c199-10830.html。

[58] 赵鼎新:《社会与政治运动讲义》,北京:社会科学文献出版社2006年版,第76-78页。

[59] [美]林南:《社会资本——关于社会结构与行动的理论》,张磊译,上海:上海人民出版社2005年版。

[60] 何明升:《中国网络治理的定位及现实路径》,《中国社会科学》2016年第7期,第112页。

[61] 周彬、孔燕:《回应与互动:政府网络传播创新机制研究》,《行政管理改革》2021年第7期。

[62] [美]希伦·洛厄里、梅尔文·德弗勒:《大众传播效果研究的里程碑》,刘海龙译,北京:中国人民大学出版社2004年版。

[63]《习近平总书记在考察海南省政务数据中心时作出重要指示》,《人民日报》2018年4月13日。

[64] 周彬、孔燕:《回应与互动:政府网络传播创新机制研究》,《行政管理改革》2021年第7期。

[65] 郑永年:《技术赋权:中国的互联网、国家与社会》,上海:东方出版社2014年版。

[66] 匡文波:《融媒体理论与技术》,北京:中国人民大学出版社2014年版。

[67] 严三九、刘峰:《2013全球新媒体发展态势探析》,《现代传播(中国传媒大学)》2013年第7期,第1-8页。

[68] 蔡雯:《从"超级记者"到"超级团队"——西方媒体"融合新闻"的实践和理论》,《中国记

者》2007 年第 1 期,第 80 - 82 页。

[69] 黄楚新主编:《媒介融合背景下的新闻报道》,杭州:浙江大学出版社 2010 年版。

[70] 匡文波、王丹黎:《新媒介融合:从零和走向共赢》,《广告大观(综合版)》2007 年第 8 期,第 115 - 117 页。

[71] 许颖:《互动·整合·大融合——媒体融合的三个层次》,《国际新闻界》2006 年第 7 期,第 32 - 36 页。

[72] 李燕:《户外新媒体的分众传播探析》,武汉理工大学 2008 年。

[73] 石本秀、蔡郎与:《新媒体经营管理》,北京:中国传媒大学出版社 2012 年版。

[74] 赵大伟:《互联网思维"独孤九剑"》,北京:机械工业出版社 2014 年版。

[75] 喻国明等:《传媒经济学教程》,北京:中国人民大学出版社 2009 年版。

[76] 蒋旭东:《传媒经济对中国经济发展的影响》,《环球市场信息导报》2014 年 10 月 16 日。

[77] 吴信训:《新媒体与传媒经济》,上海:上海三联书店 2008 年版。

[78] [美]克里斯·安德森:《长尾理论》,乔江涛译,北京:中信出版社 2006 年版。

[79] 张雷:《媒介革命:西方注意力经济学派研究》,北京:中国社会科学出版社 2009 年版。

[80] 新浪财经:《复制阿里巴巴?》,http://finance.sina.com.cn/360desktop/roll/20141014/094520531727.shtml,2014 年 10 月 14 日。

[81] 刘琦琳:《免费经济——中国新经济的未来》,北京:商务印书馆 2011 年版,第 31 页。

[82] 新财富杂志:《腾讯 15 年商业模式变迁》,http://www.huxiu.com/article/26319/1.html,2014 年 1 月 12 日。

[83] 《腾讯产品总监:社交网络是如何赚钱的》,http://www.chinaz.com/manage/2015/0702/418759.shtml,2015 年 7 月 2 日。

[84] 张祯希:《互联网视频,凭什么开启"付费模式"?》,《文汇报》2015 年 7 月 21 日。

[85] 《收费还是免费? 网络游戏付费模式探索》,http://biz.265g.com/product/188490.html。

[86] 《Mega Web 时代:传统与科技融合使营销再升华》,http://tech.qq.com/a/20140902/034598.htm。

[87] 田龙过:《县级融媒体中心建设的关键:打通与用户的"最后一公里"》,《中国编辑》2020 年第 1 期。

[88] 甘世勇、张昆:《媒介融合视域下的广告融合传播探析》,《出版发行研究》2017 年第 10 期,第 65 - 67 页。

[89] 任学安:《媒体融合背景下电视广告经营创新策略——以中央电视台广告经营转型为例》,《电视研究》2017 年第 10 期,第 27 - 30 页。

[90] [美]菲利普·科特勒、[印度尼西亚]何麻温·卡塔加雅、伊万·塞蒂亚万:《营销革命 4.0:从传统到数字》,王赛译,北京:机械工业出版社 2017 年版。

[91] 董建义:《符号视域下融媒体广告"STORYTELLING"的创新形态》,《传媒》2021 年第 6 期,第 70 - 72 页。

[92] 陈培爱:《广告学概论》,北京:高等教育出版社,第 6 页。

[93] 刘庆振:《媒介融合新业态:数字化内容与广告融合发展研究》,《新闻界》2016 年第 10 期。

[94] 陆晔:《媒介素养的全球视野与中国语境》,《今传媒》2008 年第 2 期,第 11 - 14 页。

[95] 蔡骐、黄瑶瑛:《新媒体传播与受众参与式文化的发展》,《新闻记者》2011 年第 8 期,第

28-33页。

[96] 谢新洲、赵珞琳:《网络参与式文化研究进展综述》,《新闻与写作》2017年第5期,第27-33页。

[97] 陶东风:《粉丝文化读本》,北京:北京大学出版社2009年版。

[98] 李德刚、何玉:《新媒介素养:参与式文化背景下媒介素养教育的转向》,《中国广播电视学刊》2007年第12期,第39-40页。

[99] 谢曼妮:《参与式文化背景下的新媒介素养研究》,广西大学2011年。

[100] 周荣庭、管华骥:《参与式文化:一种全新的媒介文化样式》,《新闻爱好者》2010年第12期,第16-17页。

[101] 丁林:《自媒体时代的公民新闻研究》,渤海大学2012年。

[102] 余颖:《网络传播中的草根新闻初探》,江西师范大学2010年。

[103] 夏云峰:《基于Web2.0的多人协同知识生产机制研究》,北京印刷学院2010年。

[104] 武汉大学媒体发展研究中心:《中国网络舆情新趋势》,https://mp.weixin.qq.com/s?__biz=MzIzMjc1OTM2OQ。

[105] [英]齐格蒙特·鲍曼:《全球化:人类的后果》,郭国良、徐建华译,北京:商务印书馆2001年版。

[106] [英]安东尼·史密斯:《全球化时代的民族主义》,龚维斌、良警宇译,北京:中央编译出版社2002年版。

[107] 杨魁、董雅丽:《消费文化——从现代到后现代》,北京:中国社会科学出版社2003年版。

[108] [美]弗·杰姆逊:《后现代主义与文化理论》,唐小兵译,北京:北京大学出版社2005年版。

[109] [英]汤林森:《文化帝国主义》,冯建三译,上海:上海人民出版社1999年版。

[110] 黄平文:《救赎与消费——当代中国日常生活中的消费主义》,南京:江苏人民出版社2003年版。

[111] 《马克思恩格斯选集第1卷》,北京:人民出版社2012年版,第254页。

[112] 葛彬超:《媒介文化与当代生活境遇》,武汉大学2010年。

[113] 敖鹏:《网红为什么这样红?——基于网红现象的解读和思考》,《当代传播》2016年第4期,第40-44页。

[114] 吴小飞:《网红经济的内容生产研究》,安徽大学2017年。

[115] 新华社:《瞭望|网红主播正起飞》,https://baijiahao.baidu.com/s?id=1785131418925822978&wfr=spider&for=pc,2023年12月13日。

[116] 向阳:《论粉丝经济》,《经济》2014年第7期,第84-86页。

[117] 艾瑞咨询:《2018年中国网红经济发展研究报告》,http://report.iresearch.cn/report/201806/3231.shtml。

[118] 肖倩倩:《网红经济初探》,温州大学2017年。

[119] 陈庆婷:《媒介环境下中国粉丝文化的变迁及其演变规律研究(1978年—今)》,兰州大学2015年。

[120] [美]詹姆斯·哈金:《小众行为学——为什么主流的不再受市场喜爱》,张家卫译,北京:

时代华文书局 2015 年版。

[121] 陈或:《从文本再生产到文化再生产——新媒体粉丝的后现代创造力》,《学术论坛》2014 年第 2 期,第 129 - 132 页。

[122] 李增云:《消费主义视野中的粉丝消费行为研究》,中国传媒大学 2008 年。

[123] 周冬敏:《网红的影响力生成机制研究》,暨南大学 2017 年。

[124] 王斌:《网络时代的名人文化、"粉丝"消费与情感劳动——我国网红现象研究的三重议题》,《天府新论》2018 年第 3 期,第 144 - 151 页。

[125] 李琦:《网络亚文化视域下的草根狂欢现象研究》,华中师范大学 2016 年。

[126] [英]斯图亚特·霍尔、[英]托尼·杰斐逊:《通过仪式抵抗》,孟登迎、胡疆缝、王惠译,北京:中国青年出版社 2015 年版。

[127] 陶东风、胡疆锋:《亚文化读本》,北京:北京大学出版社 2011 年版。

[128] 姜楠:《文化研究与亚文化》,《求索》2006 年第 3 期,第 47 - 50 页。

[129] 聂莉:《主流文化在青年社群传播中的裂变与再建构——当传统纪录片遇上二次元 B 站》,《青年探索》2020 年第 4 期,第 31 - 39 页。

[130] 陈卫东、韩雪峰:《网络文化解读》,《现代远距离教育》2006 年第 6 期,第 69 - 71 页。

[131] 李凡卓:《青少年 hip-hop 文化流行的社会学分析》,《青年探索》2004 年第 4 期,第 3 - 6 页。

[132] 乔丽华:《论新媒体环境下青少年亚文化及其价值意义》,河南师范大学 2010 年。

[133] 胡瓛:《网络传播的青年亚文化批判》,重庆工商大学 2013 年。

[134] 盛淮瑾:《亚文化视角下的弹幕研究》,南京师范大学 2016 年。

[135] 张聪、常听、陈颖:《浅析弹幕对大众传播模式的革新与影响》,《东南传播》2014 年第 12 期,第 12 - 14 页。

[136] 王颖:《对弹幕视频网站受众的主动性分析——以 AcFan 和 bilibili 为例》,《新闻研究导刊》2015 年第 1 期,第 54 - 55 页。

[137] 姚婕:《传播学视角下的弹幕亚文化研究》,南京大学 2016 年。

[138] [美]埃里克·H.埃里克森:《同一性:青少年与危机》,孙名之译,杭州:浙江教育出版社 1998 年版。

[139] 杜裕琳:《亚文化视角下的弹幕视频研究》,重庆大学 2016 年。

[140] [英]阿雷恩·鲍尔德温:《文化研究导论》,陶东风译,北京:高等教育出版社 2004 年版。

[141] [英]伯尼斯·马丁:《当代文化流变的社会学》,李中泽译,成都:四川人民出版社 2000 年版。

[142] 练玉春:《论米歇尔·德塞都的抵抗理论——避让但不逃离》,《河北学刊》2004 年第 2 期,第 80 - 84 页。

[143] [美]约翰·费斯克:《理解大众文化》,王晓珏、宋伟杰译,北京:中央编译出版社 2006 年版。

[144] 马中红、陈霖:《无法忽视的另一种力量——新媒介与青年亚文化研究》,北京:清华大学出版社 2015 年版。

二、外文部分

[1] Manuel Castells. *The Rise of the Network Society*, *The Information Age*：*Economy*,

Society and Culture (*2th Edition*). Oxford: Blackwell, 2000, p.312.

[2] Winfried Schulz. Changes of the mass media and the public sphere. *Javnost-The Public*, 1997(4), pp.57 - 69.

[3] Jef Ausloos. The "Right to be forgotten"—Worth remembering?. *Computer Law & Security Review*, 2012(2), pp.143 - 152.

[4] Google Transparency Report. http://www.google.com/transparencyreport/removals/europrivacy/.

[5] Markus Prior. *Post-broadcast Democracy: How Media Choice Increases Inequality in Political Involvement and Polarizes Elections*. Cambridge: Cambridge University Press, 2007.

[6] Prior, M.. News vs. Entertainment: How Increasing Media Choice Widens Gaps in Political Knowledge and Turnout. *American Journal of Political Science*, vol. 49, No. 3, 2005, pp.577 - 592.

[7] Coleman, S.. *Can the Internet Strengthen Democracy?* Cambridge: Polity Press, 2017.

[8] Jenkins H. *Convergence Culture: Where Old and New Media Collide*. New York: New York University Press, 2008.

[9] Dwyer T. *Media Convergence*. Maidenhead: Open University Press.

[10] Ke Li. Convergence and deconvergence of Chinese journalistic practice in the digital age. *Journalism*, 2018:9 - 10.

[11] Andrew Nachison. *Good business or good journalism? Lessons from the bleeding edge*, A presentation to the World Editors' Forum, Hong Kong, June 5, 2001.

后 记

　　春华秋实通常是说一项工作顺利进行的过程，但我们这本书的写作前后延宕近四年，相关工作断断续续，很难说是顺利。本书是与兄弟院系教师共同编写完成的，他们教学事务繁重，可供写作的时间不敷使用，最终却能通力协作完成书稿，不能不说是一次美好的记忆。

　　媒体融合是一项针对主流媒体改革的重要举措，自这一概念提出，至今已满十年，十年来的融合发展，我国传媒业取得了较大成就，基本实现了融合发展的预定目标。一个个融媒体机构已然成型，全媒体传播能力已然具备，全媒体内容生产也在不断地提质增效，媒体平台化、智能化的趋势日益明显，越来越发挥着强大的意识形态塑造和主流价值观引导作用。随着融媒体理论与实践走向深入，其具体内涵逐渐沉淀，具备了进入高校课堂教学的基本条件。于是，学界不断有学者对此进行总结，提炼这一领域的知识体系，相关理论成果汗牛充栋，相关教材也如雨后春笋般涌现出来。2021年我们组织编写了《融媒体传播概论》，出版后反响很好，业已成为很多高校融媒体传播的课堂教材。在此基础上我们想趁热打铁，集体编写一本可供本省新闻传播院系教学和融媒体机构培训使用的教材。在上海三联书店的鼎力支持下，《融媒体导论》终于得以付梓。

　　本书不仅是对融媒体理论与实践的系统梳理，也在试图建立一个开放的、符合时代要求的融媒体理论知识的基本框架，时至今日，我们已清楚地认识到，媒介融合的过程是一个动态过程，从狭义上说，他是不同媒介形态的"融合"过程，这正是欧洲媒介化理论所持的观点。安得烈亚斯·赫普认为，在深度媒介化阶段，我们面临的主要问题不是某一种媒介的出现，而是"媒介的多样性"，即在当前媒介环境下我们面对的各种相互关联的媒介。随着互联网、人工智能的迅猛发展，媒体环境发生了翻天覆地的变化，从传统媒体到新媒体，再到当前的AIGC，媒介形态的演进不仅改变了信息方式，更深刻地影响了人们的思维方式、生活方式乃至社会治理模式。

融媒体的核心是"融","融"的过程就是吸纳一切先进传播理念和传播模式,新闻模式、受众模式、平台化、算法等成为融媒体改革进程中的重要制度性要素,它既是媒体适应新技术环境、满足受众多元化需求的必然产物,也是推动媒体行业转型升级、构建新型传播体系的关键力量。

《融媒体导论》的编写,正是为了回应这一时代需求,为新闻传播学提供一本系统、全面、前沿的融媒体导论教材。本书旨在帮助读者深入理解融媒体的内涵、特征、发展趋势及其对社会的影响,掌握融媒体实践中的关键问题与应对策略,培养具备融媒体思维与能力的新闻传播人才。

本书紧跟融媒体发展的最新趋势,深入剖析了人工智能、大数据等新技术在融媒体中的应用与影响,为读者提供了前沿的理论和视角。通过大量融媒体实践案例的解读分析,帮助读者更好地理解和掌握融媒体实践中的关键问题与应对策略,旨在提升读者的实践操作能力。与此同时,本书还注重交叉学科视角的引入与融合,为读者提供了多元化的学术思维与方法,有助于培养具备交叉学科素养的新闻传播人才。

尽管本书在融媒体理论与实践方面进行了较为深入的探讨与总结,但我们深知,融媒体的发展是一个不断演进与变化的过程。随着新技术的不断涌现和媒体环境的持续变革,融媒体的理论、实践都将面临新的挑战和机遇。因此,在未来的研究中,我们将继续关注融媒体发展的新动态、新趋势,深入剖析新技术在融媒体中的应用与影响,探索融媒体发展的新模式与新路径。

这里,我们要感谢编写团队成员,正是他们的智慧和汗水,共同铸就了本书的品质与价值。他们是:南京邮电大学何志荣副教授(第一章)、西交利物浦大学郭晓丹老师(第二章)、苏州大学张梦晗教授(第三章)、浙江工业大学姚利权副教授(第四章)、淮阴师范学院李丹老师(第五章)、南通大学刘倩副教授(第六章)、苏州大学陈龙教授(绪论)。最后,衷心感谢上海三联书店的编辑和工作人员,特别是杜鹃编辑,没有她的付出,这本书是不可能问世的。

本书可作为高校新闻传播院系的融媒体专业教材,也可作融媒体机构培训参考资料。期待广大读者不吝赐教,以利我们日后修订、完善。

编者

2024 年 9 月于姑苏

图书在版编目(CIP)数据

融媒体导论 / 陈龙，张梦晗主编. -- 上海 ：上海
三联书店，2025. 1 -- ISBN 978-7-5426-8603-9

Ⅰ. G206.2

中国国家版本馆 CIP 数据核字第 2024JV4930 号

融媒体导论

主　　编 / 陈　龙　张梦晗

责任编辑 / 杜　鹃
装帧设计 / 一本好书　曹　薇
监　　制 / 姚　军
责任校对 / 王凌霄

出版发行 / 上海三联书店
　　　　　(200041)中国上海市静安区威海路 755 号 30 楼
邮　　箱 / sdxsanlian@sina.com
联系电话 / 编辑部: 021 - 22895517
　　　　　发行部: 021 - 22895559
印　　刷 / 上海颛辉印刷厂有限公司

版　　次 / 2025 年 1 月第 1 版
印　　次 / 2025 年 1 月第 1 次印刷
开　　本 / 710mm×1000mm　1/16
字　　数 / 266 千字
印　　张 / 17
书　　号 / ISBN 978 - 7 - 5426 - 8603 - 9/G · 1734
定　　价 / 98.00 元

敬启读者,如发现本书有印装质量问题,请与印刷厂联系 021 - 56152633